© Les Éditions Jourdan

Bruxelles – Paris
http://www.editionsjourdan.com

Les Éditions Jourdan sont sur Facebook. Venez dialoguer avec nos auteurs, visionner leurs vidéos et partager vos impressions de lecture.

ISBN : 978-2-87466-251-5 - EAN : 9782874662515

Dépôt légal : D/2013/9685/04

Couverture :
Groupe F.T.P « Carmagnole » à Lyon.
Document : C.D.J.C (Centre de Documentation Juive Contemporaine) - Paris.

Au premier rang, de gauche à droite : Max Szulewicz (dit Gaby), Dina Lipka (dite Sylvie). Au second rang : Serge Kamienny, Eliane Pessak (dite Evelyne), Henry Krischer (dit André Lamiral), Thérèse Szykman (dite Jacqueline), Nathan Sacks (dit Capitaine Raymond). Au troisième rang : Cario, originaire de Nice (dit Jim), Gilbert Bataille, Matricia Motti (Simone), Georges Filip-Lefort. Charles Kupfermuntz, (dit Julien), Au quatrième rang : Jean-Pierre Perelman (dit Pierrick), personne non identifiée originaire d'Italie (dit Raphaël), Henri Hoch (dit Emery), Max Peysakowicz (dit Marc Pérot), Jacques Szmulewicz (dit Jacquot). En haut et dernier rang : Portant lunette, Gilles Najman, (dit, Jacques).

GEORGES BRANDSTATTER

RÉSISTANTS

RÉCITS
TÉMOIGNAGES JUIFS

DU COMBAT CONTRE L'ANÉANTISSEMENT
À LA CRÉATION DE L'ETAT D'ISRAËL

EDITIONS
JOURDAN

À la mémoire de mon père, Israël Brandstatter,

———

Né le 5 mai 1915 à Tarnow, Galicie Pologne.
Décédé en Belgique le 15 mai 1959.

———

*En remerciement à Tsilla Hershco, historienne,
qui m'a aidé à retrouver les archives.*

RÉSISTANTS JUIFS FRANCE :

/ Adler Marcus
/ Baron Charles
/ Brandstatter Israel
/ Cheygam Rachel
/ Chonigman Georges
/ Englar Bulz Héléne
/ Esseryck Oscar
/ Frey Rudy
/ Gelberger Henri
/ Goldman Dora Hausner Abraham
/ Honigbaum Cudyk
/ Jablonowitch, Jablon Henri
/ Kalinsky Annette
/ Kamieniecki Hanna
/ Korn Maurice
/ Kupfermuntz Charles
/ Lazare Lucien
/ Lazarus Jacques
/ Levy Marc
/ Lieber-Klein Liliane
/ Ludovic Klein
/ Najman Gilles
/ Rodzynek Elias
/ Rodzynek-Goutkind Fernande
/ Rodzynek Henri Joseph
/ Samuel Vivette
/ Schmiliver Eva-Wajnblum
/ Sikierski-Caraco Denise
/ Sirchis Jean
/ Spodek Jacques
/ Spodek-Zyngfogel Germaine
/ Sullaper Victor
/ Szmidt Fella-Isboutsky
/ Szmulewicz Jacques
/ Szpilfogiel Achille
/ Urman Claude
/ Veliounsky Robert
/ Wattenberg Frida
/ Weinstein Max
/ Westreich Netty

RÉSISTANTS JUIFS BELGIQUE :

/ Bursztein Sarah
/ Deborah Brandstatter
/ Deutcher Samuel
/ Grabiner Charles
/ Katz Nathan, Nussem
/ Mandelbaum Maurice, Moshé
/ Nejszaten Abraham
/ Prowizur Clara
/ Szyper Philippe
/ Springer Jacques
/ Wizel Joseph
/ Zimetbaum Mala

————————

INTRODUCTION

*Du combat contre l'anéantissement à
la création de l'Etat d'Israël*

Récits-Témoignages

Les Juifs d'Europe ont dû faire face à une véritable tragédie sans précédent dans l'histoire de l'humanité. Pendant les années 1940-1945, ils ont été voués à l'anéantissement, à la disparition.

Il est important de sauvegarder la mémoire, par les témoignages individuels qui deviennent une mémoire collective, d'un aspect moins connu de la Shoah, celui de l'engagement de Juifs de toutes tendances politiques ou philosophiques, dans le combat pour leur survie ; ils se sont retrouvés dans les différents réseaux de résistance et de maquis, ils ont ainsi participé au combat contre le nazisme et à celui pour la création de l'Etat d'Israël. En effet, ils furent nombreux, avec des survivants de la Shoah, à se porter volontaires pour défendre le jeune Etat menacé dans son existence.

Il s'agit d'une biographie de témoignages de jeunes, qui ont vécu souvent dans un milieu antisémite, donc hostile, mais qui ont souvent été secourus par l'attitude courageuse et exemplaire de braves gens, de chrétiens et de protestants qui ont pris des risques immenses pour venir en aide aux Juifs pourchassés, et en particulier, pour sauver des enfants juifs.

Je pense que nous avons tous un devoir de mémoire.

Témoigner, c'est voyager dans le passé.

J'ai traduit les témoignages qui ont été recueillis en hébreu et en anglais.

J'ai repris pour la préface, par ordre chronologique des événements, les témoignages de résistants qui grâce à leurs responsabilités et leur implication pendant l'occupation, nous ont décrit l'historique des différents réseaux de Résistance.

En 2001, je prends contact avec les Anciens Résistants et Combattants en Belgique, et ensuite En France et en Israël, un parcours d'une dizaine d'années.

Les témoignages oraux ont été filmés, j'ai également photographiés les attestations, cartes d'appartenance aux différents réseaux de Résistances ainsi que pour les Combattants.

PARTIE
1

DOCUMENTS

JACQUES FIJALKOV /

Préface, professeur Université de Toulouse.

TSILLA HERSHCO /

Préface et introduction, historienne pour la Résistance juive. Université Bar-Ilan - Israël.

LUCIEN LAZARE /

Résistant, historien - Jérusalem

MAX WEINSTEIN /

Résistant, Groupe de travail des Anciens de l'Union de la Jeunesse juive (U.J.J.), M.O.I. F.T.P et ses Groupes de Combat - Paris.

MAURICE GASTAUD /

Résistant, Commandant des F.T.P de Paris.

PRÉFACE

Professeur Jacques Fijalkow

La Deuxième Guerre mondiale n'est pas finie. Nous ne parvenons pas à retrouver la paix et sans doute ne la retrouverons-nous pas tant que nous n'aurons pas compris ce qui s'est passé, pourquoi ce qui s'est passé s'est passé. C'est parce que nous ne parvenons toujours pas à comprendre que nous interrogeons sans cesse ceux qui travaillent à fournir ou à transmettre des réponses : historiens, psychologues, témoins, associations, militants de la mémoire.

A cette interrogation obsédante, des réponses différentes ont été apportées successivement. On a tout appris sur la guerre, les batailles, les bombardements, l'exode, les privations. Sur la résistance aussi, à Londres et dans les maquis. Sur les camps, les déportations, l'indicible horreur. Les réponses étaient riches, bien documentées, mais la curiosité demeurait, toujours insatisfaite.

Alors le regard s'est porté ailleurs, non plus sur les horreurs, les salauds ou les héros, mais sur les gens ordinaires, ceux et celles qui ont vécu cette période en restant eux-mêmes ou en le devenant. C'est ainsi que sont apparus sur la scène de l'histoire de nouveaux résistants, occasionnels parfois, modestes toujours, jusqu'alors demeurés dans l'ombre. Le temps est donc venu où l'on peut voir en pleine lumière ces Justes qui ont aidé des Juifs et ces Juifs qui se sont battus autant et même proportionnellement plus que les autres, contrairement à ce que disent les idées reçues, qu'elles soient inspirées par la haine ou par la compassion. De même que les Français n'étaient ni tous des collaborateurs, ni tous des résistants, les Juifs n'ont pas tous été des victimes passives. C'est sans doute la principale leçon à retirer de ce livre. Un livre qui d'ailleurs ne donne pas de leçon et c'est ce qui en fait tout l'intérêt.

Georges Brandstatter a patiemment recueilli, de 1998 à 2010, les témoignages oraux de dizaines de personnes, francophones, vivant en France, en Belgique et en Israël. Nées au début du siècle dernier, elles ont à ce jour plus ou moins quatre-vingts ans. Ce livre vient à son heure, à un moment où s'accélère le travail de mémoire, pour que personne ne soit oublié et pour que tous ceux qui ont quelque chose à dire puissent le faire. L'historiographie des Juifs dans la Deuxième Guerre mondiale s'est développée dans des directions variées ces dernières années : études locales portant sur les Juifs en Auvergne (Martres, 2000), en Dordogne (Reviriego, 2003), dans l'Indre (2001), à Marseille (Dray-Bensousan, 2004), étude du phénomène jusqu'ici peu étudié de l'assignation à résidence : à Lacaune (Marc, 2000), à Aulus (Ristorcelli, 2004). Des ouvrages collectifs mettent en évidence les relations entre Juifs et non-Juifs (Fijalkow, 2003) et le rôle des femmes (Fijalkow, 2004). On a vu apparaître des ouvrages de référence, telle la réédition des ouvrages de Serge Klarsfeld, *La Shoah en France* (2001), le *Dictionnaire des Justes de France* (2003) ou *Organisation juive de combat* (2002). Nombreux sont également les livres de témoignages qui donnent la parole aux résistants (Langlois et Raynaud, 2003 ; Vincenot, 2004), aux enfants cachés (Bailly, 2004 ; Bluglass, 2003), aux réfugiées (2003). C'est dans cette dernière catégorie que se place le livre de Brandstatter. Il comble un vide dans une édition pourtant généreuse car si la parole des résistants en général a été recueillie, celle des Juifs résistants, combattants et volontaires pour la création de l'Etat d'Israël ne l'était pas encore.

Qu'on ne s'attende donc pas à trouver ici de la littérature. Il s'agit plutôt de matériaux pour l'histoire. Aucun apprêt dans ces témoignages, aucune mise en forme. Rien n'est fait pour plaire ou pour émouvoir. Des faits, rien que des faits. Tout le travail littéraire revient au lecteur. Surpris par l'extrême simplicité du propos, le discours oral de quelqu'un qui raconte sa vie, sans façons et sans manières, il appartiendra au lecteur de s'arrêter pour s'assurer qu'il a bien compris, de relire pour s'assurer qu'il a bien lu ce qu'il a lu, car le témoin ne répète pas, il dit ce qu'il a à dire puis il passe à la suite. Ce n'est pas souvent que l'on a l'occasion de lire des documents bruts. Il faudra donc apprendre à lire ces textes, c'est-à-dire à savoir les écouter, à faire l'effort nécessaire pour retrouver la voix de quelqu'un qui parle plutôt qu'il n'écrit. Histoires de vie, histoires tragiques que celui ou celle qui les a vécues nous apporte sans faire d'histoire. Le cinéma nous présente de tels documents, mais pas le livre. Il faut donc apprendre à lire ce livre, car ce n'est pas un livre comme les autres.

Une vie entière, c'est quelques pages, parfois une ou deux, au plus sept ou huit. Une succession de phrases courtes avec des mots de tous les jours, peu construites, mal articulées entre elles, énonçant sobrement des noms de personnes ou de lieux, misérables repères dans la géographie et le temps. Sous la simplicité de l'expression, la brièveté du discours, la sécheresse du propos, le lecteur saura reconnaître l'intensité de l'émotion retenue, voir le barrage construit par le témoin pour contrôler l'immensité d'une souffrance toujours prête à le déborder. Seules les anecdotes qui émaillent ces récits apportent la note d'humanité et souvent d'humour indiquant que, sous les faits bruts, sans sentiments, sans explications, se cache un être à la sensibilité exacerbée.

Les histoires de vie qui nous sont ainsi racontées sont des histoires de guerre. Elles suivent souvent le même schéma : quelques brèves indications sur la famille (pays d'origine, profession des parents, frères et sœurs), l'école, le métier parfois, puis c'est la guerre. Rares sont ceux ou celles qui dépassent le temps de la guerre pour nous dire ce que fut leur vie par la suite, comme si leur enfance n'avait eu de sens que par rapport à la guerre qui allait venir et comme si celle-ci constituait toute leur vie, comme si la vie après elle n'était qu'une survie.

Ces Juifs qui ont résisté et ont combattu ont bien des traits communs. Ashkénazes presque tous, même s'ils sont eux-mêmes parfois nés en Belgique ou en France, leur famille est originaire d'Europe de l'Est. Dans la plupart des cas, il s'agit de familles modestes, presque toujours ouvrières. Ce sont le plus souvent des gens simples et qui le sont restés, très rarement des intellectuels, bien que certains parmi eux soient devenus par la suite des figures connues de la Résistance ou de la vie juive. Peu d'entre eux proviennent d'une famille pratiquante et la plupart soulignent l'engagement à gauche de leurs proches. Très nombreux sont ceux qui rendent hommage à l'éducation qu'ils ont reçue dans les mouvements sionistes, de gauche le plus souvent (Hachomer hatzaïr, Hanoar hatzioni, Dror, Achdout…). On retrouve donc ici, comme dans le cas des Juifs qui ont conduit la révolte du Ghetto de Varsovie, la marque d'une éducation ancrée dans les solides valeurs développées au sein de ces mouvements. Les références aux EIF entrent dans ce même cadre. Soulignons par ailleurs que si ces témoignages émanent d'hommes le plus souvent, une bonne dizaine proviennent de femmes.

Les cadres dans lesquels s'est effectuée la participation à la Résistance et le combat sont extrêmement variés, ceux-ci pouvant d'ailleurs être juifs ou non-juifs. On retrouvera donc ici avec plaisir quelques grandes figures de l'Armée juive ou Organisation juive de combat, de nombreux membres des F.T.P.-M.O.I. dont la double référence au judaïsme et au communisme rend la position toujours inconfortable, mais aussi, moins connus, des acteurs du Travail allemand. Quand le combat se déroule dans un cadre non-juif, celui-ci renvoie alors aussi bien à des mouvements ou groupes de résistance français que belges ou russes. Particulièrement intéressants sont les cas qui évoquent la résistance dans les camps de concentration, la participation au débarquement dans les armées alliées ou, dans le prolongement des combats menés pendant la Guerre, l'engagement comme volontaire aux combats dans une unité francophone pour l'indépendance d'Israël.

Les actions qui ont été conduites prennent des formes très variées, à la mesure de l'ingéniosité et du courage déployés : distribution de tracts, affichage, diffusion de journaux, secourisme, travail de liaison, convoyage, distribution de nourriture, sabotage, destruction de matériel allemand, attaque de trains, recherche d'armes, actions armées comportant l'exécution d'Allemands et de collaborateurs. Si certaines actions ont une forme clairement militaire, renvoyant souvent alors à ce que l'on appellerait aujourd'hui guérilla urbaine, les autres relèvent plutôt de la solidarité et sont à porter au crédit en particulier de l'OSE et des EIF. Les références faites au passage au soutien apporté par des non-Juifs ne sont pas rares. Toutes ces formes de résistance n'ont pas été également reconnues par les pouvoirs publics, ce dont certains se plaignent.

Lire ces témoignages c'est aussi traverser la Belgique et la France, traverser à la hâte ces villes aux noms devenus célèbres où les Juifs luttent pour leur survie : Anvers, Bruxelles, Toulouse, Paris, Lyon, Grenoble, Villeurbanne, Nice, Vichy…

Lire ces témoignages, c'est encore prendre la mesure des problèmes que pose pour certains l'engagement dans un mouvement marqué par une idéologie, c'est ressentir également dans quel état d'esprit ces actions ont été effectuées, et c'est enfin et surtout retrouver intactes les valeurs qui les ont inspirées. Devant ces hommes et ces femmes qui pourraient être nos pères et nos mères mais qui nous apparaissent aujourd'hui comme des êtres de légende, nous qui appartenons à une génération qui doit son existence à leur détermination et à leur courage, nous nous inclinons avec respect.

Jacques Fijalkow

Professeur à l'université de Toulouse-le Mirail
Président de l'Association des amitiés
judéo-lacaunaises

AUX FIDÈLES DE L'ÉGLISE RÉFORMÉE DE FRANCE, 22 SEPTEMBRE 1942

EGLISE REFORMEE DE FRANCE

A lire en chaire sans commentaire dans toutes les paroisses le dimanche 4 octobre.

Le Conseil national de l'Eglise Réformée de France, réuni pour la première fois depuis les mesures qui ont frappé des Israélites refugiés sur notre sol, parmi lesquels se trouvent de nombreux chrétiens, a été informé des démarches que son Président, au nom de la Fédération Protestante de France, a accomplies, par écrit et de vive voix, auprès des plus hautes autorités de l'Etat. Il s'est associé pleinement à lui et l'a remercié de son action.

Sans ignorer ni méconnaître l'extrême complexité des situations devant lesquelles les autorités du Pays se voient placées, résolue plus que jamais à exercer avec loyalisme, au sein de la Nation, la vocation spirituelle à laquelle Dieu l'a appelée, et fidèle à son principe séculaire qui est de se refuser à toute intrusion dans le domaine de la politique, l'Eglise Réformée de France ne peut garder le silence devant la souffrance de milliers d'êtres qui reçurent asile sur notre sol.

Une Eglise chrétienne aurait perdu son âme et sa raison d'être si elle ne maintenait, pour la sauvegarde même de la Nation au sein de laquelle Dieu l'a placée, la loi divine, au-dessus de toutes les contingences humaines. Et la loi divine n'admet pas que des familles voulues par Dieu soient brisées, des enfants séparés des mères, le droit d'asile et sa pitié méconnus, le respect de la personne humaine transgressé et des êtres sans défense livrés à un sort tragique.

Quels que soient les problèmes qui se posent, que l'Eglise n'a pas à résoudre, mais dont il est de son devoir d'affirmer qu'ils ne sauraient être résolus contre la loi de Dieu, l'évangile nous ordonne de considérer tous les hommes sans exception comme des frères pour qui le Sauveur est mort en croix. Comment l'Eglise pourrait-elle jamais oublier d'ailleurs que c'est dans le peuple dont les Juifs sont les enfants selon la chair qu'est né le Sauveur du monde ? Et comment ne serait-elle pas profondément meurtrie, elle en qui doit s'affirmer l'unité du Corps du Christ, par des mesures qui frappent aussi des chrétiens non-aryens, membres de nos paroisses protestantes?

Devant tant de faits si douloureux, l'Eglise se sent contrainte de faire entendre le cri de la conscience chrétienne pour supplier, au nom de Dieu, tous ceux qui ont autorité dans le monde, de ne pas ajouter aux horreurs naturelles de la guerre, qui viole en elle-même le commandement du Christ, des violations pires encore dont le résultat serait d'entraver, de la façon la plus redoutable, la réconciliation nécessaire des peuples dans un monde enfin repentant, soumis à Dieu et apaisé.

Elle demande aux fidèles de se pencher avec la compassion du Bon Samaritain sur la détresse de ceux qui souffrent et d'intercéder sans relâche auprès de Dieu qui peut seul nous délivrer tous du mal par la grâce qu'Il a manifestée en Jésus-Christ.

22 septembre 1942.

Sources: *Etudes Théologiques et Religions, 1982.*
Source: *le site Un écho d'Israël*

DÉCLARATION DES ÉVÈQUES DANOIS LUE EN CHAIRE DANS TOUTES LES PAROISSES DANOISES LE 3 OCTOBRE 1943

Eglises de la Réforme

Textes et déclarations sur le peuple juif des Eglises issues de la Réforme.

Le 29 septembre, l'archevêque de Copenhague, avait supplié les autorités allemandes de ne pas persécuter les Juifs. Le 1er octobre, il y eut une rafle des Juifs dans tout le royaume. Une partie d'entre eux a été sauvée.

Partout où les Juifs sont persécutés comme tels, pour des raisons raciales ou religieuses, l'Eglise chrétienne a le devoir de protester, pour les motifs que voici :

1. Nous ne devons jamais oublier que le Chef de l'Eglise, Jésus-Christ, est né à Bethléem, enfant de la Vierge Marie, en vertu de la promesse de Dieu, à son peuple élu, Israël. Le salut que Dieu offre à tous les hommes en Christ est préparé par l'histoire du peuple juif, jusqu'à la venue du Sauveur, ainsi que le montre sans conteste l'Ancien Testament, partie intégrante de la Bible chrétienne.

2. La persécution contre les Juifs est contraire aux conceptions de la dignité humaine et de l'amour du prochain, conceptions fondamentales du christianisme et partie intégrante du message de l'Eglise. Christ ne connaît pas d'exception de personne ; Il nous a appris à voir dans chaque vie humaine un trésor qui appartient à Dieu. L'apôtre Paul enseigne : « Il n'y a ici ni esclaves, ni libres, ni hommes, ni femmes, car tous sont un en Jésus-Christ. »

Les chefs de l'Eglise danoise, savent qu'ils ont le devoir d'être des citoyens soumis aux autorités. Mais ici, c'est par obligation de conscience qu'ils protestent contre une violation du droit et de la justice. Fermement, ils suivront le mot d'ordre : « Il vaut mieux obéir à Dieu qu'aux hommes. »

Pour les évêques,
H. Fuglsand Damgaard

L'APPEL, LA PROTESTATION COURAGEUSE ET ÉMOUVANTE DE MGR SALIÈGE A ÉTÉ LUE LE DIMANCHE 23 AOUT 1942 À LA CATHÉDRALE DE TOULOUSE:

Que des enfants, des femmes, des hommes, des pères et des mères soient traités comme un vil troupeau, que les membres d'une même famille soient séparés les uns des autres et embarqués vers une destination inconnue, il était réservé à notre temps de voir ce triste spectacle.

Pourquoi le droit d'asile dans nos églises n'existe-t-il plus?

Dans notre diocèse, des scènes d'épouvante ont eu lieu dans les camps de Noé et de Récébédou. Les Juifs sont des hommes, les Juives sont des femmes. Tout n'est pas permis contre eux, contre ces hommes, contre ces femmes, contre ces pères et mères de familles. Ils font partie du genre humain. Ils sont nos frères comme tant d'autres. Un chrétien ne peut l'oublier.

France, patrie bien aimée, France qui porte dans la conscience de tous tes enfants la tradition du respect de la personne humaine, France chevaleresque et généreuse, je n'en doute pas, tu n'es pas responsable de ces horreurs.

LETTRE DU PRÉSIDENT DU CONSEIL DE LA FÉDÉRATION PROTESTANTE DE FRANCE AU MARÉCHAL PÉTAIN

Eglises de la Réforme

Textes et déclarations sur le peuple juif des Eglises issues de la Réforme.

Monsieur le Maréchal,

Lorsque vous m'avez fait l'honneur de me recevoir le 27 juin dernier, j'ai remis entre vos mains la lettre par laquelle le Conseil de la Fédération Protestante de France confiait à votre cœur de chrétien et de soldat la douleur et l'émotion éprouvés par les Eglises protestantes devant les nouvelles mesures prises en zone occupée à l'égard des Juifs et des chrétiens maintenus juifs par la loi. Je me vois contraint, hélas! de vous écrire aujourd'hui au nom de ce même Conseil, pour vous exprimer l'indicible tristesse que ressentent nos Eglises à la nouvelle des décisions prises par le Gouvernement français à l'encontre des Juifs étrangers (convertis ou non au christianisme) et de la manière dont elles ont été exécutées.

Aucun Français ne peut demeurer insensible à ce qui se passe depuis le 2 août dans les camps d'hébergement et d'internement. On répondra, on le sait, que la France ne fait que rendre à l'Allemagne des Juifs que celle-ci a renvoyés en automne 1940. La vérité est que viennent d'être livrés à l'Allemagne des hommes et des femmes réfugiés en France pour des motifs politiques ou religieux, dont plusieurs savent d'avance le sort terrible qui les attend.

Le christianisme avait, jusqu'à présent, inspiré aux nations, en France en particulier, le respect du droit d'asile.

Les Eglises chrétiennes, quelles que soient les diversités de leur confession, seraient infidèles à leur vocation première si elles n'élevaient, devant l'abandon de leurs principes, leurs douloureuses protestations.

Je suis obligé d'ajouter, Monsieur le Maréchal, que la «livraison» de ces malheureux étrangers s'est effectuée en maints endroits dans des conditions d'inhumanité qui ont révolté les consciences les plus endurcies et arraché des larmes aux témoins de ces mesures. Parqués dans des wagons de marchandises sans aucun souci d'hygiène, les étrangers désignés pour partir ont été traités comme du bétail. Les Quakers, qui font tant pour ceux qui souffrent sur notre sol, se sont vu refuser l'autorisation de les ravitailler à Lyon. Le Consistoire israélite n'aurait pas été autorisé à leur distribuer des vivres. Le respect de la personne humaine, que vous avez tenu à insérer dans la Constitution dont vous voulez doter la France, a été maintes fois foulé aux pieds. Ici encore, les Eglises sont tenues de s'élever contre une si grave méconnaissance par l'Etat de ses indéniables responsabilités.

Le Conseil de la Fédération Protestante en appelle à votre haute autorité pour que des méthodes entièrement différentes soient introduites dans le traitement des étrangers juifs de race, chrétiens ou non de religion, dont la livraison a été consentie. Aucune défaite, vous nous l'avez rappelé vous-même, ne peut contraindre la France à laisser porter atteinte à son honneur.

La fidélité obstinée de la France, même et surtout dans les journées tragiques qu'elle vit depuis deux ans, à ses traditions de générosité humaine, de noblesse spirituelle, reste l'une des causes essentielles du respect que continuent à lui vouer certaines nations.

Vice-président du Conseil Œcuménique des Eglises chrétiennes qui groupe toutes les grandes Eglises en dehors de l'Eglise catholique romaine, je ne puis pas ne pas vous faire part de l'émotion profonde éprouvée par les Eglises de Suisse, de Suède, des Etats-Unis à la nouvelle, connue déjà dans le monde entier, de ce qui s'accomplit en ce moment même en France.

Je vous supplie, Monsieur le Maréchal, d'imposer les mesures indispensables pour que la France ne s'inflige pas à elle-même une défaite morale dont le poids serait incalculable.

Veuillez agréer, Monsieur le Maréchal, l'assurance de ma profonde tristesse et de mon entier dévouement.

Marc BOEONER

Président du Conseil de la Fédération
Protestante de France.

24

A PROPOS DU LIVRE :
" LA RÉSISTANCE JUIVE EN FRANCE ".

Lazare Lucien,
Historien

Ce livre est le fruit d'une recherche réalisée à partir du jour où j'ai pris ma retraite. Je suis venu en Israël avec ma famille, ma femme et mes quatre enfants, en 1968, et jusqu'en 1983, j'ai enseigné dans un lycée. J'ai commencé à me consacrer à des travaux de recherche en histoire, et le premier travail a concerné effectivement l'histoire des organisations juives de la Résistance.

J'ai établi une nette distinction entre ceux qui ont opéré au sein des organisations juives de résistance, et les autres Juifs, plus nombreux d'ailleurs, qui en France ont participé au combat de la Résistance dans des organisations françaises, des réseaux et maquis français. Mon appartenance à un mouvement dont l'identité était clairement «organisation juive» a eu une grande influence sur mon travail de recherche.

En effet, il y avait ceux qui avaient pris conscience - et c'est le cas des dirigeants qui m'ont influencé et que j'ai décidé de suivre – du fait qu'il y avait dans cette guerre, pour les Juifs, un combat tout à fait différent de celui que menaient les autres résistants en France. C'était un combat pour la survie. Alors que les autres résistants ont combattu pour débarrasser le sol de leur patrie de l'occupation étrangère, nous avons combattu pour tenter de sauver des Juifs de la déportation et de l'extermination. Et c'est ce que nous avons fait jusqu'au moment où nous sommes rentrés dans le Maquis, c'est-à-dire jusqu'au moment où a sonné l'heure de l'insurrection nationale à laquelle nous avons pris part.

Jusqu'à ce moment-là, nous n'avions pas pris les armes, nous avions combattu les mains nues pour tenter de sauver des Juifs qui, sans notre combat, auraient été arrêtés, déportés et exterminés. Le combat de ces hommes et femmes – et il faut bien insister sur le mot «femmes» parce qu'elles ont joué un rôle aussi important que les hommes – était un combat pour la survie des Juifs.

À partir du moment où nous avons pris les armes et que le Maquis a été constitué, nous étions sous le commandement de la structure des Forces Françaises de l'Intérieur. Ce n'était plus une guerre juive mais une guerre française pour libérer le sol de la France.

Auparavant, je n'avais pas conscience d'une relation structurelle avec d'autres réseaux de Résistance. C'est lorsque j'ai effectué une recherche sur l'historique de ces Organisations juives de Résistance que j'ai appris qu'elles avaient coopéré avec différentes Organisations françaises : des œuvres humanitaires, par exemple, dont la vocation n'était pas la Résistance, mais qui se sont mobilisées et se sont engagées pour sauver des Juifs. Il y avait même des organisations vichyssoises comme « Le Secours National ». Il s'agissait d'équipes locales qui voulaient aider les Organisations juives à sauver des Juifs. Il y a eu aussi des organisations telles que « Les Amitiés Chrétiennes » ou la : « CIMEDE », (Comité Inter Mouvement en faveur des Evacués), une Organisation protestante qui avait été créée en 1939, pour s'occuper des populations évacuées dans des zones de combat, c'est-à-dire à la frontière de l'Alsace, la Lorraine et l'Allemagne ; en 1940, à la capitulation de la France, son rôle a été étendu au sauvetage des Juifs, travail qui a été fait d'une façon tout à fait remarquable. On trouve parmi eux de nombreux sauveurs de Juifs qui ont reçu le titre de : « Juste parmi les Nations », décerné par « Yad Vashem ». C'est d'ailleurs un domaine où j'interviens depuis plus de 15 ans, et qui est devenu mon domaine de recherche de prédilection en tant qu'historien.

Nous avons collaboré avec des organisations étrangères telles que les : « Quakers » américains, « l'Y.M.C.A », également américaine, une organisation tchèque et bien d'autres encore. J'ai appris tout cela grâce à mes travaux de recherche.

« L'Armée juive » faisait aussi partie des organisations de résistance. Ce mouvement avait a priori décidé de se consacrer au combat armé, et recrutait surtout dans les mouvements de jeunesse sionistes. Leur but était l'Aliya. Dès 1943, « l'Armée juive » a organisé des passages clandestins de combattants qui allaient suivre une formation militaire en Espagne, dans l'intention de s'embarquer vers la Palestine, pour prendre part à la création d'un futur État juif indépendant. Il s'agissait là d'une performance tout à fait remarquable, quand on se rappelle les conditions qui régnaient en France occupée. De 1940 à 1944, des groupes de jeunes gens juifs sont partis en Palestine en franchissant clandestinement les Pyrénées non sans danger, et ensuite en s'embarquant en Espagne à destination de la Palestine. « L'Armée juive » a également participé à des combats dans le cadre du « Corps Franc de la Montagne Noire », non loin des Monts du Sidobre, où opérait la Compagnie « Marc Haguenau ».

A la Libération, un groupe de vétérans de «l'Armée juive» a pris le nom d'O.J.C., «Organisation juive de Combat», par identification avec les combattants du ghetto de Varsovie. Parmi eux, certains sont partis en Palestine et ont participé au combat de l'indépendance. C'était une organisation à direction bicéphale. Le fondateur était Abraham Polonski, qui s'était adjoint un autre chef d'une autre mouvance politique, mais sioniste lui aussi, Lucien Aharon Lublin. Ils ont dirigé ensemble «l'Armée juive» depuis sa création en 1942, jusqu'au lendemain de la Libération. L'O.J.C., dirigée à la fois par Polonski et Lublin, a créé une organisation de regroupement des réfugiés et évacués, et également des homes pour enfants qui accueillaient les enfants qui avaient été placés, mais dont les parents avaient été déportés. C'est «l'O.P.E.J.E» (l'Organisation de Protection des Enfants juifs) qui a ouvert plusieurs homes, accueilli, élevé et permis à ces enfants de se développer et de s'intégrer dans la vie active.

Je suis actuellement membre la commission pour la désignation des «Justes parmi les Nations», et je suis rapporteur d'un grand nombre de dossiers français. Il reste encore un gros travail à réaliser. On a du mal à imaginer que 50 ans ont passé et que des gens n'ont pas encore témoigné! C'est sur la base des témoignages de Juifs qui ont été sauvés, que l'on constitue les dossiers. Notre travail consiste à recueillir ces derniers témoignages.

Ce travail est essentiel pour les futures générations car il est interdit d'oublier toute cette partie de l'histoire et ceux qui ont risqué leur vie pour sauver des Juifs. Mais essentiel surtout pour démontrer qu'à l'époque de la barbarie – a priori une époque de désespoir absolu où seul le mal a régné – la bonté humaine a pu s'exprimer. Des hommes et des femmes, en petit nombre certes, ont démontré que la bonté fait partie des facultés humaines aussi bien que le mal, et que, par conséquent, il y a un espoir pour l'avenir d'un monde meilleur.

C'est la raison pour laquelle je crois qu'écrire l'histoire de la Shoa, sans tenir compte des actes de bonté grâce auxquels des Juifs ont été sauvés, c'est mutiler cette histoire, c'est faire un travail qui pèche par omission.

Jérusalem mars 2002.
Lazare Lucien

27

LA DÉPORTATION

Maurice Gastaud
Commandant F.T.P. de Paris.

D'après les Allemands, il fallait détruire cette race. Pour nous, les Juifs étaient des gens comme les autres. Un matin, en sortant, j'ai vu des camions stationnés à côté de policiers qui étaient en train d'arrêter des Juifs, facilement reconnaissables car ils portaient l'étoile jaune. J'ai compris que ces gens-là allaient être victimes d'Hitler, de ceux qui nous faisaient du mal. De Drancy, des trains partaient vers l'Allemagne, remplis de Juifs que l'on déportait. Et il y avait eu le Vél'd'Hiv. Les plus âgés de nos camarades connaissaient l'existence des camps de concentration en Allemagne.

En 1941, eurent lieu à Paris les premières arrestations en masse. Ensuite, quelque 750 personnalités juives furent arrêtées. Et puis il y a eu le Vél'd'Hiv, en 1942. Tout cela était de plus en plus connu. Il y avait les cheminots, des gens qui étaient directement liés au problème du transport. Ils ont fait ce qu'ils ont pu pour empêcher ou saboter le transport. Tout n'était pas possible. Il fallait déjà avoir du courage et combien en sont morts et ont été assassinés parce qu'ils ont saboté les trains qui partaient, etc. Tous n'ont pas pu être arrêtés. Certains ont été bombardés par erreur.

J'ai été désigné par le Comité Parisien de Libération pour représenter les déportés. J'avais la redoutable responsabilité de conduire les déportés à leur arrivée à l'hôtel Laetitia, à Paris. Ce furent les moments où j'ai le plus souffert, lorsque je voyais arriver les déportés, l'état dans lequel ils étaient. Certains attendaient, pensant que leur famille viendrait les chercher. Quelquefois, la famille venait, quelquefois il n'y avait personne.

Dans la Résistance, les Juifs étaient également présents, avec Francis Cohen, Jean Lederman, et d'autres. Certains disaient que les Juifs ne s'étaient pas beaucoup battus, j'ai ici une photo d'un groupe de résistants juifs de Marseille, les armes à la main. On a essayé de discréditer les Juifs, en prétendant qu'ils ne s'étaient pas battus. C'est totalement faux !

Paris, mai 2002.

RÉSUMÉ DE L'ENSEMBLE DES RÉSEAUX DE LA RÉSISTANCE JUIVE EN FRANCE.

Dr Tsilla Herschco

Historienne

ECLAIREURS ISRAÉLITES DE FRANCE /

L'organisation des Eclaireurs Israélites de France a été créée en 1923 sous l'initiative de Robert Gamzon (Castor) qui est resté à la tête de l'organisation pendant la guerre. Les E.I.F ont créé des fermes agricoles dans le sud de la France. Les plus célèbres étaient Moissac et Taluyers.

Le but était de donner aux jeunes une instruction qui valorise les qualités humaines et spirituelles du judaïsme afin de les diriger vers des métiers productifs. L'organisation est passée vers des activités entièrement clandestines sous l'appellation de la « Sixième ».

La direction a été confiée à Marc Haguenau qui a été arrêté par les nazis à Grenoble en février 1944. Les cadres des Eclaireurs ont été actifs et ont assuré le sauvetage d'enfants et adultes en leur faisant traverser clandestinement la frontière vers la Suisse et en leur fournissant des fausses cartes d'identité.

Apres s'être dispersés dans des fermes agricoles par crainte du danger des nazis, les élèves ont continué leurs activités clandestines dans le maquis, dans les groupes des Corps Francs, dans les villes et ont participé aux combats pour la libération de la France.

Certains ont franchi les Pyrénées vers l'Espagne et ont continué les combats dans les rangs des troupes alliées et de la Brigade juive.

M.J.S. MOUVEMENT DE JEUNESSES SIONISTES /

Le Mouvement de Jeunesses sionistes a été créé en mai 1942 à Montpellier sous l'initiative de Simon Lévite, Joseph Fischer, Eytan Otto Giniewsky-Toto.

(Eytan Guinat). Lors d'une réunion, il a été décidé de s'organiser en mouvement clandestin et non comme mouvement officiel de l'U.G.I.F. Il a été décidé d'être présent sur tous les fronts dans le combat contre les nazis, de sauver adultes et enfants du danger nazi. De se concentrer sur des activités d'éducation sioniste, de créer des fermes agricoles, d'encourager l'instruction sioniste, de prendre part aux combats militaires contre les nazis pour la libération de la France. Par la suite, il a été décidé de se concentrer sur des actions de sauvetages, de fournir des forces pour l'Armée juive et de participer à des actions militaires. Le Mouvement de Jeunesses sionistes était actif dans le sauvetage des Juifs, en leur fournissant des milliers de fausses cartes d'identité. Les membres de l'organisation ont pris part au sauvetage des enfants et adultes en leur faisant passer clandestinement la frontière vers la Suisse. Ils se sont intégrés dans les groupes des Corps Francs et de l'A.J. et ont participé aux combats pour la libération de la France. Une partie des membres a franchi les Pyrénées en Espagne et a rejoint les Forces alliées ainsi que la Brigade juive.

A.J. « ARMÉE JUIVE » /

Le premier noyau de l'armée juive « la Main Forte » fut créé à Toulouse immédiatement après l'invasion allemande de la France, en juin 1940.

Le but de l'organisation a été le combat contre les nazis et de prendre part à la création d'un État juif en Pays d'Israël (Eretz- Israël).

En janvier 1942 fut créée « l'Armée juive (A.J.), avec, à sa tête, les commandants de « Main Forte » (David Knout et Abraham Polonski.). Il y avait aussi Lucien Lublin, Léonard Zuprener et Jules Jefroykin.

L'organisation a créé des groupes de guérillas dans différentes villes en France, des groupes de maquis dans les montagnes, des laboratoires pour fabrication de fausses cartes, un service de passages clandestins vers l'Espagne, un service de passages des fonds de la Suisse ainsi que sa distribution vers les différents réseaux.

L'organisation a participé aux combats pour la libération de la France et a été reconnue par les autorités françaises comme organisation juive y compris les E.I.F et les M.J.S, ayant participé aux combats.

LE GROUPE HOLLANDAIS /

« Le Groupe hollandais », groupe sioniste haloutzique (pionniers) clandestin, qui était actif en Hollande et dont les membres sont arrivés en France, ont pris contact avec l'A.J. Ils ont réussi à fournir à leurs membres des fausses cartes de T.O.D.T et de la Gestapo. Par ce moyen, ils ont franchi les Pyrénées avec l'aide de l'A.J. Nombreux sont les membres du groupe qui ont été arrêtés par les nazis en avril et juillet 1944.

L'AUMÔNERIE DES CAMPS /

Une activité importante dans le sauvetage des Juifs en France a été réalisée par les rabbins des camps d'internement. Leurs actions ont été particulières dans la zone Sud, sous l'initiative des rabbins René Capel, Henri Chili et René Hirschler. Le début de ces initiatives s'est fait avec l'accord des autorités de Vichy, qui ont accepté la nomination du rabbin Hirschler comme rabbin principal des camps afin d'assurer aux internés les services religieux. Les rabbins des camps ont entrepris des actions clandestines : faire évader des internés en leur procurant des fausses cartes. Dans les camps de la zone nord il n'y avait pas de services d'aumônerie. C'est le rabbin Elie Bloch de Metz qui a pris l'initiative de remplir ce rôle jusqu'à son arrestation par les nazis. Il fut déporté en camp d'extermination.

« LE COMITÉ DE LA RUE AMELOT. » /

Le Comité de Secours de la rue Amelot a été créé le 15 juin 1940, dans l'appartement de Léo Glaeser, par un groupe d'action de la fédération des organisations juives, immédiatement après l'arrivée des troupes allemandes à Paris. David Rappaport a été élu secrétaire général. Ils ont créé un centre médico-social, des colonies populaires pour enfants. Ont participé à ces actions les jeunes socialistes de la « Schomer Hatzair », sous la direction d'Henri Bulawko. Le comité avait une position officielle, mais la direction décida de ne pas agir sous les contrôles et les ordres des Allemands. Le Comité a entrepris de venir en aide aux internés, à faire évader des adultes et des enfants, en leur fournissant des fausses cartes. La majorité des membres du comité ont été arrêtés et déportés vers les camps d'extermination.

L O.S.E (ORGANISATION DE SECOURS AUX ENFANTS) - LE RÉSEAU GAREL /

L'organisation fut créée en 1912 à Saint-Pétersbourg par un groupe de médecins qui s'investit dans les services et le soutien en aide médicale aux enfants. Pendant la guerre, ils parviennent à libérer, dans les camps, des enfants qu'ils recueillent et placent dans des homes. Ils interviennent dans leurs besoins, leur santé et leur instruction.

En septembre, à l'initiative du docteur Joseph Weill, directeur de l'O.S.E dans la Zone sud, fut créé le réseau Georges Garel, Son but était de sauver, autant que possible, les enfants dont il était difficile d'assurer la sécurité dans les homes de l'O.S.E. Le réseau est devenu un grand réseau qui s'était investi dans le sauvetage des enfants, en leur procurant un lieu de séjour et en les faisant passer clandestinement la frontière vers la Suisse.

LE « SERVICE ANDRÉ. » /

Le « Service André » a été créé en automne 1942, à Marseille, par Joseph Bass, connu sous le nom de « Monsieur André ». Le réseau s'emploie principalement à sauver et à cacher des Juifs, principalement des enfants du sud de la France. Le réseau a également créé des groupes de maquis à Chambon-sur-Lignon, qui ont participé aux combats pour la libération de la France.

RÉSEAU MOUSSA ABADIE /

Le réseau Abadie a commencé à être actif lorsque les Allemands ont engagé les poursuites par les arrestations dans la zone Sud, après qu'ils ont occupé la zone italienne, en septembre 1943. Le réseau a été actif dans le sud de la France et a agi principalement dans le sauvetage des enfants.

Dr Tsilla Herschco[1]

---

1   Le professeur Tsilla Hershco, historienne et conférencière en sciences politiques, docteur de l'Université Bar Ilan, chercheuse au Centre Begin Sadat (BESA) des études stratégiques à l'université Bar Ilan, et spécialiste des relations israélo-françaises.

Son premier livre « Entre Paris et Jérusalem, la France, le sionisme et la création de l'État d'Israël, 1945-1949 », paru il y a cinq ans en hébreu, a été traduit en français et publié en mars 2003 par les éditions Honoré Champion. Son livre « Ceux qui marchent dans les ténèbres verront la lumière, la Résistance juive en France, la Shoah et la renaissance d'Israël : 1940-1949 » a été publié en avril 2003 par le Centre de la recherche des forces de « La' Haganah », au nom d'Israël Galili, et par les Editions Tcherikover.

"L'UNION DE LA JEUNESSE JUIVE ET SES GROUPES DE COMBAT (ZONE SUD) DANS LA LUTTE POUR LA LIBÉRATION DE LA FRANCE ET L'ANÉANTISSEMENT DU NAZISME"

Conférence donnée le 16 mai 2002 dans la salle des fêtes de l'Hôtel de ville de Paris, présentée par Max Weinstein au nom du Groupe de travail des Anciens Résistants de l'Union de la Jeunesse juive.

Le mouvement de Résistance qui est le sujet de la présente conférence est une organisation de la clandestinité créée dans ce qui était alors la zone sud et qui avait pour nom Union de la Jeunesse juive (U.J.J.).

Les thèmes qui y sont développés ont été élaborés collectivement par notre Groupe de travail des anciens résistants de l'Union de la jeunesse juive et ses Groupes de Combat, composé de 10 anciennes résistantes et anciens résistants, groupe qui s'est constitué en 1995, cinquante ans après la Libération, en tant qu'association de fait affiliée à l'A.N.A.C.R. (Association Nationale des Anciens Combattants de la Résistance).

Pendant plus de cinquante ans, ceux qui en avaient été les acteurs ont laissé à d'autres le soin de parler, d'écrire et de théoriser sur ce qu'avait été ce mouvement. C'est pourquoi il est largement méconnu, nommé et mentionné de façon marginale par les différents auteurs, historiens et orateurs.

Il nous a semblé utile, alors que nombre d'entre ceux qui en ont été les protagonistes sont encore parmi nous, de tenter, pour la Mémoire, de faire sortir de l'ombre où elle était enfouie, cette organisation clandestine de la jeunesse juive en lutte pour la libération de la France et l'anéantissement du nazisme et de ses alliés, dans la zone sud.

C'est ce à quoi nous allons nous évertuer.

Si nous avons organisé cette conférence, c'est parce que nous pensons, plus particulièrement dans la période que nous vivons actuellement, qu'il est nécessaire de faire connaître, pour la mémoire collective de la France, que de nombreux jeunes Juifs se sont engagés dans la lutte.

Il s'agit d'une petite tranche d'histoire, partie prenante de cette magnifique page d'histoire de la Résistance dans son ensemble. Nous voulons faire savoir, contrairement à l'idée bien souvent véhiculée, que tous les Juifs ne se sont pas laissé «conduire à l'abattoir nazi». La lutte héroïque des combattants du ghetto de Varsovie en est un exemple irremplaçable.

Ce n'est pas pour cultiver un quelconque particularisme, mais parce qu'il nous semble nécessaire de faire apparaître en toute clarté ce qu'a été l'activité de ces groupes de Juifs d'origine polonaise principalement, jeunes et moins jeunes, dans la lutte pour la libération de la France, leur patrie d'adoption d'alors, dans laquelle ils se sont pour la plupart totalement intégrés, quel qu'ait été l'itinéraire de chacun après les années noires.

L'U.J.J. était une organisation clandestine de ville. Elle a surtout agi dans les agglomérations. Cette organisation clandestine n'est pas née de rien. C'est pourquoi il est utile de rappeler et de préciser d'où elle vient et comment elle est apparue.

Dès la dissolution d'un certain nombre d'organisations liées au parti communiste français, dans les mois qui ont précédé la seconde guerre mondiale, la branche juive de la M.O.I., s'adaptant à la nouvelle situation a créé un mouvement qui, à Paris s'est appelé «Solidarité». A Lyon, ce même mouvement prit le nom de «Secours Populaire juif», avant de prendre aussi par la suite le nom de «Solidarité».

La M.O.I., «Main d'œuvre immigrée» a été créée en 1923 par le Parti communiste français, auprès de son comité central, permettant ainsi la formation de ce que l'on a appelé les «groupes de langue» où se retrouvaient les militants communistes en fonction de leur origine. C'est ainsi que furent créés les groupes de langue espagnol, italien, polonais, arménien, grec, bulgare, hongrois, tchécoslovaque, ainsi qu'un groupe de langue juif dans lequel se retrouvaient surtout des personnes issues de l'est de l'Europe, dont la langue commune était le yiddish.

Cette branche de la M.O.I. était une des plus nombreuses et des plus actives. Elle possédait son journal quotidien en yiddish, la Naïe Press ou Presse nouvelle. Elle animait ou participait à la vie d'un ensemble d'associations culturelles ou sportives comme le YASK et le YIK. Elle pratiquait également un ensemble d'activités de solidarité envers les familles qui arrivaient en grand nombre de l'est européen, fuyant les pogroms et l'antisémitisme.

Signalons la présence parmi nous du dernier dirigeant, à notre connaissance, de cette branche juive de la M.O.I. de l'avant-guerre, Adam Rayski qui, devenu historien, anime aujourd'hui, une revue prestigieuse par son contenu, « la Lettre de l'URDF ».

Dans un éditorial prémonitoire resté célèbre, publié par la « Naïe Press » au début de la guerre, Adam Rayski, prenait le contre-pied de la position officielle du P.C.F. à propos de l'attitude à l'égard de l'Allemagne hitlérienne, faisant d'Hitler et de l'Allemagne nazie l'ennemi principal et soulignant le grave danger qui menaçait la population juive en général, celle vivant en France en particulier.

Adam Rayski fut l'un des dirigeants de « Solidarité », ainsi que des organisations juives clandestines qui en furent issues par la suite. Après l'entrée des armées nazies en France et l'armistice négocié par le maréchal Pétain, nombreux furent les jeunes Juifs parisiens, organisés dans la jeunesse communiste, qui se lancèrent sans tarder dans l'action contre l'occupant. Dès l'automne 1940, dans la capitale, les premiers groupes se réunirent pour agir. Ils en payèrent le prix fort. Paris est parsemé de ces plaques où l'on distingue les noms de ces jeunes héros, Juifs et non-Juifs, morts pour avoir lutté pour la liberté et contre l'oppression nazie.

Citons parmi eux :

• Samuel Tyszelman, fusillé en même temps que le jeune Henri Gautherot le 19 août 1941. Le sacrifice de Samuel, le premier des combattants juifs qui paya de sa vie son amour pour sa nouvelle patrie, fut le prélude à la lutte armée ouverte contre l'occupant.

• Citons aussi Henri Beckerman, 21 ans, Jacques Grinbaum 21 ans, Bernard Grinbaum 22 ans, Maurice Feferman 20 ans, Maurice Feld 17 ans et demi, Markus Garbarz arrêté au début de 1942 et fusillé le 30 avril 1942, et bien d'autres. La liste est bien longue de ces jeunes qui sacrifièrent leur vie sans hésiter en luttant pour libérer la France de ses oppresseurs.

• Nous n'oublions pas ceux de l'Affiche Rouge, l'inoubliable Affiche Rouge, sur laquelle nous inscrivions « morts pour la France ». Celle que l'occupant et ses complices pensaient qu'elle aurait pour effet de réduire la Résistance, de démoraliser la population. C'est l'effet inverse qui en résulta avec l'intensification de la lutte à travers tout le pays.

Ils ont été fusillés le 21 février 1944 au Mont-Valérien. Parmi ces héros, il y avait plusieurs jeunes Juifs communistes. Nos pensées les unissent dans le souvenir qui nous habite et la gratitude que nous avons pour eux. Sans oublier Olga Bancic, décapitée à la hache à Stuttgart le 10 mai 1944 et Joseph Epstein, fusillé avec 29 autres résistants le 25 avril 1944. Nous pensons plus particulièrement à Marcel Rayman, alors âgé de 21 ans, l'un des jeunes de l'Affiche Rouge, qui fut un des animateurs et dirigeants de l'équipe spéciale des F.T.P.-M.O.I.

• Nous n'oublions pas non plus ceux d'entre ces jeunes Juifs de Paris en lutte, qui furent déportés, dont certains sont revenus des camps de la mort, diminués physiquement, qui prirent part aux luttes organisées dans les camps de concentration : Paulette Sarcey, Henri Krasucki, Roger Trugnan, Sam Radzinski, et d'autres que nous saluons affectueusement. A cette tribune se trouve un de ces jeunes communistes juifs qui participa activement aux premières actions de résistance à Paris. Il fut par la suite un des responsables de l'U.J.J. à Lyon, Maurice Lubczanski, alias Gérard.

La répression s'accentuant dans la zone occupée, nombreux furent les jeunes Juifs et les familles qui, au cours de l'année 1942 tout particulièrement et après la grande rafle du Vél'd'Hiv, quittant Paris, arrivèrent à Lyon. Se retrouvèrent également à Lyon des jeunes Juifs venus de Nancy et Roanne.

C'était encore, à l'époque, la zone sud, dite zone libre ; on n'est pas obligé aujourd'hui de savoir ce qu'était la zone sud. Lors de la signature de l'armistice de 1940, le territoire métropolitain avait été scindé en plusieurs zones : la zone occupée qui comprenait la partie située, en gros, au nord de la Loire et le long de l'Océan Atlantique, la zone interdite, composée des départements du Nord et du Pas-de-Calais, la zone d'Alsace-Lorraine annexée par l'Allemagne et la zone sud, dite zone libre, gouvernée par le maréchal Pétain et son gouvernement à partir de Vichy. La fiction de la zone sud dura jusqu'à la fin de 1942 lorsque l'armée allemande réoccupa l'ensemble du territoire, laissant pour quelques mois la partie de l'est de cette zone sud à l'occupation de l'armée italienne, son alliée de l'époque.

Dans ce contexte, étant donné aussi le développement de la lutte pour la libération de la France, les dirigeants de la branche juive de la M.O.I., dont la direction nationale s'était installée à Lyon, décidèrent la création d'un certain nombre d'organisations destinées à recevoir les Juifs, quelles que soient leurs opinions philosophiques, politiques ou religieuses, qui voulaient participer concrètement aux luttes de la Résistance. C'est un ensemble de mouvements clandestins dont les structures furent décidées à cette époque, dans le courant de la seconde moitié de 1942.

Ainsi fut créée l'Union des Juifs pour la Résistance et l'entraide (U.J.R.E.) où se retrouvaient ceux que nous appelions les adultes, vous pensez, ils avaient en général 25 ans et plus… Auprès de cette organisation furent créés les Groupes de combat de l'U.J.R.E.

Dans la même série de décisions fut constituée l'Union des femmes juives, animée surtout par la regrettée Sophie Schwartz, alias Yvonne, « descendue de Paris » comme on disait à l'époque ; également, le Groupe de Sauvetage des enfants, les Partisans juifs, organisation spéciale, intégrés par la suite aux F.T.P.-M.O.I.

Il fut également décidé de constituer une organisation de la jeunesse, l'Union de la Jeunesse juive ou U.J.J. qui créa ses groupes de combat, à l'image de ce qui était créé par l'organisation des adultes. Bien que les décisions de principes aient été prises à l'automne de 1942, elles ne devinrent progressivement réalité qu'au printemps de 1943. Ce laps de temps s'explique par le fait que nous étions alors dans la clandestinité. Les liaisons n'étaient pas faciles et les dangers étaient grands qui visaient plus particulièrement les Juifs. Ainsi l'U.J.J. fut-elle constituée. Elle ne partait pas de rien et regroupa dès le début, les jeunes Juifs qui avaient commencé à agir et lutter. Elle était fille de l'U.J.R.E.

C'est la raison pour laquelle nous remercions de sa présence le président actuel de l'U.J.R.E., monsieur Lucien Steinberg. Il a succédé aux dirigeants prestigieux disparus voici peu, que furent Charles Lederman et Charles Steinman.

Il y eut également la création du M.N.C.R, Mouvement national contre le Racisme, dont le M.R.A.P. dirigé longtemps par Albert Lévy, notre camarade Robert de la clandestinité.

C'est donc au printemps de 1943 que naquit véritablement l'U.J.J.

Le premier acte de la toute nouvelle direction de l'U.J.J. fut de rédiger ce que nous appelons le texte fondateur intitulé : « Qu'est-ce que l'Union de la Jeunesse juive ? »

Il avait fallu quelques mois pour que se mettent en place les différentes structures.

Durant le laps de temps nécessaire à cette mise en place, les activités clandestines se poursuivaient, les jeunes pratiquant la solidarité active envers ceux qui étaient démunis, ainsi que la propagande en direction de la jeunesse juive pour qu'elle vienne renforcer l'organisation naissante.

Evidemment, il ne suffisait pas de décréter la création d'une telle organisation clandestine. Encore fallait-il lui donner des règles d'organisation et lui trouver des adhérents, des jeunes qui acceptent de participer à ses actions et ses activités.

Pour les règles d'organisation, la constitution de triangles pyramidaux était la forme la plus efficace, nous semblait-il, pour éviter les chutes. D'autant que les trois de chaque triangle ne se connaissaient, en principe, que par leur «nom de guerre» ou pseudo. Ainsi, pour donner un exemple, le mien, j'étais dans un triangle sous le nom de guerre de Gustave, avec Catherine, de son nom de jeune fille, Rose Engelard, et Robert, Albert Lévy. Je n'ai personnellement appris leur véritable identité qu'après la Libération. Le responsable du triangle était Robert. Il faisait partie du triangle supérieur, et ainsi de suite jusqu'au sommet.

Dire qu'il n'y a pas eu des entorses à ce principe serait faux, mais que voulez-vous faire? Lorsque deux jeunes qui avaient fréquenté la même école parisienne se retrouvaient dans un triangle avec leur nom de guerre, on ne pouvait pas empêcher totalement les contacts.

Il n'en reste pas moins que ce système a été efficace. A preuve le nombre relativement limité de camarades qui ont été arrêtés ou sont tombés.

Pour les garçons, le danger était permanent. Il suffisait, lors d'un contrôle de faire baisser le pantalon. C'est dire que pour les jeunes de l'U.J.J. et des autres organisations juives de la Résistance, le danger était double. Il valait mieux ne pas se faire prendre.

Quelle était donc la situation des jeunes Juifs résistants dans la zone sud au moment de la création de l'U.J.J.?

Un certain nombre d'entre eux, complètement déboussolés, usaient d'ex-pédients pour vivre, s'adonnaient au jeu et autres activités peu reluisantes. Un grand nombre d'entre eux, contactés par des jeunes déjà engagés dans la résistance se joignirent à nous et furent parmi les meilleurs, se joignant à ceux d'entre nous qui s'étaient déjà engagés dans des actions de propa-gande, d'inscriptions, de lancers de tracts et autres actions de résistance.

Tous ces jeunes rejoindront, disons naturellement, la nouvelle organisation dont certains ignoreront même le nom. Ce qu'ils veulent, c'est agir ! Il y avait aussi ceux qui voulaient s'engager dans des actions plus dures telles que sabotages et actions armées. Ces jeunes gens et jeunes filles seront mutés aux F.T.P. de la M.O.I.

En cette fin de 1942, la répression contre les Juifs s'amplifiait, avec les déportations massives de familles entières vers les camps de concentration nazis dont bien peu revinrent, mais aussi l'intensification de la lutte multi-forme de la Résistance avec les créations de multiples réseaux clandestins, les premiers maquis, les actions plus dures contre l'occupant et ses soutiens.

Cette situation en évolution amena la direction générale de la branche juive de la M.O.I., suivant en cela les directives de la direction clandestine du Parti communiste, à demander aux Juifs de participer à la création d'une organisation de Francs-Tireurs et Partisans, les F.T.P. C'est ainsi, qu'au moment où fut décidée la création de l'U.J.R.E., de l'U.J.J. et de leurs groupes de combat respectifs, une unité des F.T.P. de la M.O.I. vit le jour. C'est celle qui deviendra par la suite le célèbre bataillon Carmagnole comprenant des jeunes Juifs issus de l'U.J.J. et des combattants d'autres origines, Espagnols, Italiens et autres. De même à Grenoble avec le ba-taillon Liberté. L'amicale de ces bataillons est présidée aujourd'hui par Léon Landini. A Toulouse, ce fut la 35ème brigade, présidée aujourd'hui par Claude Urman, dont des jeunes de l'U.J.J. figuraient parmi les premiers éléments. On sait ce que furent les exploits de ces unités de F.T.P.-M.O.I.

C'est le responsable aux cadres de la jeunesse communiste juive de la zone sud qui examinait les candidatures avant de décider de l'éventuel transfert de ces jeunes gens et jeunes filles. C'était, à l'époque, Georges Weinstein, alias Luc, venu de Nancy via Roanne, qui assurait cette responsabilité. Il devint par la suite, au sein de l'U.J.J., membre de sa direction nationale zone sud.

Dans la salle se trouvent plusieurs de ces jeunes qui, s'étant engagés dans l'U.J.J., participèrent aux formations de F.T.P.- M.O.I.

Ceci se passait au cours de l'automne et de l'hiver de 1942.

Le Groupe de travail des anciens résistants de l'U.J.J. est constitué essentiel-lement d'anciens résistants de la région Rhône-Alpes, Lyon principalement.

Dans la suite de cet exposé, nous faisons surtout état des activités de cette région. Il est évident que des actions de même type se sont déroulées dans les villes où existaient des groupes de l'U.J.J.

En effet, en dehors du contexte local, rien ne ressemble plus à une distribution de tracts clandestins qu'une autre distribution de tracts, un collage de papillons à un autre collage de papillons, des inscriptions sur la voie publique à d'autres inscriptions sur la voie publique, à ceci près que toutes les actions menées se sont développées au fur et à mesure de la création de ces différents groupes de jeunes Juifs résistants de la zone sud.

Dans un premier temps, disons au cours des premiers mois qui ont suivi sa création effective, c'est-à-dire au cours du printemps de 1943, les activités du mouvement étaient surtout circonscrites autour de la solidarité, de la diffusion des tracts et des appels que nous éditions, celle de notre journal « Jeune Combat » principalement en direction des jeunes Juifs, ainsi que des activités plus générales comme par exemple, le détournement de panneaux indicateurs de l'armée allemande, ou bien des inscriptions antiallemandes sur les murs. Aujourd'hui, avec les bombes sous pression, il est facile de taguer, comme on dit. Il y a 60 ans, ce matériel n'existait pas. Il fallait de l'huile de coude, des seaux et des pinceaux, trouver la peinture, etc. et prendre de grands risques.

Egalement les collages et les lancers de papillons dans les lieux publics ou les tramways, comme à Lyon. A propos de papillons, à l'époque, les autocollants n'existaient pas et les papillons étaient des étiquettes gommées qu'il fallait humecter, ou bien il fallait se promener avec un pot de colle, ce qui était bien souvent le cas.

Puis, lorsque la décision en fut prise, les Groupes de Combat de l'U.J.J. de Lyon se livrèrent, sous la responsabilité de Bernard Kutas, alias Gaston et de Jacques Steinbaum, alias Télémaque, a des actions plus fermes et décidées.

Il y eut des prises de parole devant des usines, en particulier dans la banlieue lyonnaise. Cela se passait en général tôt le matin, lorsque les équipes d'ouvriers prenaient leur travail. Avant d'arriver sur les lieux, un agent de liaison, en général une femme, apportait les armes aux camarades chargés de « la couverture » de celui qui devait haranguer les ouvriers. Nous devions lui remettre ces armes après la prise de parole. A ce propos, une anecdote pour confirmer le caractère relativement étanche des différents groupes de trois. Lors d'une prise de parole décidée devant une usine métallurgique de Vénissieux, l'un d'entre nous était de protection. Quelle ne fut pas sa surprise lorsqu'il constata que l'orateur n'était autre que son frère aîné. Impossible alors de l'approcher, même après qu'il eut fini de parler. Nous devions immédiatement nous disperser, sans avoir de contact.

Pour ce qui est des actions plus fermes menées par les groupes de combat seuls, ou en liaison avec les groupes des adultes et même, une fois au moins, avec les F.T.P.-M.O.I. de Carmagnole, voici ce qu'elles ont été par quelques exemples.

Nous n'avions que très peu d'armes. Alors, nous cherchions à en récupérer comme par exemple en désarmant le fonctionnaire de police qui se trouvait en faction devant le Grand Hôtel de Lyon, en décembre 1943. Il y eut d'autres récupérations d'armes, en particulier celle sur des soldats allemands, rue Chevreul à Lyon. C'est surtout pendant l'année 1944, alors que les effectifs s'étaient étoffés, qu'eurent lieu les interventions les plus nombreuses et les plus dures. En particulier, la destruction de panneaux indicateurs allemands, destruction des poteaux télégraphiques reliant la base de Bron à Lyon, la destruction de vitrines de commerçants collaborateurs ou miliciens comme celui de la rue du Plat et celle d'un traître, cours Gambetta à Lyon.

Des actions plus dures furent menées en direction de dénonciateurs comme celle de l'exécution d'un couple de donneurs de la Gestapo, rue Mazenod, dont la lettre de dénonciation nous était parvenue.

Avec nos camarades des groupes de Combat adultes, nous participons, en compagnie d'un groupe de F.T.P.-MOI de Carmagnole, à la destruction d'une usine de traitement des huiles motrices, route de Vienne à Lyon. C'était en juillet 1944.

Il y eut l'opération spectaculaire contre les dépôts de tramways de l'agglomération lyonnaise, le 9 août 1944 avec le blocage du dépôt Jean Macé, la tentative de destruction par le plastic des poteaux qui soutenaient les fils électriques des tramways sur le pont de Serin à Lyon-Vaise. Par le bruit des huit explosions, au petit matin, entendues dans toute l'agglomération, un point important a été marqué, tant auprès de la population qu'auprès des unités allemandes présentes dans la ville et des groupes de miliciens et autres collaborateurs. Cette action succédait à d'autres, plus modestes, de blocage au ciment de certains aiguillages des lignes de tramway.

Notre camarade Jojo, le plus jeune d'entre nous, âgé de 15 ans à l'époque, avait repéré un groupe scolaire du quartier des Brotteaux où était stationnée une unité de GMR, les CRS du moment. Après une négociation menée conjointement avec un détachement des F.T.P. de Carmagnole emmené par le regretté Henri Krischer, alias André l'Amiral, cette unité finit par se rendre au maquis avec armes et bagages.

Participation importante des jeunes de l'U.J.J. et des Groupes de Combat, à l'insurrection de Villeurbanne, aux côtés d'un détachement des F.T.P.-M.O.I de Carmagnole. J'y reviendrai.

Ce sont quelques exemples du foisonnement d'actions de toutes sortes menées par l'U.J.J. et ses Groupes de Combat dans toute la zone sud.

Vous comprendrez sans peine que si les jeunes de l'U.J.J., mais pas seulement eux, pouvaient faire des distributions de tracts, avec les périls que cela représentait à chaque fois, car le danger était permanent, il fallait qu'il y ait quelque part des lieux où l'on éditait les tracts et journaux qui étaient diffusés. Ces lieux que l'on baptisait imprimeries où, à côté d'une machine à écrire qui servait à frapper les stencils, il y avait une ronéo, souvent rustique, à plat ou rotative.

Plusieurs imprimeries existèrent dans la région lyonnaise. La première se trouvait à Bron. Elle fut transférée dans Lyon même, à la Croix-Rousse. Il y en eut une autre dans le quartier des Brotteaux. D'autres imprimeries existaient, créées par les adultes de l'UJRE où l'on imprimait des journaux en français et en yiddish, toujours dans les mêmes conditions techniques précaires, pleines de dangers.

Ceux d'entre nous qui animaient l'imprimerie de Bron, c'est d'ailleurs la raison de son déménagement, ont quitté le local quelques heures seulement avant une descente de la Gestapo. Ils ont eu chaud, comme on dit.

Il est parfois des circonstances humoristiques, si l'on peut dire, comme celle où la jeune amie dactylo de l'imprimerie de Bron, chargée d'un sac où se trouvait la machine à écrire tombée en panne et qu'elle portait à réparer, fut galamment soulagée de son fardeau par un soldat allemand qui se trouvait dans le même tramway et qui se chargea de le porter jusqu'à la descente de notre amie. On en rit avec elle aujourd'hui, mais sur le moment, elle s'est demandé si elle arriverait à bon port.

Ce n'était pas le tout de taper des stencils, encore fallait-il qu'il y ait de l'encre pour la ronéo et, chose infiniment plus difficile, du papier pour imprimer.

Pour la ronéo, une anecdote. Le service d'une administration, chargé de l'édition de documents, s'était fait livrer une ronéo neuve. Un bel engin. Une de nos camarades qui travaillait dans ce service sous une fausse identité nous signala cette livraison.

On imagine sans peine la surprise des responsables lorsqu'ils se rendirent compte, quelques jours après, de la disparition de la machine. Personne n'en parla, mais nous pouvons vous dire qu'elle ne fut pas perdue pour tout le monde...

Pour le papier, il y eut un jour une folle équipée que je narre brièvement : établir un faux bon d'achat, rechercher un engin pour transporter les ramettes de papier, un tricycle, prendre livraison et payer, puis traverser toute la ville truffée de soldats et de miliciens. A un moment, le papier se déversa sur la chaussée. Tout rentra dans l'ordre grâce à un gendarme, présent sur les lieux, qui aida à la remise en place de la cargaison. Ce ne fut pas une mince affaire mais le papier arriva à bon port. Il fut, on s'en doute, bien utilisé.

Nous avions un jargon entre nous. Par exemple, parler des sportifs, c'était faire allusion aux F.T.P.-M.O.I. ; lorsque nous avions une nouvelle adhérente ou un nouveau, on demandait : est-il breton, c'est-à-dire, est-il juif ? C'était une façon d'éviter de prononcer en public des mots qui risquaient d'attirer l'attention. Non, non, ce n'est pas ce que vous pensez. Il ne s'agit pas de Bretons de Bretagne. C'était en fait une allusion à cette ville frontière de l'URSS de l'époque Brest-Litovsk.

Et puis, nous avions notre préfecture. C'était le service qui se chargeait de la fabrication des faux papiers d'identité et autres formulaires parfois nécessaires, laissez-passer, attestations, etc. Le mot service est bien pompeux pour désigner celle ou celui d'entre nous qui se chargeait de ces tâches, particulièrement délicates. Quant au violon ou la flûte, ce n'étaient pas les instruments de musique, ni même une allusion argotique à la prison, ou au pain, mais plus prosaïquement les mots que nous utilisions pour parler d'une mitraillette, celui de mouchoir pour désigner un revolver, ou la fleur s'il s'agissait d'une grenade.

A propos de mouchoir, nous organisions, avec nos nouveaux camarades, des séances d'initiation au maniement des armes, surtout des revolvers. Au cours d'une de ces séances, qui se déroulait au-dessus du quartier Saint-Jean à Lyon, à la fin d'une démonstration et après avoir remonté le revolver de calibre 6-35, le démonstrateur avait oublié de retirer une balle qui se trouvait dans le canon de l'arme. En appuyant sur la détente, croyant l'arme déchargée, il déclencha le départ de cette balle. Fort heureusement, l'arme était dirigée vers le sol, un plancher de bois. Après la détonation, tous attendirent un instant, mais rien ne se passa. Ils purent ainsi repartir tranquillement. Mais, quelle peur rétrospective. Aujourd'hui, on en sourit, mais sur l'instant, quelle frayeur…

Nous ne savons pas s'il est beaucoup de mouvements de résistance qui ont publié régulièrement un journal ou un bulletin, toujours est-il que l'U.J.J. a édité et diffusé régulièrement, chaque mois, à partir de sa création effective, au printemps de 1943, son journal «Jeune Combat». Le dernier numéro clandestin paru porte le numéro 22, il est daté de juillet 1944 sous sa forme ronéotypée et août 1944 sous sa forme imprimée. Le premier rédacteur en chef en fut Julien Zerman, un autre fut Jacques Kott, présent parmi nous ce soir.

Sans nous livrer à une analyse détaillée sur le contenu de ce journal, s'il appelait la jeunesse à lutter contre l'occupant et ses complices, il était plus particulièrement orienté vers la jeunesse juive, avec ses articles concernant des informations sur les grands événements qui se déroulaient, comme l'insurrection du ghetto de Varsovie, la victoire de Stalingrad, véritable tournant de la guerre, les exactions nazies envers les familles juives en France, l'appel mondial des écrivains juifs soviétiques, etc. Il appelait les jeunes Juifs à se joindre au combat pour la libération de la France, à rejoindre l'U.J.J. et les maquis des F.T.P.-M.O.I. Il appelait aussi à la solidarité envers les familles en difficulté, envers les combattants des maquis. Il était diffusé par les jeunes filles et jeunes gens de l'U.J.J., plus particulièrement auprès de la population juive, dans toutes les villes de la zone sud. Venu du centre à Lyon, le journal était acheminé au prix de mille dangers par les agents de liaison vers les différents groupes, soit sous forme de stencils, soit sous forme d'exemplaires à reproduire, selon les possibilités des différents lieux, soit carrément par un paquet d'exemplaires à diffuser. C'est dans ces missions que l'on mesure les risques pris par nos camarades agents de liaison, la plupart du temps des jeunes filles.

A ce point de l'exposé, nous devons souligner la place qu'ont tenue ces jeunes filles et jeunes femmes. Elles étaient d'un courage exemplaire. Malgré l'appréhension, la peur et les craintes, elles ont accompli des missions périlleuses durant toute la période de la clandestinité.

En étant les porteuses des courriers du centre vers les groupes et vice-versa, en transportant armes et munitions pour les prises de paroles ou les actions armées, en livrant les exemplaires du journal «Jeune Combat». Qui à l'aide d'un sac à provisions, camouflant ce qu'elle transportait sous des légumes, qui avec sa voiture d'enfant dans le double fond de laquelle se trouvaient des objets qui risquaient de la perdre ainsi que son enfant, elles ont su faire preuve d'imagination pour mener à bien leurs missions. Certaines participèrent aux actions de sauvetage d'enfants. Je m'en voudrais de ne pas souligner la présence ce soir dans cette salle de quelques-unes de nos compagnes de l'époque. Elles sont aujourd'hui mères, grand-mères et arrière-grand-mères pour certaines : Jeannette, Rachel, Raymonde, Michelle, Catherine, Lydia, Annette, Francine, Denise, Germaine, Régine, Josée, Eve, Juliette, Renée, Suzy, Thérèse, Anna, Irène, Aline, Marie, Lily, Félicie… Elles sont là, parmi nous, parmi vous !

Qu'elles soient remerciées et chaleureusement félicitées pour le courage et l'abnégation dont elles ont fait preuve dans ces luttes pour la libération de la France.

L'U.J.J. était, croyons-nous, la seule organisation de résistance de jeunes Juifs à avoir ainsi édité et diffusé régulièrement sa presse. Aujourd'hui, avec les journaux à forte pagination et maintes pages de publicité, il peut paraître dérisoire aux yeux de certains, de donner le nom de journal à de simples feuilles ronéotypées. Il faut se replonger dans la situation de l'époque pour se rendre compte de ce qu'a représenté de sacrifices et de risques la sortie régulière de journaux de 2, 4, voire 8 pages ronéotypées : rédiger les articles, faire la mise en page, dactylographier les stencils, se procurer papier et encre, tourner la ronéo, assembler puis répartir les documents ainsi imprimés. Envoyer des agents de liaison porteurs d'exemplaires aux quatre coins de la zone sud. Si Jeune Combat était la publication de l'U.J.J., d'autres publications de l'environnement de la section juive de la M.O.I. paraîtront, ainsi, Clarté, organe des jeunes du M.N.C.R. qui parut trois fois à partir du début avril 1944, Le Combat Médical, organe des médecins antiracistes, puis organe des médecins du M.N.C.R. qui parut quatre fois de mars à août 1944, Droit et Liberté, organe de l'U.J.R.E. zone sud, qui parut 9 fois de janvier à juillet 1944, En Avant, organe des jeunes communistes juifs, six numéros parus du début 1943 à juin 1943, Fraternité, organe du M.N.C.R. zone sud, 26 numéros parus de l'été 1942 à Août 1944, J'accuse, organe du M.N.C.R. zone nord, paru à 22 reprises d'octobre 1942 à août 1944, Lumières, organe des intellectuels du M.N.C.R. paru à quatre reprises du printemps à août 1944, Notre Parole, organe de la section juive de la M.O.I., zone nord, quatre numéros connus de juin 1941 à mars 1943, Notre Voix, organe de la section juive, zone sud, 76 numéros de l'été 1942 à juillet 1944, Unzer Wort, organe de la section juive, en yiddish paru à 36 reprises de 1940 à décembre 1941.

Il y eut aussi le bulletin de l'Union des Femmes juives de la zone sud et l'édition des papillons rédigés en allemand destinés à l'armée allemande au titre du TA, autrement dit travail allemand.

C'est considérable.

Ainsi peut-on mesurer, par la seule existence de la presse initiée par les différentes organisations issues de la branche juive de la M.O.I., l'importance et l'efficacité des mesures prises à l'automne de 1942 visant à la création de tout un ensemble d'organisations clandestines.

De nombreux tracts, appels, directives aux groupes de l'U.J.J. ont été édités. Par exemple :

JEUNES JUIFS DE LYON, ne vous présentez pas au recensement, ne répondez à aucune convocation, alertez tous vos voisins, tous les patriotes !

CONTRE LES DEPORTATIONS ET LES MASSACRES, pour ton existence, pour la libération de la France, jeune Juif, prends ta place dans le combat (octobre 1943)

AUX RESPONSABLES, AUX CHEFS DE GROUPES DE L'U.J.J.
Du 20 novembre au 20 décembre 1943, mois d'entraide aux combattants juifs, aux F.T.P. et aux jeunes du maquis

POUR ORGANISER SA DEFENSE, la jeunesse juive doit s'unir pour chasser l'envahisseur, la jeunesse juive doit lutter

JEUNES JUIFS, pour échapper à la terreur hitlérienne, rejoignez en masse les maquis (22 juillet 1944)

JEUNES FILLES JUIVES, formez partout des comités d'entraide

JEUNES GENS ET JEUNES FILLES JUIFS, préparez-vous au combat pour la libération de la France (Juin 1944)

Qui se souvient aujourd'hui de l'exploit de cette jeune femme, résistante de notre mouvement, Jeannette, qui, pénétrant dans la préfecture du Rhône, cours de la Liberté à Lyon, en prit possession au nom de la Résistance et de la France Libre, sans que personne ne s'interpose.

Et la mairie du 4ᵉ arrondissement de Lyon, celle de la Croix-Rousse, dont prit possession un groupe de jeunes de l'U.J.J. emmenés par Albert Lévy, chassant les édiles collaborateurs.

Nombreux furent les jeunes de l'U.J.J de Lyon et des Groupes de Combat qui se joignirent aux F.T.P.-M.O.I. de Carmagnole lors des journées d'août 1944 où eut lieu l'insurrection de Villeurbanne. Trois journées héroïques où, ensemble, nous avons fait face à l'armée allemande. Ceux qui s'intéressent à cet événement pourront utilement lire l'ouvrage que Claude Collin lui a consacré : «L'insurrection de Villeurbanne a-t-elle eu lieu?»

Pendant trois jours, Villeurbanne a vécu au rythme de l'insurrection populaire. Des milliers de Villeurbannais descendirent dans la rue, participant à la construction de barricades, aux tours de garde, nous réclamant des armes pour combattre, que nous étions bien en peine de leur fournir. Au bout de trois jours, il fallut se rendre à l'évidence, nous n'étions pas à même de faire face aux soldats allemands lorsqu'ils revinrent en force avec tanks et blindés, fusillant et détruisant des maisons. Il a fallu battre en retraite.

En dépit de dispositions d'organisation draconiennes, nous avons subi des pertes. Plusieurs de nos camarades se sont fait prendre. Plus ou moins malmenés, ils ont été envoyés dans les camps de concentration nazis. Si tous ne sont pas revenus, nous avons la joie d'avoir parmi nous quelques-uns d'entre eux qui en sont revenus: Germaine Israël, Régine Jacubert, Charles Zelty, Jean Kagan, Simon Borenstein, Charles Bluwol.

Il est juste que nous les citions au cours de cette conférence : ils ont durement souffert dans leur chair leur engagement dans la Résistance.

D'autres, malheureusement, sont morts en luttant. Nous ne pouvons passer sous silence le sacrifice de trois de nos responsables.

FIGURES EMBLEMATIQUES

SIMON FRYD, héros des F.T.P. - M.O.I.

Venu de Paris, il fut l'un des tous premiers à faire partie des groupes de jeunes Juifs résistants de la région lyonnaise. Arrêté à Paris, interné au camp de Beaune-la-Rolande dont il s'évade dans le courant de juillet 1942, il gagne Lyon où il participe à l'organisation et aux premières actions de ce qui deviendra l'U.J.J., avant de s'engager résolument dans les F.T.P.-M.O.I..

Arrêté le 29 mai 1943, lors de l'attaque d'un centre de distribution de tickets d'alimentation, il est emprisonné à la prison Saint-Paul de Lyon. Torturé et jugé, il est condamné à mort le 23 novembre 1943 par la section spéciale de la Cour d'Appel de Lyon. Il sera guillotiné le 4 décembre 1943 dans la cour de la prison Saint-Paul de Lyon.

Il était né le 2 mars 1922 à Tuzin-Loth en Pologne.

CHARLES WOLMARK

Né le 21 janvier 1921 à Varsovie, il est venu en France très jeune, avec ses parents. Il militait dès avant la guerre au sein des jeunesses communistes. Responsable de l'U.J.J., il est arrêté par la Milice à Grenoble le 24 juillet 1944 lors du rendez-vous quotidien qu'il a avec le responsable des « adultes » (l'U.J.R.E.), Isaac Baumol, un ancien des brigades internationales de la guerre d'Espagne. Tous les deux seront fusillés, avec d'autres résistants, à Charnècles, à quelques kilomètres de Grenoble, une semaine plus tard. Charles Wolmark était une personnalité hors du commun : un militant totalement dévoué et généreux, d'une très grande rigueur morale, dont tous ceux qu'il a connus gardent un souvenir lumineux. C'est le cas de Catherine Claude qui évoque dans son roman « Ciel Blanc », la figure de Charles. Egalement, Annie Kriegel qui, dans son livre autobiographique « Ce que j'ai cru comprendre » lui consacre de très belles pages.

JULIEN ZERMAN

Responsable aux cadres de l'U.J.J. zone sud, ce dirigeant national de l'organisation, se trouvait à Grenoble le 16 décembre 1943. Il assurait régulièrement la liaison entre l'organisation de Grenoble et le « centre » qui se trouve à Lyon. Lors d'un rendez-vous, il est tombé dans une souricière. Il est arrêté sous une fausse identité. Dans le véhicule qui l'emmène, il tente de se saisir de l'arme d'un des policiers et est abattu par le chauffeur ainsi que le camarade avec lequel il avait rendez-vous, Joseph Brozek. Julien Zerman avait 19 ans. Né à Vienne en Autriche en août 1924, de parents immigrés de Pologne, il arrive en France, dans la région parisienne, où il est domicilié dans l'arrondissement de Paris, avec sa famille. Il est alors âgé de 18 mois. Sa mort a été douloureusement ressentie dans toute la zone sud en particulier à Limoges où un détachement de F.T.P.-M.O.I. adopta spontanément son nom.

Comme responsable aux cadres, il avait entre autres, pour tâche importante de recevoir les nouveaux arrivants dans l'organisation et il fut le premier rédacteur en chef de notre journal clandestin « Jeune Combat ».

> Combien de jeunes furent adhérents de cette organisation clandestine de résistance ? Sans exagérer, et après avoir pris l'avis de nombreux de nos anciens camarades, nous pensons que le chiffre de 500 jeunes, un tiers étant des femmes ou des jeunes filles, peut être avancé. Nous l'avons dit, des groupes de l'U.J.J. furent formés et agirent dans de nombreuses villes de la zone sud : Toulouse, Limoges, Périgueux, Clermont-Ferrand, Montpellier, Marseille, Nice, Cannes, Avignon et, dans la région Rhône-Alpes, à Saint-Etienne, Grenoble et sa banlieue, Megève-Saint-Gervais, et à Lyon avec des groupes à Lyon-centre, Vaise, la Croix-Rousse, ainsi qu'à Villeurbanne et à Décines dans la banlieue lyonnaise, le groupe animé par notre ami Maurice Najman.

> L'effectif le plus nombreux se trouvait à Lyon. D'après une recherche individuelle nominative à laquelle nous avons procédé, nous arrivons à recenser environ 200 membres de l'U.J.J. pour la seule région lyonnaise

> Nous nous sommes retrouvés, plus de cinquante ans après la libération de la France après avoir, les uns et les autres, suivi des chemins différents. A la fin de la guerre, chacun était pressé de retourner dans sa ville d'origine, Paris, Nancy, Roanne ou ailleurs, pour rechercher ce qui pouvait subsister de sa famille après les années noires. Puis, ces anciens résistants ont mené des activités professionnelles, fondé des familles. Un grand nombre de leurs enfants et petits-enfants sont ici ce soir, nous en sommes particulièrement heureux.

> Nos retrouvailles ont été marquées d'une chaleur, d'une affection des uns envers les autres, renouvelées d'année en année depuis 1995, comme si nous ne nous étions jamais quittés, tant est grande la joie lorsque nous nous rencontrons ou lors de la rencontre fraternelle que nous organisons

chaque année, en dépit des vides qui se créent parmi nous.

Ce qui a guidé notre activité depuis que nous nous sommes rassemblés, c'est la Mémoire.

Depuis 7 ans qu'avons-nous fait ?

D'abord, nous nous sommes efforcés de retrouver le maximum, vivants ou non, de nos anciens camarades dont les biographies sont inscrites dans un ouvrage, épuisé malheureusement, de monsieur Bruno Permezel à Lyon, intitulé « 1 142 résistants à Lyon ».
Ensuite, nous avons rassemblé tous les documents de la clandestinité que nous avons pu retrouver dans ce que nous appelons le « Recueil bleu ». Un recueil de plus de 300 pages de fac-similés, que nous avons pu enrichir grâce, entre autres, à des archives que notre ami Claude Urman a mises à notre disposition, dont il reste quelques exemplaires, et que l'on peut se procurer à la sortie de cette salle.

Pendant ce temps, nous avons aidé plusieurs de nos camarades qui ne les possédaient pas, à déposer des dossiers en vue de l'obtention de la carte du combattant et de la carte de CVR, combattant volontaire de la résistance, non seulement pour eux-mêmes, mais parce que nous pensons que plus nombreux sont les titulaires de ces documents, plus nous œuvrons pour la mémoire.

Le témoignage de 35 de nos camarades a été recueilli par une équipe audiovisuelle du CHRD, le musée de la Résistance de Lyon, par notre amie Catherine Juif, ici présente. Ces documents sont maintenant à la disposition des historiens, étudiants et chercheurs.

Nous avons participé à l'élaboration d'un ouvrage de notre ami Claude Collin, intitulé « Jeune Combat, les jeunes Juifs de la MOI dans la Résistance ». Le seul, à notre connaissance qui ait traité de la seule U.J.J. de la région Rhône-Alpes. Il reste à écrire sur l'ampleur réelle de notre mouvement dans toute la zone sud de l'époque.

Le pèlerinage que nous avons organisé dans la région lyonnaise en 1998 fut un grand moment d'émotion pour les amis qui y participèrent. Aussi bien à Lyon, qu'à Villeurbanne et Vénissieux où les municipalités nous firent un accueil mémorable.

Et nous nous rencontrons une fois l'an pour une journée festive chez l'un d'entre nous, nous étions encore plus de 60 le 30 avril dernier.

Œuvrer pour la Mémoire, pour que les générations qui nous suivent, celles qui viendront par la suite, sachent que de nombreux jeunes Juifs de France ne sont pas restés inertes face à la terreur nazie et ses alliés.

C'est le sens que nous donnons à cette conférence à laquelle nous vous remercions d'avoir bien voulu participer.

PARTIE 2

RÉSISTANTS JUIFS DE FRANCE :

TÉMOIGNAGES

« *Si quelqu'un, seul, ne peut décrire l'indicible,*
la multiplicité des récits peut s'en approcher. »

Simone Veil

« *Car il est interdit d'oublier, et bien sûr pour ceux*
qui ont risqué leur vie pour participer au sauvetage de juifs. »

Lucien lazare

« *Parfois, les conseils de sagesse ne servent plus,*
et il faut trouver la force de Résister. »

Primo Levi

*

1939

'41   '41

Adler Marcus /
○ OJC

ADLER MARCUS, MOTEK

Né le 15 octobre 1916 à Rzeszów, Pologne, décédé le 1er décembre 1991 à Anvers (Belgique)

Adler Marcus a fait partie de l' OJC (Organisation Juive de Combat)

❖

Baron Charles /

○ Déporté

○ A participé au sabotage du camp de travail où il se trouvait

Je suis né en 1927 à Paris, ce qui me donne un âge respectable. Mes ancêtres du côté maternel sont arrivés en France avant 1900 ; ma mère y est née en 1902. Mon grand-père a fait partie de la troisième vague d'immigrants de Roumaine. Très rapidement, il a commencé à travailler pour gagner sa vie. Mon grand-père a fait 36 métiers, 36 misères. Personne n'avait de l'argent à cette époque. La misère, c'est quand les autres ont de l'argent et que vous n'en avez pas, mais quand personne n'a de l'argent, ce n'est pas la misère, c'est la vie normale.

Avant 1914, il avait un cinéma, c'est-à-dire un projecteur ; il louait les salles de café pour projeter des films. Ma mère, alors âgée d'une dizaine d'années, a appris à jouer du piano, pour pouvoir l'accompagner pendant la projection. Lorsque la guerre de 1914 éclata, mes parents avaient encore le statut d'étrangers. Ils sont partis à Grenoble, où mon grand-père a été employé des chemins de fer, tout en continuant ses activités de cinéma. Il a terminé sa vie comme ouvrier agricole dans la région parisienne. Je trouve scandaleux que dans le petit village où ils ont habité si longtemps, où ils ont partagé la même vie que les autres habitants, on ne leur ait pas dit : « Monsieur et Madame Ziegler, ne la portez pas, l'étoile, quand vous êtes chez nous ! » C'est ainsi que quelques maires ont agi avec les Juifs de leur commune, mais dans le village de ma mère, ils n'ont pas eu ce geste !

Jusqu'à la guerre, j'ai mené la vie normale d'un petit Français - tout ce qu'il y a de plus ordinaire. Je vivais dans un quartier populaire et je fréquentais le mouvement de jeunesse qui offrait l'activité la plus intéressante. J'allais aussi bien chez les protestants de l'avenue Simon Bolivar, que chez les petits chanteurs de la croix de bois de la rue de La Villette, que chez les éclaireurs laïcs de France. J'allais plus rarement dans les mouvements juifs, parce que c'était beaucoup plus loin de chez moi.

Honnêtement je ne me souviens pas avoir entendu des remarques antisémites, sauf une fois quand j'étais petit. Chez mes grands-parents, à la campagne, j'allais à l'école et je ressemblais en tous points à ces petits paysans décrits dans les récits d'Alphonse Daudet, cent ans auparavant. Un jour, en revenant de l'école, un gosse a traité mon oncle Armand de *sale Juif!* Pourquoi? L'enfant ne comprenait pas la signification de ces mots, mais il les avait entendus prononcer par ses parents qui lisaient le journal ultracatholique de l'époque, qui étaient antisémites, d'extrême droite.

Mon oncle a eu une bonne réaction: il lui a asséné un bon coup de poing, l'enfant est tombé dans le fossé et l'affaire a été réglée. A l'âge de 79 ans, mon grand-père a vu un gars ivre en train de pisser, à travers le grillage de la maison, sur les plantations de ma grand-mère. Mon grand-père, qui était très robuste, lui a donné une dérouillée, et une fois l'affaire réglée, le gars lui a dit: «*Monsieur Ziegler, vous êtes un type formidable, venez boire un verre avec moi!*» En ce qui me concerne, je n'ai pas connu de problèmes liés à l'antisémitisme.

Il y a eu les arrestations. Mes parents avaient été arrêtés à la rafle du 16 juillet, ma mère a été probablement gazée tout de suite, mon père a servi de cobaye aux expériences du docteur Yann Paul Kremer, et il en est mort le 3 septembre 1942, à neuf heures du soir. J'ai en ma possession - chose extrêmement rare - le rapport de l'acte du décès de mon père, acte de décès qui m'a été procuré par l'avocat Serge Klarsfeld.

Il y a eu les premières mesures antisémites que je n'ai pas comprises; je ne voyais pas en quoi j'étais différent des autres, et je ne voyais pas ce qu'on avait pu faire qui méritait un traitement pareil. Nous habitions dans un quartier d'ouvriers très pauvres; seuls les médecins et quelques commerçants vivaient d'une manière décente, tous les autres étaient réduits à la misère (les appartements n'avaient pas de toilettes, il fallait aller sur le palier).

Tous les flics n'étaient pas des salauds et certains avaient prévenu leurs amis qu'il y aurait une rafle de Juifs le 14 juillet, de façon à alerter d'autres Juifs. Mes parents ont quitté la maison le 13 juillet et se sont réfugiés chez des amis non-Juifs; moi, j'étais à la campagne chez mon grand-père. Le 14 et le 15 juillet 1942, il n'y a pas eu d'arrestations.

Rassurés, mes parents sont rentrés chez eux et c'est alors qu'ils ont été arrêtés. Ils ont été conduits à Drancy puis déportés une semaine après. Moi je fus épargné; il a fallu que je travaille toutes les fins de semaine, j'allais chez mon grand-père. Nous étions alors à la campagne. Là, les Anglais jetaient des paquets de revues qui s'appelaient: «Le Courrier de l'Air», avec une cocarde tricolore; c'était en 1940 après la défaite. J'ai ramené avec moi les revues – avec la photo du général De Gaulle – que j'ai distribuées dans mon collège, le collège Arago place de la Nation à Paris. J'étais content d'apporter quelque chose qui nous changeait de la presse parisienne pourrie. J'avais 14 ans et j'ai agi de ma propre initiative. Aujourd'hui seulement, je me rends compte de l'importance de cette action.

À Saint-Rémy de Chevreuse, il y a une gare. Lorsque je quittais mon grand-père pour me rendre à Paris, je devais marcher quelques kilomètres pour me rendre à la gare et prendre le train qui nous amenait au métro à Paris. Le 12 septembre, à cinq heures du soir, alors que nous arrivions à la gare, nous avons vu des flics préposés au contrôle des bagages qui faisaient la chasse aux Juifs. J'ai là le rapport de police de mon arrestation : le policier reconnaît m'avoir arrêté (et se vante d'avoir repéré tout seul un Juif, sans le concours des soldats allemands !). Ensuite, il précise avoir reçu des instructions selon lesquelles les policiers ne devaient pas nous arrêter, mais ils l'ont quand même fait. J'ai été arrêté par le flic qui commandait l'opération. Il a regardé ma carte d'identité et m'a dit : « *Vous avez 16 ans et deux mois, vous auriez eu deux mois de moins, je ne vous aurais pas arrêté.* » Cela m'a valu de passer près de trois ans dans les camps en Allemagne ! J'ai séjourné dans des camps de travaux forcés, un camp disciplinaire, le camp de Birkenau, le camp de Dachau à Landberg.

Il faut que je précise que l'action de sabotage, c'était d'abord une action collective ; je ne l'ai pas décidée tout seul. Je déteste le mot sabotage car il me semble un peu prétentieux. Je travaillais avec des copains - en général des Juifs belges - et c'est là que j'ai connu mes premiers amis diamantaires anversois. Nous étions originaires du 20ème arrondissement de Paris, et nous n'arrivions pas à communiquer avec les Juifs hollandais et les Juifs polonais. Nous travaillions sur l'autoroute de « la victoire », les nazis ayant prévu, une fois la guerre terminée, de construire une autoroute qui irait de Paris à Breslau, jusqu'à Varsovie, et de là à Moscou. Pour faire cette autoroute, ils avaient besoin de main-d'œuvre. Ils ont donc fait venir des Juifs de l'Ouest puisque les Juifs de la région n'étaient plus là. Nous avons fabriqué du béton pour les piliers des ponts.

Personne ne savait comment s'y prendre, excepté quelques Juifs venus de Belgique qui avaient déjà connu les camps en Allemagne, en Belgique et en France. Ils nous ont montré comment fabriquer du mauvais béton, (le béton c'est facile à faire, mais il faut respecter les proportions des différents composants).

Ces Juifs nous ont donc appris à fabriquer un béton, qui apparemment était de bonne qualité, mais en réalité ne l'était pas ! Suite à un contrôle effectué par un contremaître qui a constaté la mauvaise qualité du béton, nous avons été envoyés dans un camp disciplinaire à Grosa, en Silésie. C'était le mois de novembre, et il faisait -25°. Et puis un beau jour, ils ont estimé sans doute que la punition avait assez duré, nous avons été reconduits au camp d'origine.

En février 1943, nous avons été envoyés dans un camp en Basse Silésie, où nous devions fabriquer des corps explosifs et incendiaires pour les obus. Je suis resté dans ce camp de février 1943 à juillet 1944. C'était en un sens une chance parce qu'en hiver on travaillait dans les bunkers où il faisait chaud, mais l'été il y faisait très chaud.

Très rapidement, il y a eu des œdèmes de dénutrition et les gens sont morts. En juillet 1944, on fabriquait du matériel de guerre à trois niveaux, chaque niveau correspondant à un concentré d'une poudre spéciale. Moi j'étais au niveau A, poudre de magnésium, de couleur rouge qui pénétrait dans notre peau, (pendant de longs mois après mon retour en France, chaque fois que je prenais une douche, l'eau coulait couleur sang). Et on stockait dans un entrepôt les poudres qui arrivaient ainsi que les corps explosifs que nous moulions. Et puis un jour, le gars qui transportait les caisses de poudre jusqu'aux bunkers où l'on travaillait, Jean Fenourik, a eu une idée géniale, et a réalisé que toute la production était entre nos mains.

J'ai oublié de vous dire que de temps en temps, en coordination avec les différents responsables juifs, nous nous arrangions pour faire sauter une des presses qui servaient à compresser la poudre, ou nous faisions fonctionner les presses à vide, ce qui dégageait beaucoup de chaleur et interrompait la production. Motek, qui était un Juif cordonnier ou charcutier de Sosnowitz, a organisé un sabotage important de la production. Quand j'y réfléchis aujourd'hui, je pense que c'était un grand bonhomme, et que, probablement, dans une vie normale, il serait devenu un grand homme d'affaires.

En juillet 1944, l'armée allemande avait besoin de munitions ; un jour, nous avons vu arriver des officiers allemands accompagnés du directeur de l'usine et d'autres responsables. Ils sont allés vers l'entrepôt et en sont revenus au bout d'un certain temps en hurlant : ils venaient de s'apercevoir que là où, normalement, il devait y avoir des centaines de caisses avec des centaines de corps pressés, il y avait des centaines de caisses de poudre non pressée. Alors, ils ont rassemblé tous les déportés et tous les prisonniers du camp et ils nous ont tenu un discours assez extraordinaire que je raconte souvent. Le directeur de l'usine nous a dit : *« Vous êtes des salauds, pendant que nos soldats se font tuer à l'Est pour vous protéger des bolcheviks, vous sabotez leur travail!».* Et il a ajouté : *«Demain, vous partez pour Auschwitz et c'est bien fait pour vous!».*

Je trouve que Motek était un type fabuleux d'avoir pu réussir une chose pareille! Tout le monde avait gardé le secret et nous n'en parlions même pas entre nous. Nous avions trop peur que quelqu'un nous entende. Le lendemain, on nous a envoyés à Auschwitz, nous étions 500 hommes, nous avons eu la chance de ne pas avoir été mis en quarantaine, et en fait nous ne sommes jamais partis travailler à Birkenau. Nous sommes restés trois mois à ne rien faire, je trouve cela extraordinaire, nous avons eu une chance fabuleuse! Et quand on me demande : «Comment as-tu survécu?», je réponds toujours : *« Grâce à la chance. ».*

A la fin de la guerre, j'ai réussi, avec mon copain à m'évader d'un train, à trouver un fermier qui accepta de nous héberger, malgré le risque que cela représentait pour lui. Les Américains sont arrivés trois jours plus tard. Je crois que le village s'est montré encore plus heureux que nous. Il n'y a pas eu de destruction. La guerre était terminée et nous avons pu regagner la France.

C'est alors que je suis tombé malade. J'avais parcouru des kilomètres, je m'étais évadé d'un train et avais fait bien d'autres choses après et voilà que je ne pouvais plus rien faire. J'ai été admis à l'Hôpital Américain qui était une ancienne caserne des SS. Le général de Lattre de Tassigny a décidé de rapatrier tous les anciens du camp de Dachau dans un hôpital militaire français, c'est-à-dire à l'hôpital militaire de Meinho. Et c'est ainsi que je suis rentré en zone d'occupation française.

À ma première nuit à l'hôpital militaire, j'étais couché à côté de quelqu'un qui gémissait sans arrêt : *«Mais pourquoi m'a-t-on fait ça, je n'étais pourtant pas juif!»* De quoi vous remonter le moral! J'ai fait cinq mois d'hôpital militaire, je suis rentré en France parmi les derniers, en septembre 1945, où rien, strictement rien n'a été fait pour nous accueillir et nous prendre en charge!

Paris, le 6 juillet 2004.

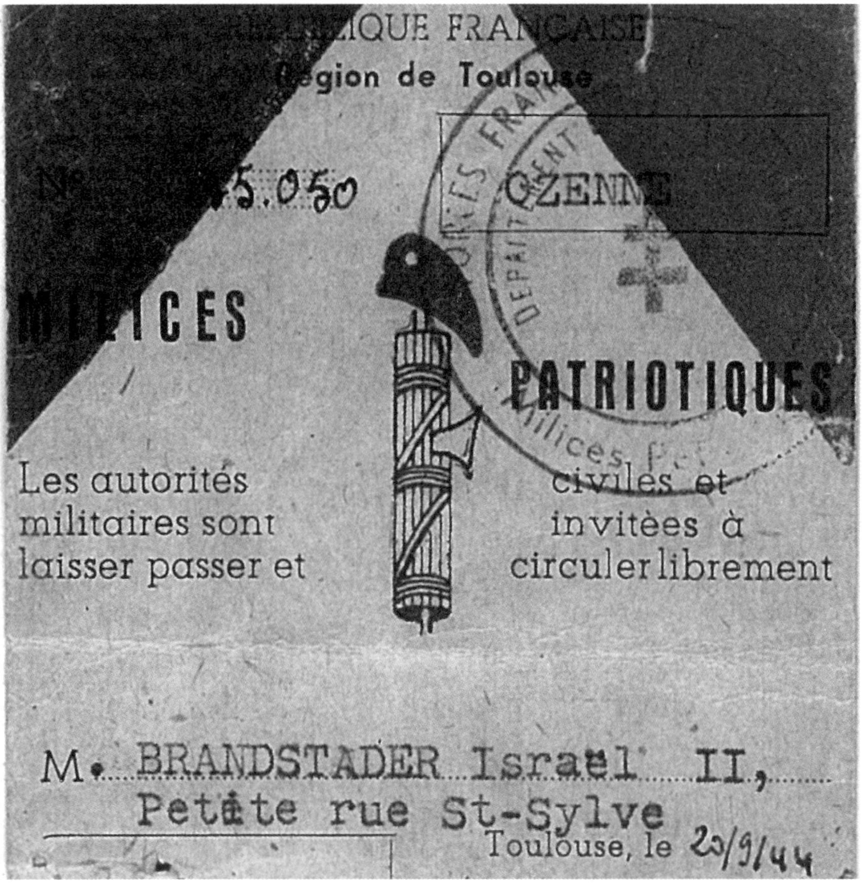

RÉPUBLIQUE FRANÇAISE
Région de Toulouse

Nᵒ   5.050   OZENNE

MILICES   PATRIOTIQUES

Les autorités   civiles et
militaires sont   invitées à
laisser passer et   circuler librement

M. BRANDSTADER Israël II,
    Petite rue St-Sylve
                          Toulouse, le 20/9/44

Brandstatter Israel /

∘ O.J.C. ∘ F.I.I.

BRANDSTATTER ÏSRAEL

Résistant /

O.J.C (Organisation Juive Combattante) et F.F.I (Forces Françaises de l'Intérieur). **Nom de guerre : Albert Blanchard**

Né à Vienne (Autriche), le 05 Mai 1915
La famille vivait à Tarnow en Galicie,(Pologne).

Mes grands-parents, Berish Brandstatter né en 1887 à Brzesko (Pologne), et Tauba Muschel, née en 1881 à Dabrowa (Pologne), ont dû fuir la Pologne pour des raisons d'antisémitisme. Ils se sont réfugiés à Londres vers 1937.

Mon père est arrivé à Antwerpen, en Belgique, avec ses sœurs et son frère en 1930, il avait 15 ans. Il a été membre du mouvement « Hashomer Hatzair », (Jeunesses Sionistes Socialistes).

En 1939, mon père s'est marié avec ma mère Helena Jakob, née en 1917 à Cluj en Roumanie. Il était tapissier, garnisseur de meubles, métier qu'il exerçait depuis 1931.

Mes parents ont quitté la Belgique pour se réfugier en France en décembre 1941, suite aux persécutions antisémites.

En 1942, nous sommes internés au Camp de Gurs. Nous sommes libérés, la même année, grâce à un décret qui permettait aux mères avec un enfant de moins de 3 ans de quitter le camp.

Mon père réussit à s'évader du Camp de Gurs grâce à la Résistance.

En décembre 1943, il rejoint le Réseau de Résistance l'O.J.C, Organisation Juive Combattante, dans la Région de Toulouse et de la Haute-Garonne, jusqu'en août 1944. En septembre 1944, il est membre des Milices Patriotiques - F.F.I (Forces Françaises de l'Intérieur).

Nous sommes rapatriés vers la Belgique en septembre 1945.

Mon père est décédé à Antwerpen en 1959.

Les trois sœurs de mon père, Eva, Sala, avec leurs époux et enfants, Dora et son mari, tous ont été déportés à Auschwitz, et n'en sont pas revenus.

Mon grand-père maternel, Ferdinand Jakab, a été déporté à Auschwitz, il n'est pas revenu.

Antwerpen, novembre 2007.

Cheygam Rachel /
○ Membre des AJ. et de L'O.J.C

CHEYGAM RACHEL

Résistante /

A.J. - O.J.C. (Armée Juive) – (Organisation Juive de Combat). **Nom de guerre : Alna Vanier**

Je suis née en 1917 à Saint-Pétersbourg (Petrograd), et je suis arrivée en France en 1924. En octobre 1939, j'ai obtenu la nationalité française.

Je suis partie en 1941 avec mon frère aîné en zone libre. J'y suis restée trois mois et je suis revenue à Paris en mars 1942. Je crois que j'ai été la première en France à porter l'étoile, parce que je me suis rendue immédiatement au commissariat lorsque l'on a su que c'était obligatoire. J'avais emporté avec moi des épingles à nourrice, et devant l'employé éberlué et très gêné, j'ai accroché l'étoile à mon habit. Comme j'étais habillée en noir, et comme l'étoile était grande et jaune, cela faisait un grand effet. L'employé du commissariat m'a dit : *« Mais, Mademoiselle, vous avez encore deux mois avant l'obligation de porter l'étoile. »* Je lui ai répondu : *« Vous pouvez me mettre un tampon sur le front si vous voulez, je n'ai pas honte d'être juive et je porterai l'étoile ».* En rentrant chez moi, j'ai pris des ciseaux, j'ai découpé l'étoile et je l'ai fixée sur le revers de mon tailleur.

Je me suis trouvée un jour dans un wagon en queue du métro (les Juifs n'avaient le droit de monter qu'en queue du métro), et en face de moi, il y avait un homme d'un certain âge avec la Légion d'Honneur, tout à fait représentatif du bourgeois français. Il s'est approché de moi et m'a demandé : *« Mademoiselle, faut-il découper l'étoile jaune ? »* Je lui ai dit : *« Je trouve que c'est plus élégant et plus joli comme ça ».* J'ai remarqué dans son regard une espèce de soulagement que je ne pourrai jamais oublier, et il m'a répondu : *« Merci, Mademoiselle. »*

En juillet, il y a eu les rafles dont j'ai entendu parler tout à fait par hasard. Je ne sais pas pour quelle raison nous ne figurions pas sur les listes. Je me trouvais au marché, et là une vieille dame s'est approchée de moi (je portais l'étoile), et m'a dit : *« Mademoiselle, sauvez-vous, et cachez-vous. J'habite en face d'un hôpital et j'ai vu qu'on arrêtait tous les Juifs, et on les sort sur des brancards de l'hôpital pour les mettre dans des autobus ! ».* Je suis allée voir une amie non-juive à qui j'ai demandé de nous cacher pendant quelques jours. Elle a accepté, son mari était prisonnier de guerre.

Avec mes parents et ma sœur, nous avons passé un certain temps chez mon amie. Cela nous a donné la possibilité de nous préparer et d'organiser le départ pour traverser la ligne de démarcation. Sont partis d'abord mon père et mon frère; ma mère, ma sœur, ma belle-sœur et sa petite fille qui venait de naître les ont suivis. Moi, je ne voulais pas partir parce que je voulais attendre que les Allemands partent, je ne voulais pas quitter Paris. Je suis donc restée seule et je suis retournée dans mon appartement.

Un jour au marché, deux inspecteurs m'ont arrêtée parce que je ne portais pas l'étoile jaune. Et le soir, tous les gens qu'on avait arrêtés ont été mis en prison; à ce moment-là, un des inspecteurs a dit: « *On ne va tout de même pas la mettre avec les voleurs* ». Ce qui fait que j'ai passé la nuit sur un banc au commissariat. Et le lendemain matin, deux inspecteurs de police m'ont ramenée à la maison pour que je puisse prendre des vêtements de rechange.

Sur le chemin, je leur ai dit que je voulais prendre un bain. Ils m'ont regardée d'un air interloqué parce qu'à l'époque, ce n'était pas chose courante. Ils ont donné leur accord, et se sont installés dans la salle à manger en surveillant la porte. Mais ce qu'ils ignoraient, c'est qu'il y avait un escalier de service. J'ai réussi à quitter la salle de bains et avec beaucoup de difficultés je me suis retrouvée dans l'escalier de service. Je suis descendue tranquillement et je me suis précipitée vers un métro.

Un mois plus tard, je suis passée en zone libre et j'ai rejoint ma famille aux Eaux-Bonnes. Le 11 novembre, je me trouvais par hasard à Pau et les Allemands ont envahi la zone libre. Alors, je me suis rendue chez le secrétaire général de la préfecture de Pau et j'ai demandé l'autorisation de faire venir mes parents à Pau. Le secrétaire m'a répondu: « *Mais, Mademoiselle, vos parents n'ont rien à craindre, ils sont sous la garde de l'État français!* ». Et il m'a accordé l'autorisation; j'ai téléphoné à mes parents et je leur ai demandé de venir immédiatement à Pau.

À Pau, j'étais en contact avec des jeunes Juifs qui faisaient partie des Eclaireurs Israélites de France. Nous avons commencé à distribuer des tracts et de la nourriture pour les réfugiés qui étaient dans les trains. Par la suite, mon père est parti à Grenoble, qui était en

zone italienne; ma mère et ma sœur l'on rejoint, et moi j'ai décidé d'aller à Nice où j'avais des amis journalistes (auparavant, avec une amie, nous avions effectué, à plusieurs reprises, des déplacements à Nice pour transmettre des documents).

À Nice, j'ai retrouvé une personne que j'avais connue à Paris, et qui avait organisé avec son père un petit réseau pour aider des prisonniers qui s'étaient évadés. Cela se passait fin 1942. Je suis devenue sa plus proche collaboratrice. Par la suite, il a été arrêté. Alors j'ai décidé de trouver un groupe de résistants juifs. Un ami m'a mis en rapport avec le réseau de l'"Armée Juive" auquel j'ai adhéré.

Le travail consistait à distribuer des faux papiers, à faire du renseignement, à pister des Russes blancs qui dénonçaient les Juifs et pour cela, ils touchaient pour cela une grosse somme d'argent. Les filles portaient les armes lorsqu'il s'agissait de préparer des sabotages car elles étaient moins repérables que les garçons. Après chaque action, les filles reprenaient les armes et regagnaient leur domicile.

En juillet 1944, suite à de nombreuses arrestations, le groupe de Paris a été complètement décimé. Lucien Lublin a transmis l'ordre d'envoyer des résistants de Nice à Paris pour renforcer le groupe de Paris. Ma sœur est partie avec le commandant Roux, qui s'appelait en réalité Rotemberg, et qui était dentiste. Il y avait également une autre fille, Julienne ; nous les avons suivis avec d'autres camarades.

À Paris, il fallait absolument reconstituer le groupe. J'ai pris en charge tous les agents de liaison. Nous étions trois à commander le groupe : Simon Lévite, qui était un des fondateurs du Mouvement de la Jeunesse Sioniste, (c'était un garçon qui, par principe, n'a jamais touché une arme, mais lorsqu'il y avait un danger quelconque, il était là) ; Lucien Rupel qui avait pris le commandement militaire, et moi qui commandais les agents de liaison, environ une quinzaine de filles. Et c'est ainsi que nous avons repris nos activités à Paris, après avoir reconstitué, avec le groupe « Alerte », le réseau de l' « A.J. »

Nous avons participé à la protection et à la surveillance du quartier général du colonel Rol-Tanguy, envoyé également des renforts à la préfecture de police. Nous avons reçu l'ordre de mission numéro 1, du colonel Rol-Tanguy, pour participer à la prise de Drancy. C'était le consul de Suède à Paris qui avait négocié avec Bruner, commandant-en-chef allemand.

Nous avons participé à la libération de Paris, et heureusement les armées des Alliés sont arrivées, car si les Allemands avaient exécuté les ordres d'Hitler, tout Paris sautait.

Je me trouvais, avec trois camarades, au PC du colonel Rol-Tanguy sur la place Denfert-Rochereau, au moment où les premières voitures blindées de la colonne du général Leclerc sont arrivées à Paris. Nous avons d'abord cru un moment que c'étaient les tanks allemands, et ensuite nous nous sommes vite aperçus que c'étaient les tanks alliés.

Beaucoup de nos camarades se sont engagés dans la première armée française pour participer au combat contre les Allemands. Le commandant du groupe «Alerte», a été tué.

D'autres camarades se sont portés volontaires pour participer à la lutte pour la création de l'État d'Israël.

Marc Lévy est tombé au combat à Beersheba, en 1948.

Lorsque je pense à cette époque, j'ai des remords, car je me dis que nous aurions dû en faire davantage. Car, lorsque nous avons pris conscience du désastre qui s'était abattu sur le peuple juif, nous n'aurions dû ni manger, ni dormir. Je pense surtout à ce que je n'ai pas fait, et j'ai la plus grande admiration pour ces jeunes filles et garçons, à qui le Ministère des anciens combattants a refusé de donner la carte de résistant sous prétexte que ce n'était pas de la résistance, mais de d'autodéfense. Je trouve que c'est une injustice rare, alors que moi j'éprouve pour eux une très grande admiration. Le temps des copains, c'est nous qui l'avons vécu parce que nous étions très liés et nous le sommes restés. Nous avons vécu une époque tout à fait extraordinaire.

Paris, mai 2002

Chonigmam Georges /
○A.J. (Armée Juive)

CHONIGMAM GEORGES

A.J. (Armée Juive) - **Nom de guerre : Georges Veral**

Je suis né le 24 juillet 1922 à Paris, où mes parents avaient immigré de Pologne. Ils étaient de petits commerçants. Je faisais des études et je voulais devenir professeur d'histoire et de géographie ou éventuellement de français.

Je faisais partie des jeunesses socialistes. Lorsque la guerre est arrivée, j'ai dû interrompre mes études et m'occuper, avec ma mère, de notre magasin de chaussures, car mon père avait été arrêté deux mois après l'arrivée des Allemands à Paris. Nous avons fait des démarches auprès de la préfecture de Paris, pour connaître les raisons de son arrestation et on nous a répondu : *« Monsieur, votre père est juif et on peut l'accuser de tout ce qu'on veut »*. En fin de compte, j'ai réussi à savoir pourquoi il avait été arrêté. Quelques mois avant l'entrée des Allemands à Paris, mon père avait assisté à une réunion organisée par Edgar Blum, un ami de Léon Blum, où l'on avait récolté de l'argent pour la Palestine, au nom du parti socialiste israélien de l'époque, le « Mappai ». Les Allemands ont recherché des noms dans cette liste, et c'est ainsi qu'ils sont tombés sur celui de mon père et de ses amis. Au bout de six mois, il a été libéré.

Par la suite, le Commissariat aux Affaires Juives nous a obligés à fermer le magasin. Des amis m'ont demandé si je voulais partir à la « Hachshara » (formation agricole pour jeunes désirant immigrer en Palestine) ; cette formation avait lieu à Blaimont - petite localité près de Limoges - et était dirigée par un certain Gustave Gotlust, responsable du mouvement de jeunesse « Hanoar Hatsioni » (mouvement de jeunesse sioniste), et actif dans la Résistance. Nous devions être une dizaine de jeunes à partir, mais je me suis retrouvé tout seul : les autres ont renoncé par peur, car il fallait passer la ligne de démarcation. En compagnie d'un ingénieur agronome, j'ai pris le train. A Limoges, il a fallu sauter du train en marche. L'ingénieur s'est cassé une jambe, et c'est seul que je suis arrivé dans la « Hachshara ». Je me suis rendu dans une ferme, et j'ai dû me « louer » à des paysans pour apprendre les travaux de la ferme, (travaux agricoles, soins des animaux, etc.). J'avais été nommé responsable, et je devais former les nouveaux arrivants. Quand les jeunes sont arrivés, cela devait se passer vers la fin 1941, j'ai pu leur enseigner ce que j'avais appris. J'étais devenu, pour eux, le «grand agronome du coin». J'y suis resté jusqu'en 1942. Nous étions une quarantaine de garçons et de filles, et nous suivions également des cours d'histoire juive et de philosophie sous la direction de Sam Segal, une grande figure de la Résistance juive qui est décédé il n'y a pas longtemps.

En 1942, j'ai quitté la région car j'avais eu des ennuis avec la police. En effet, un jour la police est arrivée sur les lieux : les paysans du voisinage s'étaient plaints en prétextant que la ferme était un bordel. Les policiers ont pu vérifier qu'il y avait un dortoir pour les garçons et un dortoir pour les filles.

Mais ils ont quand même voulu m'embarquer. Heureusement, une femme non-juive qui travaillait dans la cuisine, connaissait l'inspecteur - un ancien inspecteur des frontières qui travaillait à la frontière entre la France et la Belgique ; elle y possédait un café-restaurant. Grandes retrouvailles et embrassades, et la femme leur a juré que nous étions des garçons et des filles tout à fait convenables, que nous étions juifs, et que nous préparions le retour à notre Terre. Comme la plupart des jeunes étaient des étrangers - nous n'étions qu'une dizaine de Français – j'avais demandé à plusieurs reprises à la mairie du chef-lieu dont nous dépendions, près de Limoges, qu'on nous mette des cachets sur les cartes d'identité, surtout pour les copains qui n'en possédaient pas, et je l'ai obtenu. Mais un beau jour, cet ami de la mairie m'a dit : *«La police est venue, il vaut mieux que tu partes.»*

Je suis donc parti et on m'a envoyé à une nouvelle «Hachshara», près de Lyon, qui était dirigée par un chef des Eclaireurs Israélites de France (E.I.F.), qu'on surnommait «le Chameau». Là, j'ai rencontré Simon Lévite, du mouvement de Jeunesse Sioniste, qui m'a demandé si je voulais ouvrir un centre d'accueil à Valloire en Haute-Savoie, pour organiser l'arrivée des personnes qui venaient de différents lieux ; il m'incombait aussi de leur trouver des papiers. Les uns partaient vers la Suisse, les autres pour d'autres destinations. Je suis resté là environ quatre mois jusqu'au jour où il y a eu une descente de police dans le centre d'accueil. Je voudrais souligner que la chance m'a souvent souri et le fait que je sois encore là en est la preuve. Je me trouvais donc à ce moment-là à Chambéry, en train de faire des achats, et en téléphonant pour voir si je n'avais rien oublié, j'apprends qu'on me recherche et qu'il ne faut pas remonter.

J'avais comme instruction, au cas où il m'arrivait quelque chose et que je ne pouvais plus retourner à Valloire, de me mettre en rapport avec Robert Denof, qui dirigeait la résistance à Chambéry. Celui-ci m'a demandé par la suite de servir d'agent de liaison entre les différentes villes et les différents membres. Jusqu'à la fin de 1943, j'ai sillonné toute la Savoie, la Haute-Savoie, Chambéry, Grenoble, etc. Je me suis surtout occupé de distribuer des documents et des lettres, des cartes d'identité et de temps en temps, j'avais aussi dans de petites valises des armes en pièces détachées qu'il fallait transporter. En cas de problème, j'étais censé donner des leçons de français à des jeunes qui préparaient le baccalauréat.

Je voudrais ouvrir ici une parenthèse. Ma mère avait été arrêtée lors de la rafle du Vél'd'Hiv, mon frère qui, pendant un certain temps, se trouvait avec moi à la Hachshara, était parti et se trouvait quelque part en Haute-Savoie. Quant à mon père, je ne savais pas où il était. J'étais donc complètement seul et je n'avais personne pour m'aider. J'habitais souvent chez mes jeunes étudiants.

En février 1944, je me trouvais entre Uriage et Grenoble pour déposer des papiers, (nous avions une boîte à lettres à Grenoble - c'était une amie d'enfance qui travaillait dans une crémerie et chez qui nous pouvions déposer le courrier. On l'appelait «Marie du beurre», c'était Marie Lewinsky). J'habitais une petite piaule dans un immeuble à l'entrée d'Uriage, et c'est là que les Allemands sont venus m'arrêter. Je dormais profondément, je n'avais rien entendu ; ils ont défoncé la porte et m'ont réveillé avec des coups de poing. Ils ont tout fouillé, papiers, documents sur la Résistance, etc. Mais ils n'ont rien trouvé. A côté de chez moi, il y avait un Italien qui tenait une épicerie et quand il m'a vu sortir, il m'a dit : « *Enfin!* » On m'a accusé d'être résistant, j'ai répondu : « *Je n'en sais rien* » On m'a convoqué à la Gestapo de Grenoble, et là j'ai décidé de jouer une carte. Il y avait à ce moment-là des rafles, et de nombreuses familles juives se trouvaient à la Gestapo. Je me suis dit que si on m'arrêtait comme résistant et qu'on me torturait, je risquerais de parler et je serais fusillé. Alors il fallait mieux se faire arrêter comme Juif. Je m'adresse à un soldat et je lui dis : « *Ich Jude!* » Il m'a poussé vers le groupe de femmes et d'enfants juifs, sans me poser la moindre question, et on ne m'a même pas demandé de papiers. Je dois dire que pendant toute la guerre, j'avais de fausses pièces d'identité, je m'appelais Georges Verard. Je changeais simplement de temps en temps ma date de naissance pour ne pas être pris dans le S.T.O (service de travail obligatoire), et malgré cela, j'ai été déporté sous le nom de Georges Verard. J'ai suivi le groupe de personnes qui étaient arrêtées, et nous sommes montés dans le train en direction de Drancy.

Je suis resté à Drancy environ trois semaines, et de là nous sommes partis à Auschwitz. Bien sûr, on ne le savait pas. Je ne veux pas rappeler les conditions effroyables de notre voyage qui a duré pendant plusieurs jours. La moitié des gens étaient presque morts en arrivant à Auschwitz, les bébés et les personnes âgées en particulier.

Ma seconde chance s'est présentée une nuit alors que je montais sur la rampe. Les officiers hurlaient comme des chiens, l'affolement était général, je savais que nous nous trouvions à l'extrémité d'un camp, puisque je voyais des miradors. Il y avait des camions sur place. Les hommes et les femmes ont été séparés. Lorsque je me suis avancé, on m'a fait signe de m'approcher (j'ai appris par la suite que c'étaient Mengele et ses sbires), on m'a demandé mon âge et de montrer mes mains. Ils m'ont dit alors de rester là, dans un coin, sans bouger. Il y avait déjà une trentaine de personnes, et je me suis dit : « Ça y est, je vais rester là pour travailler. » J'ignorais, à ce moment-là, tout des chambres à gaz et j'étais persuadé qu'on allait dans un camp pour travailler. Comme j'avais deux ou trois copains avec moi et que je les voyais avancer, j'ai décidé de les suivre. Lors d'un moment d'inattention de la part des gardes j'ai couru les rejoindre ; mais je reçois des coups de crosse dans le dos, et le soldat me rappelle auprès du petit groupe. Finalement, il m'a sauvé la vie parce que notre groupe a été pris pour le travail.

Notre convoi, au départ de Paris, comptait 1300 personnes, et en 1945 il ne restait qu'une quarantaine de survivants. En entrant dans le camp, j'ai rencontré un ami de mon père qui m'a dit *« Tu as une chance extraordinaire parce que les camions, c'est directement la chambre à gaz ! Toi, tu as de la chance, car on t'a pris pour le travail ! »*

J'ai toujours eu le sentiment que je m'en sortirais ; bien sûr, tout fut le fruit du hasard.

Nous étions à Javitchowitz,, un petit centre situé à environ 15 km d'Auschwitz – Birkenau, et j'ai travaillé dans les mines de charbon jusqu'en janvier 1945, date à laquelle les Russes sont arrivés et les Allemands ont commencé à liquider le camp d'Auschwitz. Ils y ont laissé les malades et nous étions les derniers à partir.

J'ai participé à cette horrible « marche de la mort ». Nous avons marché pendant trois jours et trois nuits dans la neige, vêtus seulement de nos pyjamas. De temps en temps, les Allemands nous jetaient une boule de pain. Certains réussissaient à l'attraper, d'autres pas. Ceux qui tombaient étaient abattus par les Allemands. Nous avions trouvé un système pour résister : nous marchions en rangs par cinq. Ceux qui se trouvaient sur les côtés restaient éveillés, ceux du milieu aussi et ceux qui se trouvaient entre le milieu et les côtés se laissaient traîner en somnolant. Il faisait un froid glacial, c'était en fin du mois de janvier et nous sommes arrivés à une petite gare où nous avons été obligés de nous coucher sur un tas de charbon glacé. Nous étions morts de faim et de fatigue, et c'est ainsi que nous sommes arrivés à Buchenwald. Là, j'ai reçu l'aide d'un ami du parti communiste, Henri Krasucki, qui, par la suite est devenu Secrétaire général de la CGT en France. Il faut savoir que la gestion interne du camp était confiée à des détenus. Le camp de Buchenwald était dirigé par un Allemand communiste et les communistes avaient réussi à prendre toute la direction. Lorsque les Allemands avaient besoin d'un commando d'une quarantaine d'hommes pour aller travailler dans la carrière ou ailleurs, c'était le bureau dirigé par les communistes qui décidait de sa composition. Je suis resté à Buchenwald jusqu'à la libération du camp par les Américains, le 11 avril 1945.

Lorsque je suis rentré en France, je ne savais pas où se trouvaient mon père et mon frère. Je savais que ma mère avait été arrêtée. J'avais donc décidé de revenir avec mes faux papiers au nom de Georges Veral. En rentrant à la maison, je retrouve mon père. Il avait réussi à se sauver pendant toute la guerre et il avait probablement aussi travaillé pour la Résistance. Je suis allé à la préfecture où on m'a gardé pendant deux jours pour vérifier mon nom et pour rétablir ma véritable identité.

J'ai cherché du travail car je ne voulais pas reprendre le magasin de mon père, n'étant pas

commerçant dans l'âme. J'ai appris que mon frère était passé en Espagne et qu'il s'était engagé dans l'armée anglaise. Par la suite, il s'est engagé dans la Brigade Juive et a combattu en Palestine. J'ai retrouvé des anciens de la Résistance : Simon Lévy, Jefrokin, Chainer. Celui-ci m'a proposé de travailler au journal « Unser Worth » (Notre Parole), journal en langue yiddish. J'y suis resté un moment car mon père et moi n'avions pas d'argent. Puis, j'ai occupé le poste de secrétaire de rédaction au journal « Maccabi Hatsair » (le jeune Maccabi) qui a fusionné avec le « Dror » pour devenir le journal « Habonim »

Entre-temps je me suis marié avec une éclaireuse israélite de France, et nous devions partir en Israël via Marseille, où un ancien ami de la Résistance m'avait demandé de venir le rejoindre pour organiser la « Alyah B ». Là, j'ai travaillé au Département de l'Immigration de l'Agence juive jusqu'en 1951. Lors d'un voyage à Tanger, j'ai été contacté par le «Mossad». Ils m'ont demandé si je voulais travailler pour l'immigration des Juifs d'Afrique du Nord. J'ai accepté. Je suis resté environ cinq mois au Maroc. Les gens qui voulaient partir en Israël étaient rassemblés dans certaines localités, puis transportés en camions au port de Casablanca. Moi, je m'occupais des visas et des contacts avec la police. Un jour, une erreur a été commise dans les passeports, et j'ai été obligé de quitter Casablanca et de revenir à Marseille. Je suis resté à Marseille au Quartier Général du Mossad, (Service de Renseignements d'Israël).

En hommage à mon frère.

Il s'appelait André, il était de deux ans mon cadet. Il avait suivi des études normales et m'avait rejoint plus tard dans la «Hachshara». Il y est resté quelques mois après mon départ, puis il est reparti en Savoie dans la forêt. Je pense qu'il travaillait avec des bûcherons. Ensuite, il s'est retrouvé à Toulouse. J'ai appris par des amis qu'il avait décidé d'aller en Espagne avec une quarantaine de personnes, en traversant les sommets des Pyrénées. Dans ce groupe, il y avait mon ami Jefrokin. Les autorités espagnoles ont laissé passer sans problème mon ami Jefrokin, qui était représentant de «l'American Joint» et aussi à cause du rôle qu'il avait dans la Résistance. Mon frère, par contre, a fait quelques jours de prison. Il voulait s'engager dans les «Forces Françaises Libres» mais comme il n'y avait pas de représentant en Espagne à ce moment-là - il n'y avait que des Anglais - il a signé un engagement dans l'armée anglaise. Ensuite, avec un groupe de «résistants français» - c'est ainsi qu'on les appelait - il s'est engagé dans la Brigade Juive avec laquelle il a gagné Eretz Israël. Il a combattu dans la Haganah pour la création de l'État d'Israël. Il était officier. Je tiens à saluer sa mémoire parce que c'était un homme de grande qualité.

Tous ceux de ma génération qui ont réussi à survivre à cette période noire de 1940 à 1945, ont été des résistants, des jeunes qui ont décidé de combattre et de ne pas se laisser faire. Cela ne veut pas dire que je jette la pierre à tous ceux qui se sont cachés, il fallait bien survivre. Tous ces Juifs qui se sont cachés, qui ont continué à parler le yiddish, ont donné des cours d'hébreu aux enfants, ont organisé des Bar Mitsvah en cachette, tous ceux-là ont fait leur résistance à eux. On ne peut pas demander à tous d'être des héros. Je pense que tous les Juifs qui ont traversé cette guerre, ont d'une façon ou d'une autre participé à la lutte contre les Allemands.

Paris, mai 2002

Ekchouz Ida /
○ *U.J.R.E*

EKCHOUZ IDA

« Solidaritéé », U.J.R.E - **Nom de guerre: Claire**

Je suis née en septembre 1925 à Paris, dans la rue Julien Lacroix où j'ai vécu jusqu'à la déclaration de guerre. Mes parents sont arrivés en France en 1920, mon père venait de Lublin en Pologne, et ma mère de Vilnius. Du côté de ma mère, deux de ses frères étaient déjà s'installés à Paris, et par la suite ils ont fait venir leur mère et leurs deux sœurs. Mes parents faisaient partie des gens les plus pauvres.

J'ai fréquenté l'école communale dans le 20ᵉ arrondissement, jusqu'en 1939, date de la mobilisation. J'avais alors 14 ans. Peu après, nous avons été évacués de Paris. Ma grand- mère qui s'occupait en fait des diverses tâches de notre l'appartement, avait gardé les coutumes religieuses, alors que mes parents étaient athées. Avec elle, je parlais le yiddish.

À la déclaration de la guerre, en mai 1940, nous étions en colonie de vacances organisées par les assurances sociales, à Voiron. Mon ami d'enfance, mon cousin germain, qui habitait dans le 11ᵉ arrondissement, m'avait mis en contact avec plusieurs de ses amis. J'étais en pleine adolescence, avec tout ce que cela comportait de découvertes, d'ouverture à la musique, à la philosophie. Nous formions un groupe très uni.

En 1941, mon père a été convoqué à la mairie pour deux ou trois jours. Ma mère, qui l'accompagnait, est revenue seule, en larmes ; mon père avait été retenu à la mairie. Il a été interné pendant un an dans le camp de Pithiviers. En 1942, avant la rafle du « Vél' d'Hiv », des autobus sont passés dans le quartier, les policiers français sont arrivés et ils ont frappé à toutes les portes. Ils ont emmené ma mère qui était sur leur liste. Elle est partie en hurlant, elle se sentait complètement perdue depuis l'absence de mon père. Elle a été embarquée dans le bus. Dans la rue les gens regardaient et ne bougeaient pas.

En 1942, lorsque ma mère a été arrêtée, ma grand-mère est restée seule. Elle est partie chez ma tante, qui était naturalisée française. Mon oncle, naturalisé lui aussi, a été arrêté le jour du « Vél' d'Hiv », en 1942, et a été déporté.

J'ai été contactée par un homme qui allait devenir mon chef, Henri Krasucki.

C'est lui qui a formé ma conscience politique en m'initiant à la lecture de Karl Marx par exemple, et d'autres ouvrages. J'ai accepté tout de suite de faire partie de son réseau. J'avais alors 16 ans. Nous avons commencé à coller des affiches en 1941, nous lancions des tracts sur les marchés ; des copains ont été arrêtés et déportés. Nous étions organisés par groupes de trois et à la tête de chaque groupe, il y avait un responsable.

Notre appartement a été mis sous scellés. J'ai eu le temps d'envoyer ma sœur, âgée de 10 ans, à la campagne. Quant à moi, je devais vite retrouver un nouveau logement. J'ai trouvé une petite chambre à la porte de Bagnolet. Avec l'aide de mon cousin, j'ai fait sauter les scellés apposés sur la porte de notre appartement, j'ai pris un matelas, une paire de draps et quelques autres affaires, nous avons tout entassé sur une charrette à bras, et nous sommes partis en direction de la rue de Belleville, porte de Bagnolet.

Le concierge me regardait d'un drôle d'air que je trouvais inquiétant. J'ai décidé de quitter le 20ᵉ arrondissement et de chercher un logement du côté de la Rive Gauche. J'ai trouvé une chambre meublée à la rue d'Assas, dans le 6e arrondissement que j'adorais. La Résistance payait le loyer qui était alors de 800 Fr. par mois. C'était une chambre de bonne sous les toits. Je suis rentrée dans le réseau de Résistance qui s'appelait : « Le Mouvement Allemand ». Notre tâche consistait à démoraliser les troupes allemandes, et mon contact direct était « Lucien ». Pour subvenir à mes besoins, j'ai fait des petits boulots pendant toute la période de la guerre. Nous lancions des tracts dans les cafés, avenue de Wagram, lieu de réunion de nombreux officiers allemands.

Un jour, j'avais rendez-vous avec une amie pour voir sa nouvelle chambre située dans le quartier qu'on appelait « le début des fortifications » (là où passe actuellement le périphérique). Je suis arrivée en retard ; en bas de l'immeuble, j'ai été interpellée par quelqu'un qui m'a demandé à quel étage j'allais et qui m'a dit de faire attention car on était en train d'arrêter des gens. Tous mes amis du 20ᵉ arrondissement ont été arrêtés ce jour-là. Nous n'avons jamais su qui nous avait dénoncés. Je suis la seule à en être réchappée. Une seule amie est revenue de la déportation, tous les autres ont été exterminés à Auschwitz.

Je faisais passer des armes à différents contacts. Un jour, dans une piscine fréquentée par de nombreux soldats allemands, j'ai ouvert une cabine et me suis emparée d'une arme ; c'était un revolver. J'avais agi de ma propre initiative, je n'avais sans doute aucune notion du danger, mais j'avais mon arme et c'était l'essentiel !

Un jour, Place de la Nation (j'avais mon revolver), je me retrouve face à un char, et plus rien, c'était cela, ma libération.

Après la Libération, il y a eu une dizaine de jours de flottement à Paris. Les policiers avaient disparu ; notre groupe a joué le rôle de milice, et nous avons eu Paris sous notre garde. Nous avons reçu un uniforme et une arme, nous avions pour mission de patrouiller dans les rues pour faire respecter le calme, parce qu'il y avait encore des tirs isolés à partir des toits.

Plus tard, j'ai été convoquée et on m'a demandé de m'inscrire au parti communiste, ce que j'ai refusé.

À cette époque, on vivait dans le noir à Paris car il fallait occulter toutes les fenêtres. Le froid était dur à supporter. Un jour, j'ai rencontré un homme très maigre ; je lui ai demandé s'il était juif, il m'a dit oui, je lui ai proposé de venir dans notre cantine où on lui servirait à manger. Il a accepté mais a ajouté qu'il voulait donner des cours de mime. C'était Marcel Marceau, il s'en souvient encore.

Nous prenions parfois des risques inconsidérés, il y avait une bonne part d'inconscience dans tout cela. Nous nous sentions immortels alors qu'autour de nous, de nombreuses personnes étaient arrêtées.

Seule, autodidacte, mon caractère s'est formé et endurci face à l'épreuve. Quand j'avais le temps, je filais à la Sorbonne pour suivre des cours de littérature, dans la salle de géographie (qui n'existe plus aujourd'hui). Boulevard Saint-Germain, j'écoutais des conférences. Je voulais rattraper tout ce que la guerre m'avait empêchée d'accomplir.

J'allais régulièrement à l'hôtel Lutetia pour voir les listes des gens qui rentraient. C'est ainsi que j'ai retrouvé mon amie Jeannine du groupe du 20e arrondissement. Je me sentais coupable vis-à-vis d'elle, moi je n'avais pas été déportée. Elle est morte peu de temps après. Les vies des déportés avaient été complètement brisées.

Lorsque j'ai connu mon mari, il venait de terminer les Beaux-Arts à Gand. Nous nous sommes rencontrés lors d'un séjour qu'il effectuait à Paris. Alors, je me suis dit : « Maintenant je sais ce que je dois faire. Ppuisque mes études sont foutues, je vais m'occuper d'un artiste ». Et je me suis occupée de mon artiste. Il est devenu Directeur de l'Académie des Beaux-Arts de Gand.

Gand, (Belgique), le 19 juillet 2004.

❖

**Englard Bulz Héléne
& son mari /**
○ *M.J.S*

ENGLARD BULZ HÉLÉNE

M.J.S (Mouvement de Jeunesse Sioniste)
Nom de guerre : Jeannette

Je suis née en 1924, en Pologne. Mes parents vivaient à Cienava, dans la région de la Galicie. Ils ont immigré en France en 1925, car ils vivaient dans la misère. Je n'avais alors que quelques mois. Ils se sont installés à Metz, où j'ai fait mes études à l'école primaire, ensuite dans une école commerciale. Mes parents étaient très religieux. Je faisais partie d'un mouvement de jeunesse religieux, le « Mizrahi ». Je ne me souviens pas d'avoir souffert de l'antisémitisme, excepté d'un incident : une collègue de classe, jalouse, m'a traitée de sale Juive.

En 1939, suite aux mouvements de troupes aux frontières avec l'Allemagne, ma mère a pris peur, elle n'avait jamais pu oublier la première guerre mondiale alors qu'elle habitait à la frontière polono-autrichienne. C'est ainsi que nous avons quitté Metz. Déjà en 1938 - 1939, des affiches placardées sur les murs de la mairie et publiées dans les journaux conseillaient à la population de quitter la ville. J'avais un oncle et une tante à Montceau-les-Mines, en Saône-et-Loire et en 1939, nous sommes allés les rejoindre. Plusieurs familles juives y vivaient déjà. D'autres étaient parties vers Bordeaux, où des familles s'étaient installées en 14 -18. Après les fêtes juives du Nouvel An, certaines familles sont reparties. Un camarade de Metz, Jacques Feuerstein, m'a proposé d'aller à Clermont-Ferrand, et il s'est avéré qu'il avait raison. Je suis retournée à l'école et j'ai suivi des cours d'allemand, j'ai obtenu mon brevet commercial en 1940. La mairie nous donnait 10 francs par jour, pour que nous puissions nous alimenter.

Nous croyions vraiment que la ligne Maginot arrêterait les Allemands. Mon père a été envoyé dans un camp en Corrèze, où travaillaient de nombreux Juifs étrangers. De temps en temps, il avait la permission de venir à la maison. Dans ce camp, il y avait un capitaine juif qui s'appelait Levy. À Brive-la-Gaillarde habitait le rabbin Feuerwerker. Il visitait le camp et fournissait à tous ceux qui en voulaient de la Matzah (pain azyme) pour les fêtes de Pessah, (la Pâque juive). Suite à un accident de travail au camp, mon père a dû se faire hospitaliser au camp de Maurillac, où il a été amputé d'un doigt.

Le jour de la débâcle, j'étais en classe, et c'est à l'école que nous avons appris que les Allemands avaient traversé la frontière. Le même jour, dans le courant de l'après-midi, les premières motos allemandes sont arrivées à Clermont-Ferrand. Ma mère, qui avait peur, m'a interdit de sortir. Mon père était encore à Maurillac.

Je suis retournée à l'école pour passer les examens. La ville était envahie de réfugiés juifs venant de Paris et d'ailleurs. J'ai participé au camp des Eclaireurs Israélites de France, (E.I.F), dont je suis restée membre. J'étais surtout sioniste. J'ai connu Andrée Salomon, une grande dame de Strasbourg, qui s'occupait activement des enfants. Il y avait, à Clermont-Ferrand, jusqu'en 1942, une très grande activité culturelle et associative juive : c'était extraordinaire. Et puis, nous avons dû faire tamponner, sur notre carte d'identité, la lettre J. De nombreux éclaireurs étaient fiers d'arborer leurs cartes l'identité avec la lettre J. C'était le décret de Pétain.

En 1942, tout a changé. Mes parents qui étaient étrangers, ont reçu l'ordre de quitter Clermont-Ferrand. Je suis partie en Corrèze, à Bourg-les-Orgues, où j'ai trouvé un appartement. Mes parents m'y ont rejoint. C'était fin 1942.

(J'ouvre une parenthèse. Mon futur mari, Emmanuel Bulz, qui était alors étudiant rabbin, faisait partie d'un groupe de jeunes de la faculté de Strasbourg, déterminés à lutter contre le gouvernement de Vichy. Le 1er mai, ils ont manifesté et collé des affiches. Le soir, ils ont tous étés arrêtés et sont restés en prison pendant deux mois. Je me suis fait passer pour sa fiancée ; ainsi, je pouvais lui apporter des colis. Mes parents ont payé une caution pour qu'il puisse sortir de prison.).

En juillet, je me suis fiancée à Emmanuel Bulz. Peu après, il est parti à Grenoble qui était occupée par les Italiens. Moi, je devais aller à Lyon ; pour cela, j'ai dû me procurer une fausse carte d'identité. C'est là que j'ai rencontré des membres du M.J.S. (Mouvement de Jeunesse Sioniste), avec lesquels je me suis liée, et c'est ainsi que j'ai commencé les premières activités de Résistance.

Lyon était partagée en plusieurs quartiers par les différents réseaux de Résistance. Avec une amie, nous étions responsables du quartier de la Croix-Rousse. On rencontrait souvent les résistants communistes avec qui on avait de bons rapports. Notre rôle consistait à contacter des réfugiés juifs et à leur procurer de la nourriture, des faux papiers, etc. Mon fiancé avait en charge la fabrication de faux papiers ; Emmanuel était le responsable des M.

J. S. de Lyon, et peu après, il est entré dans l'O.J.C. (Organisation Juive de Combat), avec le nom de guerre Eugène Bernard. Un jour, après avoir été arrêté par la milice, il a réussi à s'échapper.

On m'a donné comme ordre de mission de me rendre à l'asile psychiatrique situé aux environs de Lyon pour prendre contact avec un Juif qui s'y était caché. Il devait me donner le nom de sa femme afin que nous puissions la trouver. J'ai réussi à repérer ce Juif et il m'a donné le nom de sa femme, que l'on a pu ainsi aider.

En 1943, les Eclaireurs Israélites de France organisent la fête de Pessah clandestine, à Lyon, dans un local des Unionistes. (Éclaireurs Protestants).

En 1944, pour la première fois lors d'une réunion dans un local à Lyon, le délégué du Congrès juif donne des informations confirmant l'extermination des Juifs à Auschwitz.

À la Libération, nous avons entendu des ponts exploser à Lyon. Mon mari et moi habitions dans une chambre, et nous avons entendu ma mère hurler : « *Venez, descendez, les Américains sont là !* »

En 1943, après les examens, mon mari a été nommé rabbin, il a également étudié le droit.

J'estime que j'ai eu beaucoup de chance, et je pense que j'ai su attirer la sympathie des gens.

Nataniya, (Israël) le 17 mai 2005.

❖

CONSEIL NATIONAL DE LA RÉSISTANC
COMMISSION MILITAIRE
(ex-Comac)

M Esseryk Oszer   qualité FFI
Paris   est autór
porter l'insigne F.F.I., N° 257,701 , attestant sa particip
effective aux combats de la Libération.
Autorité certifiant de l'authenticité
des titres du porteur de l'insigne : CLL
Le Chancelier :   Les Commissaires

Esseryck Oscar /
○ A.J

ESSERYCK OSCAR

Engagé volontaire, Résistant A.J (Armée Juive)
Nom de guerre : Oscar Andres

Je suis né le 15 janvier 1909 en Pologne. Mon père était fabricant de cigarettes, je faisais partie du mouvement de jeunesse « Hashomer Hatsair », j'y ai exercé une activité politique intense. J'ai quitté la Pologne en 1933 pour rejoindre un frère et une sœur à Paris. Mon frère était étudiant en droit (il n'a pas pu poursuivre ses études en Pologne pour cause de numerus clausus). À Paris, j'ai adhéré au mouvement de jeunesse « Hahaloutz ». J'ai fait des études d'électromécanique, et je suis devenu ingénieur. J'ai obtenu un poste à l'usine Hotchkis qui fabriquait des armes. J'avais encore, à ce moment, la nationalité polonaise.

En 1939, nous avons voulu nous engager, mes frères et moi, dans l'armée française, mais nous n'avons pas été acceptés parce qu'une armée polonaise s'était formée. Mon frère était déjà gradé en Pologne, et il a été le premier appelé. Moi, j'ai été appelé un mois plus tard dans un régiment de combat qui était situé dans le Vaucluse. Comme il n'y avait pas de sous-officiers, j'ai été nommé soldat de première classe. Nous avons reçu un jour l'ordre de partir vers Saint-Jean-de-Luz et d'embarquer sur un navire. Là, j'ai réfléchi et je me suis dit que je ne voulais plus rester avec des antisémites polonais (c'étaient surtout les officiers qui étaient antisémites).

J'ai donné l'ordre de descendre du bateau, et nous nous sommes dirigés vers Biarritz. Je connaissais bien la région ; j'ai rejoint la gendarmerie et je leur ai raconté ce qui s'était passé. Ils m'ont dit qu'on avait eu de la chance, car le bateau sur lequel on devait embarquer avait été bombardé par l'aviation allemande et que de nombreux autres bateaux avaient sombré.

On nous a dirigés vers une caserne, où nous avons pu changer de vêtements. De là, on nous a amenés dans un camp gardé par des gendarmes armés. C'était samedi, et j'avais décidé qu'il fallait que nous sortions de ce camp le lendemain. J'ai demandé aux hommes de s'habiller comme pour dimanche, de nettoyer leurs chaussures etc. Lorsque nous sommes sortis du camp, le commandant me demanda où nous allions ; j'ai répondu que nous étions catholiques et que nous voulions aller à la messe. Nous nous sommes dirigés vers la gare de chemin de fer de Perpignan ; je me suis adressé au chef de gare et je lui ai demandé un ordre de mission.

Nous sommes montés sur le train Madrid-Paris. Je suis descendu à Toulouse, je ne sais pas ce que sont devenus les autres soldats. J'étais le seul Juif de cette compagnie. J'ai eu la chance de rencontrer des amis dans la rue Alsace-Lorraine à Toulouse. Ainsi, j'ai pu changer de vêtements. Comme il n'y avait pas de place dans les hôtels, j'ai dormi chez mes amis.

J'ai décidé de retourner à Paris, via Limoges ; arrivé à Vierzon qui était le terminus du train, j'ai lu sur un grand calicot : « Défense d'entrer dans la zone occupée pour les singes, les Juifs, les noirs ». Je suis reparti vers Limoges et en lisant le journal, j'ai vu qu'on recherchait des techniciens à Paris. Je me suis dirigé vers le ministère de travail, j'ai obtenu un ordre de transport, et le soir j'étais à Paris. Je suis rentré chez moi, à la maison.

Quelque temps après, un agent de la police en civil est venu m'arrêter. Il m'a amené à la caserne de Tourelle, où se trouvaient tous mes amis du mouvement de jeunesse « Hahaloutz ». Une voisine non-juive m'a apporté une carte de mon frère qui se trouvait en Allemagne et qui me demandait de lui envoyer un colis. J'ai convaincu les gendarmes de me laisser sortir, en leur disant que je devais envoyer un colis à mon frère. Je savais que les Français étaient sentimentaux. Le gendarme m'a dit : « Reviens demain matin ». Je leur ai raconté que je n'avais pas d'argent pour acheter le colis, et que je devais aller en chercher. Ils ont accepté mes explications et ainsi je suis sorti et je ne suis plus revenu.

Je me suis rendu à la poste où j'avais en dépôt 30 000 F. J'ai retiré toute la somme, et je suis allé voir un ami, le Docteur Sapoznik, (je n'oublierai jamais ce qui va suivre). Il m'a présenté un Français qui m'a fait traverser la ligne de démarcation. Je suis monté dans le car qui se dirigeait vers Pau. En chemin, des gendarmes sont montés pour le contrôle et m'ont demandé mes papiers. Je leur ai dit que j'étais un évadé, prisonnier de guerre. Arrivé en ville, j'ai choisi un hôtel et le lendemain matin, l'hôtelière m'a préparé des sandwichs et ne m'a pas fait payer la chambre.

Pendant le voyage il y a eu un contrôle de gendarmerie. Il y avait, dans le compartiment, une jeune fille. Je l'ai prise dans mes bras et je l'ai embrassée ; les gendarmes ont dit : « Laissons-les tranquilles, ce sont des amoureux ! ».

Nous sommes arrivés à Toulouse et la jeune fille m'a demandé de la rejoindre chez elle. Je lui ai dit que j'avais un rendez-vous, je crois qu'elle m'attend encore jusqu'à ce jour!

J'ai repris le train et je me suis rendu à une adresse reçue par mes amis de Paris. C'était une ferme et là, je devais rencontrer un certain Shainer. Le lendemain matin, il m'a proposé de travailler aux champs sur un tracteur. Je lui ai dit que, pour moi, cela ne posait aucun problème, puisque j'étais conducteur de chars. C'est ainsi que je suis devenu un bon tractoriste.

Il fallait absolument que je me procure une carte d'identité française. Je me suis rendu à Toulouse, et j'ai cherché dans les archives du journal officiel. J'ai trouvé le nom d'Oscar Andres. Je suis allé voir le maire de Grenade, près de Toulouse et il m'a fait une carte d'identité comme agriculteur au nom d'Oscar Andres.

Quelque temps plus tard, Shainer m'a fait entrer dans le réseau de la Résistance «A.J» (Armée Juive). J'ai prêté serment dans une petite chambre noire, un petit réflecteur braqué sur moi. J'ai commencé mon action dans la Résistance en fabriquant de fausses cartes d'identités. Lucien Lublin, le chef de mon réseau, a mis à ma disposition un bureau, il y avait également un grand atelier d'électromécanique. Nous étions à Fredserbe, village près de Grenade.

Un jour, j'étais assis dans un café. J'ai vu un Espagnol très pauvre, je lui ai offert à boire. Par la suite, il m'a proposé de me vendre un revolver. J'en ai parlé à Lublin qui m'a donné l'argent pour acheter ce revolver, ce qui fut fait le lendemain. A ma demande, l'Espagnol m'a donné un mot de passe pour acheter des armes. C'était à la frontière espagnole, auprès d'Espagnols républicains. Le lendemain nous y avons envoyé une militante qui a ramené de nombreuses armes. Je ne sais pas ce que sont devenues toutes ces armes que j'avais cachées sous le parquet de l'atelier. Il est possible qu'elles y soient encore aujourd'hui! Un jour, Lucien Lublin m'a envoyé à la gare de Matabiau à Toulouse pour transmettre une lettre à une dame qui me connaissait. A la gare, la personne est arrivée vers moi, je lui ai remis la lettre. En repartant, je me suis fait arrêter par un agent secret de la police. Il m'a amené au commissariat. Le commissaire lui a ordonné de sortir et m'a demandé ce qui s'était passé. Je lui ai raconté que j'avais remis une lettre à ma cousine pour mon oncle de Lyon avec un peu d'argent afin de lui venir en aide. Je pense qu'il était dans la Résistance. Toujours est-il qu'il a pris mon adresse, ce qui m'a fait passer une nuit blanche. Un jour est arrivé, à la ferme, Simon

Levy. Il m'a proposé de participer à une conférence à Montpellier où j'ai retrouvé de nombreuses connaissances.

Arrive l'épisode Polonski, qui était également le chef du réseau de l'A.J. La milice pétainiste l'avait arrêté, lui avait demandé sa carte d'identité ; il avait sorti un revolver et tiré sur les miliciens. Il a sauté par la fenêtre, a rejoint une autre rue et a pu se sauver. Mais il devait retourner travailler le lendemain dans l'usine d'azote. Alors il est venu chez moi pour que je lui fabrique une nouvelle carte d'identité ce qui fut fait rapidement et ainsi il a pu retourner au travail.

Nous avons aussi organisé les départs d'enfants vers la Suisse. J'ai dû me rendre à Périgueux pour ramener des cartes d'identité ; tous ont été surpris de mon audace ! J'ai commencé à m'occuper du transport des enfants. Pour cela, j'ai recruté deux jeunes filles, Estelle et Sophie, qui étaient des « courrières ». Elles ont transporté des armes, et ont convoyé les enfants vers la Suisse. Elles étaient d'excellentes agents de liaison.

A la libération de Toulouse, je suis allé dans la rue Cafarelli. On entendait des coups de feu dans la rue. Alors, je me suis rendu à la gare de Matabiau ; c'étaient les maquis républicains espagnols qui se battaient contre les Allemands. J'avais une mitraillette Sten, mais je n'avais pas de cartouches. J'ai attrapé un soldat allemand, je lui ai retiré son ceinturon, je l'ai tellement frappé qu'il est tombé mort. J'ai ramené ce ceinturon à Paris, puis je l'ai emmené avec moi en Israël. Je l'ai offert à un musée.

Après la guerre, mon ami Ivry qui était le secrétaire général de la compagnie maritime ZIM, m'a proposé d'aller au Maroc pour chercher les enfants juifs. Comme j'avais encore ma fausse carte d'identité française, j'ai participé au sauvetage d'enfants juifs qui se trouvaient sur les montagnes de l'Atlas au Maroc. Je me souviens que les familles juives vivaient dans des conditions épouvantable de pauvreté, à même le sol. Nous sommes partis en bateau en France, à Port- Bouc, puis à Marseille, et de là vers Israël. J'ai participé plusieurs fois à cette action.

Titulaire de nombreuses décorations, entre autres, « la Croix des Combattants Volontaires de la Résistance. »

Tel-Aviv, le 28 mai 2005.

❖

Frey Rudy /
○ *O.J.C*

FREY RUDY

O.J.C (Organisation Juive de Combat)
MACHAL (Combattants Volontaires pour Israël)

Je suis né en Tchécoslovaquie, le 25 mars 1926. Mes parents habitaient déjà en France, (ma mère a accouché chez sa mère en Tchécoslovaquie). Nous avons habité à Metz jusqu'en 1934-35. Puis nous avons déménagé à Paris, où je suis resté jusqu'à la guerre, en 1940.

J'allais dans une école communale. Mon père était un homme très religieux, et tous les soirs, avec mon frère, nous avions droit à des cours d'hébreu et d'enseignement religieux. J'étais l'élève du rabbin Rubinstein de la communauté ashkénaze (polonaise), je faisais partie du mouvement de jeunesse « Les Eclaireurs Israélites de France ».

Mon père, comme beaucoup de Juifs, s'était engagé dans l'armée française, et avait été mobilisé du 2 septembre 1939 jusqu'en 1940. En juin 1940, nous avons fui Paris pour aller à Vichy, où nous sommes restés jusqu'à la fin de 1940. J'ai quitté Vichy pour aller dans un home juif à Limoges, j'y suis resté jusqu'en 1942. J'ai rejoint ma mère à Saint-Etienne. Mon père a été arrêté en 1941 par les Allemands et a été interné à Pithiviers. Il a été déporté avec le troisième ou quatrième convoi.

A Saint-Etienne, j'ai été placé par ma mère, une femme formidable et brave, dans une école chrétienne, au pensionnat Saint-Louis. J'ai intégré la classe de seconde, et mon frère celle de quatrième. J'ai alors été contacté par un de mes amis, Bigard pour créer, avec mes compagnons du pensionnat, un petit réseau pour cacher des enfants juifs. C'est ainsi que j'ai rejoint le mouvement « M.N.C.R » (Mouvement National Contre le Racisme), mouvement de résistance où, avec mes amis « Héros » et « Guinar » , nous avons été très actifs. (Lorsque nous étions réfugiés à Vichy, j'ai très bien connu le rabbin, Samy Klein, que j'ai retrouvé à Saint-Étienne juste avant qu'il ne soit assassiné.)

J'avais un ami Lyonnais, Monmacon, qui faisait partie d'un autre réseau de résistance et qui savait que j'essayais de cacher des enfants juifs. Il m'a approché et m'a demandé si j'étais prêt à distribuer des tracts dans des boîtes à lettres. Je pense que ça a été une des périodes les plus angoissantes. Il apportait de Lyon une valise remplie de tracts, et moi je devais aller les déposer de maison en maison. Je tremblais de peur à chaque fois que je passais devant une maison ! Ce sont vraiment les seuls actes de résistance que j'ai accomplis, à l'âge de 15 -16 ans. J'étais membre du réseau de Résistance, M.N.C.R, et Bigard était le responsable à Saint-Étienne. Il a été arrêté par la Gestapo en 1943 avec ses parents, ils ont été déportés. Par contre, avec mon ami Monmacon, j'ai continué à distribuer des tracts jusqu'en 1944.

Mes premiers contacts avec la Résistance se sont faits par l'entremise de ma tante qui était très active à l'O.J.C., « Organisation Juive de Combat ». Elle était une amie de Jacques Lazarus, et de sa sœur, Madame Guta, une héroïne de la Résistance française. En 1944, lorsque le directeur de l'école a été dénoncé pour avoir caché des Juifs, il y a eu une descente à l'école et mon frère et moi avons réussi par miracle à nous en sortir et rejoindre la maison. Alors ma tante, Régine Frey, nous a dit : *« Je vous envoie au maquis »*. De Saint-Étienne nous sommes montés à Chambon sur Lignions. Là, nous avons rejoint un groupe de maquisards. Mon frère est devenu agent de liaison, il était habillé en scout et portait des messages. Nous avions des instructeurs espagnols dont un, Fernandez, était notre instructeur de tir. Il me disait toujours : *« Aujourd'hui, je vous aide, demain on rentrera en Espagne et vous serez obligés de venir nous aider. »*

Voici quelques faits réalisés dans le maquis : nous avons pris d'assaut la mairie lors d'une distribution de cartes d'alimentation et nous avons réussi à nous en emparer. L'action la plus importante fut celle de Lyon, juste avant son occupation. Saint-Étienne a été libérée en août 1944. Nous avons eu un parachutage : des armes et il y avait également quelques soldats américains (des espèces de géants avec le drapeau américain sur la manche de leur uniforme) ; nous avons reçu l'ordre nous diriger sur la ville de Lyon pour essayer de la libérer.

Nous sommes descendus de Chambon vers St Génie Laval, où il y avait une milice de jeunes S.S. (J'ai oublié de vous dire que j'avais gardé pendant tout ce temps mes tefillin sur moi). Je me suis dit la chose suivante : maintenant ils vont nous fouiller et ils vont trouver mes tefillin. Miracle, les jeunes S.S. avaient déjà quitté St Génie Laval !

Nous avions rendez-vous à Lyon avec Jacques Sabbat, un des fondateurs de « l'Arche ». Nous étions un groupe de quatre, âgés de 17 à 18 ans. Nous sommes allés chez lui, il habitait rue Sainte-Catherine, il nous a dit : « Voilà l'ordre que j'ai reçu : empêcher les Allemands de faire sauter les ponts. Il nous a conduits le long du pont d'où on pouvait apercevoir les sapeurs allemands en train de préparer de la dynamite. Il fallait les empêcher d'agir. Dans la nuit, nous avons entendu d'énormes explosions, nous avons compris que les ponts avaient déjà sauté. Notre mission était terminée !

Les ponts avaient sauté, mais la passerelle de l'université avait résisté en partie. De l'autre côté, il y avait l'Hôtel-Dieu et de sa coupole, les Allemands tiraient sur les troupes américaines et françaises (c'était l'armée de de Lattre de Tassigny).

Non loin de la maison de Jacques Sabbat, il y avait un bordel où les miliciens s'étaient barricadés ; nous l'avons pris d'assaut et fait prisonniers les miliciens. Le lendemain, j'ai assisté à un spectacle incroyable, les Allemands ont commencé à quitter Lyon, à vélo, avec des voitures d'enfants... pour nous c'était un spectacle inoubliable ! Je les avais vus entrer à Vichy en 1940 et voilà que, triomphateur, je les voyais partir. Nous avons rejoint, par la suite, l'état-major de l'O.J.C., où un jeune responsable blond comme le blé nous a dit : « Venez, nous allons arrêter le commissaire aux questions juives ! Nous sommes arrivés chez lui et nous l'avons emmené avec nous dans notre quartier général. Nous l'avons gardé plusieurs jours et ensuite nous l'avons remis au Comité de Libération. Le 6 septembre 1944, tout de suite après la libération de Lyon, il y avait encore des nids de résistance allemands.

Après la Libération, je suis retourné chez ma mère à Saint-Étienne. Nous avons décidé de monter sur Paris, mon frère et moi ; ma mère voulait rester à Saint-Étienne. Je suis rentré au M. J. S. « Mouvement de Jeunesse Sioniste », que j'avais déjà contacté pendant mon séjour dans la Résistance. C'est aussi à ce moment que nous avons juré d'aller rejoindre la Palestine. À Paris, j'avais commencé des études de droit, mais comme il fallait se nourrir, je suis allé à l'école de l'O.R.T de Paris, où j'ai appris le métier de radio-technicien.

Un jour, j'ai été convoqué à la Sochnout (Agence Juive pour l'Immigration) à Paris, qui se trouvait avenue de la Grande Armée. Et là, on m'a demandé de partir comme volontaire pour participer à la création de l'Etat d'Israël. Mon frère et moi avons décidé qu'un seul de nous partirait. C'était en 1947. J'ai décidé que ce serait moi.

Des amis de ma mère (de la Résistance française), nous ont invités lorsqu'ils ont appris que j'allais partir comme volontaire en Palestine. Ils m'ont offert un paquet, et à l'intérieur il y avait une mitraillette et une boîte de munitions qu'ils avaient ramenées du maquis. Ils m'ont dit : « En Palestine, vous en aurez besoin ». J'ai trouvé cela magnifique. Je me suis rendu à Marseille, et là, dans un camp qu'on appelait « Daphna », j'ai suivi une instruction militaire par des jeunes du « PALMACH ».

Nous avons dû rendre nos cartes d'identité qui ont été remplacées par des passeports de l'ONU. A Port Bouc, au moment d'embarquer à bord du bateau, le FABIO, j'ai retrouvé un ami, Arthur Feldman (c'était un grand combattant de la deuxième D.B, il avait la Croix de Guerre et la Médaille Militaire). En montant à bord, les douaniers français nous ont dit : «Nous savons où vous allez, bonne chance ! ». Nous étions environ 400, entassés dans ce cargo. Il y avait également des femmes et des enfants à bord.

Le voyage a été très long, et lorsque nous sommes entrés dans le détroit de Messine, le bateau tanguait à tel point que le sommet du mât touchait l'eau. Nous nous lavions à l'eau de mer, la majorité des passagers était malade.

C'était l'ALYAH BETH. Les Anglais surveillaient la mer, et chaque fois qu'un avion anglais nous survolait, on devait descendre dans les cales et couvrir l'écoutille ; nous avions l'air d'être des pêcheurs. Nous étions encore en mer le 15 mai 1948. Les Anglais avaient quitté la Palestine, et nous n'avions donc plus peur d'être arraisonnés (le bateau qui nous précédait avait, lui, été arraisonné par les Anglais). Nous sommes arrivés sur une petite plage, près de la ville de Haïfa.

Dès notre débarquement, nous sommes montés dans des camions en direction de Kiryat Motskin.

J'ai été mobilisé le 11 juin 1948, dans une unité du « MACHAL », envoyé à Kiryat Meir près de Tel-Aviv, et là, je devais attendre mon affectation. J'étais dans la 8ème Brigade, dont le commandant était Yitzhak Sadeh. C'était la première Brigade du pays.

Un jour, on nous a annoncé : «Tout le monde doit rejoindre son unité ! ». Nous sommes descendus sur Lod, Ramleh, Beit Nabalah. A notre retour sur la base, ils m'ont affecté dans une unité de mortier, montée sur des voitures blindées. C'était une unité anglo-saxonne composée essentiellement d'Américains, de Sud-Africains et d'Anglais. Nous étions deux Français. Quelque temps plus tard, j'ai suivi un cours d'hébreu intensif. Après, je suis retourné dans mon unité.

Nous sommes partis vers Faloudja, (où se trouve actuellement le kibboutz Gad). À côté de Faloudja, il y avait une montagne, Tel El Manchyeh. C'est là que se trouvaient les troupes arabes. Notre rôle consistait à nous approcher d'eux pour les bombarder et les déloger. Ils sont partis effectivement et une brigade qui s'appelait «Alexsandroni» est venue occuper les lieux.

Un jour, une voiture de l'état-major s'approche. Parmi ses occupants il y avait Nathan Alterman, le plus grand poète du pays à l'époque. Il voulait se joindre à une unité combattante, il s'était adressé directement à David Ben Gourion ! Il est resté chez nous trois à quatre semaines.

Quelque temps après, notre combat nous a conduits à Beersheba. De l'autre côté de la ville, il y avait un commando français dirigé par le Commandant Teddy. Nous avons tiré toute la nuit sur Beersheba. Le lendemain matin, nous sommes entrés dans la ville. Les troupes arabes l'avaient quittée. Le commando français avait subi de lourdes pertes ; deux de mes amis sont tombés là-bas. Ils avaient en face d'eux les soldats soudanais qui tenaient les fortins de Bir Asloug.

Après la prise de Beersheba, nous avons entrepris la fameuse descente du Néguev, vers Ouja El Hafir. Là, nous avons fait un millier de prisonniers. Et puis, nous sommes entrés dans le désert du Sinaï. Les Anglais avaient reçu l'ordre de nous en chasser. Ils nous ont survolés avec leurs Spitfire en rase motte. Nos Spitfire sont aussi entrés en action et en ont descendu trois. Peu après, nous sommes partis vers le sud jusqu'à El Arish, un terrain d'aviation. Là, on nous a arrêtés, car il y avait une trêve. Nous sommes repartis vers Telitvinsky.

C'était l'époque où les immigrants juifs marocains arrivaient en masse en Israël. Comme je parlais l'hébreu et le français, j'ai été affecté à une unité composée de Juifs marocains, où j'ai servi d'interprète avec un ami suisse.

Un jour, nous avons rencontré des gars de l'Irgoun (du bateau Altalena). Nous en étions un peu jaloux car ils étaient équipés comme l'armée américaine, avec des tentes extraordinaires et des uniformes impeccables ! C'était au kibboutz Gad.

Pour nous, la guerre était pratiquement terminée. Je ne voulais pas quitter Israël sans avoir accompli quelque chose pour le pays. J'ai rejoint le Kibboutz Negba, j'y ai séjourné quatre mois avec mon ami américain, Shaye Kronblat.

Pour pouvoir être démobilisé, je me suis inscrit à l'université sans pouvoir suivre les cours puisque je suis retourné en France (d'autres sont restés en Israël).

Pendant des années, je ne me suis pas préoccupé de ce passé : c'était pour moi une belle aventure d'un gars de 20 ans. J'étais content de l'avoir fait.

Ma mère est arrivée pour la première fois en Israël vers 1950. Elle m'a dit : « Je suis fière que tu aies participé à tout cela ».

Un ami, Reouven Alster, a été tué accidentellement.

Trois de mes enfants habitent en Israël et ont servi dans l'armée.

Antwerpen, janvier 2003.

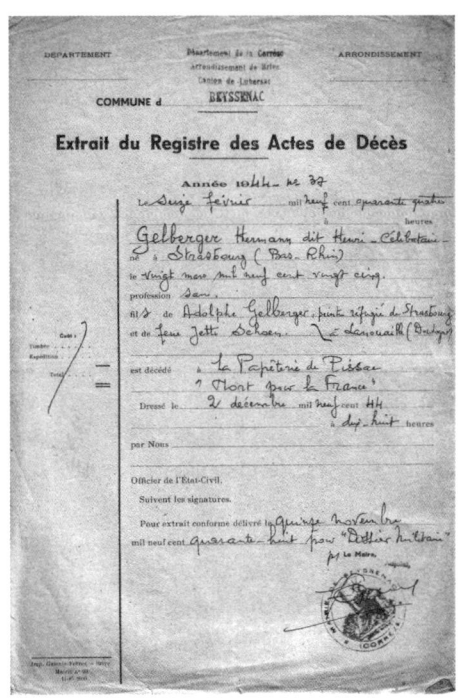

Gelberger Henri /
○ *50e Régiment d'infanterie*
○ *F.F.I*

GELBERGER HENRI

Résistant dans le maquis du Pont de Laveyrat, Combattant 2e Classe - 50ᵉ Régiment d'infanterie «Mort pour la France» le 16 février 1944 - F.F.I, (Forces Françaises de l'intérieur)

Né à Strasbourg le 21 mars 1925. Mon frère était grand, il avait des yeux bleus et des cheveux noirs bouclés. Les gens de Lanouaille l'appelaient le frisé. Il aimait beaucoup lire et dessiner, il avait des pinceaux et des couleurs, et ses dessins illustraient les livres de monsieur Champerlin, de la mairie de Lanouaille. Il était le seul à la maison à parler couramment le français, c'est lui qui m'initia à cette langue alors que j'avais 4 ans. Il m'apprit également des chansons en français («Je suis le roi d'Espagne», «J'aime les filles aux yeux noirs»...).

Mon père et mon autre frère furent envoyés dans un camp français pour étrangers (Autrichiens), lui resta à la maison parce qu'il était français.

Un jour de 1942, alors qu'il partait à son travail dans les champs de La Duranty, après le repas de midi, j'ai refusé de l'embrasser; malheureusement j'ai quitté notre maison ce jour pour plusieurs années et je ne revis plus jamais Henri, mon frère bien aimé. De son côté, il partit pour le maquis de la Corrèze. Ce maquis fut dissous parce qu'ils apprirent à temps qu'ils avaient été dénoncés. Henri ne revint pas à la maison et s'engagea dans le maquis du Pont de Laveyrat en Dordogne. Ils furent dénoncés par le propriétaire du moulin. Un matin, les Allemands les encerclèrent. Mon frère était de garde sur le balcon du moulin avec un fusil. Il fut le premier à être tué par plusieurs balles tirées de loin.

Mon père ramena son corps sur une charrette et le cacha trois jours sous son lit. Il fut enterré dans le cimetière de Lanouaille.

Ce maquis était composé de 35 jeunes; environ 15 d'entre eux furent tués sur place, les autres furent déportés en Allemagne, seuls deux en revinrent. Ils pesaient 20 kg; ce sont eux qui par la suite nous racontèrent leur histoire.

Avec mon père j'ai visité le moulin et nous avons retrouvé une chaussure de mon frère. Pendant longtemps, mon père a porté sous sa chemise la chasuble trouée par 9 balles que portait mon frère le jour de sa mort.

C'est tout ce que je sais de mon gentil frère qui aimait par-dessus tout la peinture et la musique, le calme et la nature, et qui est mort pour un monde meilleur.

« Le 16 février de chaque année, devant le Mémorial, familles et population de Corrèze, de Haute-Vienne et de Dordogne viennent afin de perpétuer la mémoire de cette journée de 1944, au lieu même où après avoir été surpris dans leur sommeil, les maquisards ont été fusillés par les soldats des compagnies allemandes.

Le moulin de la forêt, s'appelle : « Moulin de la Résistance et de la Mémoire du Pont Laveyrat »

Titulaire de la Croix de Guerre 1939 avec Etoile d'Argent. J'ai pris la relève, je chante et dessine pour lui.

Maalei Adoumim, Jérusalem, le 15 juillet 2009.

Goldman Dora /
○ *F.T.P*

GOLDMAN DORA

F.T.P «*Francs Tireurs et Partisans*»
Nom de guerre: « Maria »

Je suis née le 5 janvier 1928 à Kojenitse, un petit village en Pologne. Je suis arrivée à Paris lorsque j'avais environ 4 mois. Mes parents avaient émigré en France à cause du terrible antisémitisme qui sévissait en Pologne. Mon père et son frère étaient partis en 1927, son frère en Belgique, et mon père à Paris. Mon père était cordonnier chausseur, et ma mère couturière.

Nous habitions dans le 19e arrondissement, où il y avait une petite communauté juive et une toute petite synagogue. Mes parents n'étaient pas religieux, mon père était un homme de gauche. J'allais dans un patronage juif de gauche.

C'est également dans ce quartier que se trouvait mon école, à la rue Simon Bolivar. J'ai obtenu mon certificat d'études, et à 11 ans, je devais entrer à l'école supérieure. La directrice, qui était un personnage épouvantable et sinistre, m'a convoquée dans son bureau et m'a dit la chose suivante : « Vous savez, vous ne pourrez pas poursuivre vos études parce que vous êtes appelée à aller dans des camps, car vous êtes juive et vous êtes destinée à fabriquer des corsets. » (Après la guerre, elle a été mise en prison). C'était une hitlérienne.

J'ai quand même décidé d'entrer à l'école supérieure pour préparer mon baccalauréat. En classe, les élèves juifs sentaient qu'ils étaient mis à l'écart, cela me révoltait et m'a fortement marquée. J'ai évidemment été sensible au malaise général, aux rumeurs de guerre, à l'antisémitisme, etc. Et un jour on nous a dit qu'on ne pouvait plus venir à l'école. Je dois reconnaitre que mes parents n'ont pas vu arriver le danger.

J'habitais le quartier de Belleville, et un jour une connaissance me dit : « Tu es juive, on va vous déporter » et elle me tend des tracts. J'ai lu ces tracts en cachette. Cela se passait en 1941. Les lois anti-juives commençaient à être appliquées et l'antisémitisme se faisait de plus en plus sentir.

Le 13 mai 1941, mon père et tous ceux de son âge ont été convoqués à la préfecture de police. Quatre mille Juifs étrangers ont été internés au camp de Pithiviers et de Pol la Rolande.

Je me souviens de l'arrivée des Allemands, rue Belleville. Je les revois sur leurs chevaux, énormes et bouffis. Cela a été mon premier contact avec la réalité. Je suis partie pour retrouver mon père au camp, je l'ai vu qui pleurait.

La vie continuait et moi je continuais à distribuer des tracts. J'ai appris par ces tracts que les camps de concentration étaient une réalité (je le savais déjà en 1941). Et puis des rumeurs circulaient selon lesquelles les Juifs allaient être embarqués. C'était la veille du 16 juillet 1942.

Alors j'ai dit à ma mère : « Maman, on ne va pas dormir à la maison ». Je voulais qu'on aille dormir chez une tante qui était l'épouse d'un prisonnier de guerre. Je me suis réveillée en sursaut à trois heures du matin, j'ai vu une file de gens avec leurs paquets, des femmes, des enfants et des vieillards qui attendaient, encadrés par la police française. Ma mère m'a dit : « *Sauve*- toi, tu es une enfant, tu ne pourras pas travailler.». Je n'ai pas eu le temps de réfléchir, je me suis cachée dans une armoire. Les flics sont montés et ont commencés à chercher, et ont demandé : « Où est la petite fille ? » Ma mère a répondu : « Elle n'est pas là, elle est en colonie de vacances ». Les policiers ont embarqué ma mère. Je suis restée cachée, puis je suis sortie de l'armoire. Voilà l'histoire.

La concierge de l'immeuble, une femme méprisable, entrait dans tous les appartements et s'emparait de toutes les affaires de ceux qui étaient partis.

Je me suis sauvée avec mon frère et ma belle-sœur vers la zone libre. J'ai été hébergée par une cousine à Lyon, et ensuite nous nous sommes retrouvées à Grenoble. J'ai rencontré une jeune femme qui m'a proposé d'entrer dans la Résistance, et m'a donné rendez-vous dans un lieu bien précis. Il y avait en moi une énorme colère après tout ce qui était arrivé à mes parents que j'adorais. J'ai rencontré aussi Georges Shnek, qui m'a proposé son aide, en me proposant des cartes d'alimentation. C'est alors que j'ai décidé de rejoindre la Résistance et j'en ai parlé à mon frère.

Les premières actions dans les groupes « Francs-Tireurs Partisans » Carmagnole consistaient à coller des affiches partout où on pouvait, sur les murs, les ponts etc. Nous étions mobilisés pratiquement tous les jours. Je travaillais également à la section propagande où on distribuait des tracts contenant des appels à la résistance : « *Résistance à outrance, montez au* maquis, et partout où vous le pouvez, tuez des Allemands », et surtout « Sauvez- vous, ne partez pas au service de travail obligatoire ! ».

Je suis passée ensuite à la résistance armée. J'avais alors 16 ans. Je vivais dans un appartement, qui, en fait, servait d'arsenal pour les F.T. P., je donnais des instructions à des jeunes recrues. Comme il y avait tout le temps des allées et venues de jeunes, une locataire de la maison a répandu le bruit que j'étais une prostituée.

Un jour que j'allais remettre un revolver à un autre partisan, j'ai dû faire face au contrôle de la milice. J'ai réussi à passer sans problème mais j'ai eu très peur. La situation commençait à devenir dangereuse, il y avait de nombreux rendez-vous manqués parce que les militants avaient été arrêtés. J'ai participé à une action grave. Il s'agissait d'abattre un milicien, il fallait assurer toute l'opération pour empêcher les Allemands ou les miliciens d'intervenir. Nous étions tous mobilisés pour cette action.

Au cours d'une autre action, un de nos camarades, Simon, a été arrêté par les Allemands, puis ils l'ont fusillé. Ses parents m'ont demandé d'identifier le corps, mais les camarades du groupe m'ont empêchée d'y aller en raison de mon jeune âge, je n'avais que 16 ans. Malgré les supplices des parents, les camarades ont maintenu leur position

Un jour, j'avais rendez-vous avec Georges Schnek pour des cartes alimentation, et en arrivant il me dit, affolé : « Sauve-toi, tout le monde a été pris ! » Effectivement, lorsque je me suis sauvée, j'ai vu de nombreux soldats allemands qui fuyaient et tiraient sur tout le monde. C'étaient les premiers signes de la débâcle allemande.

À la Libération, beaucoup de mes camarades que j'aimais beaucoup et que j'avais bien connus sont tombés au cours des combats ou ont été fusillés. Ce fut pour moi un choc terrible.

C'est une grande peur qui me vient à l'esprit quand je pense à la Résistance. Elle a changé le cours de ma vie, m'a complètement bouleversée. Evidemment j'étais trop jeune. J'ai participé aux combats de la Résistance parce que je voulais venger mes parents. Je refusais d'accepter ce qui s'était passé et j'étais prête à mourir pour ne plus revivre ce que j'avais vécu.

Anvers, décembre 2003

❖

Hausner Abraham /
○ *F.T.P*

HAUSNER ABRAHAM, MOSHÉ

A.J. «Armée Juive».

Je suis né en 1921 en Pologne. Nous sommes arrivés en France, à Metz, en Lorraine au début de 1926. Il y avait une grande communauté juive depuis longtemps, à laquelle se sont ajoutés les Juifs qui avaient immigré avant la première guerre mondiale (fin du 19ᵉ siècle) et dans les années 1920. Nous sommes arrivés, mes parents, ma sœur et moi, et en 1928, des sœurs jumelles sont nées.

Je faisais partie d'un groupe de jeunes religieux qui étaient dirigés par le rabbin, Paul Roitman. Il y avait un groupe identique à Strasbourg ; nous nous retrouvions souvent, et nous organisions aussi des camps de vacances.

Je fus inscrit à l'école sous le prénom de Maurice. J'ai fréquenté l'école jusqu'au 1ᵉʳ septembre 1939, jour de l'attaque de la Pologne par les Allemands. Les civils qui n'avaient pas de fonctions importantes à Metz ont été évacués, par crainte d'une attaque allemande à l'est de la France et on nous a demandé d'évacuer le plus vite possible.

Nous sommes partis la nuit du 1er septembre 1939, d'abord sur Dijon, puis nous avons continué vers Bordeaux. En 1940, j'étais en classe terminale de baccalauréat. Le 10 mai 1940, a eu lieu l'invasion du Benelux et du nord de la France par les armées allemandes,. Le 14 juin 1940, les Allemands sont entrés à Paris qui a été déclarée ville ouverte. J'avais 18 ans et demi, et avec un groupe d'amis, nous avons pensé que nous ne pouvions plus rester à Bordeaux, car on savait que les troupes allemandes allaient occuper la ville.

Nous étions un groupe de six amis juifs, nous étions associés à d'autres groupes non-juifs. Notre but était soit d'embarquer par les ports du sud de la France vers l'Angleterre, soit de traverser la frontière vers l'Espagne ; nous espérions que Franco laisserait passer les jeunes pour aller rejoindre l'Angleterre. Pourquoi l'Angleterre ? A cause de notre admiration pour de Gaulle. Il avait été en garnison à Metz, il nous avait enthousiasmés bien avant son appel et nous voulions le rejoindre à Londres. Nous savions que jamais il n'accepterait un armistice avec l'Allemagne,

Mais notre plan a complètement échoué en raison de la rapidité de l'avancée de l'armée allemande. Les Anglais ont cessé les embarquements et sont retournés en Angleterre.

Nous avons essayé de traverser la frontière espagnole, mais les gardes-frontières ne laissaient passer que quelques réfugiés, femmes et enfants ou les vieux mais ne laissaient pas passer les gens capables de porter des armes.

Nous avons donc changé de direction et nous sommes arrivés à Toulouse fin juin. Je me suis inscrit à l'Université de Toulouse. J'ai étudié les mathématiques en 1940-41, mais à la fin de 1941, j'ai reçu une lettre m'annonçant qu'en raison du numerus clausus, c'est-à-dire les nouvelles lois anti-juives de Pétain, je ne pouvais plus m'inscrire à l'université. Lorsque je suis allé voir mon professeur à l'université, il m'a dit: «Vous allez rester ici, ne vous en faites pas pour ça, nous allons essayer de vous faire passer des examens.» Je n'ai pas voulu accepter cette situation non officielle, alors je me suis inscrit à l'université catholique de Toulouse qui était très célèbre, j'y ai étudié de 1941 à 1942. Mais les lois anti-juives devenaient de plus en plus dures et de plus en plus dangereuses pour nous. Même ceux d'entre nous qui étaient Français craignaient d'être arrêtés. Depuis juillet 1942, on procédait à de terribles rafles, on arrêtait tout le monde, les femmes, les hommes, les enfants.

Dès 1940, à notre arrivée à Toulouse, nous avions pris contact avec la communauté juive qui était très ancienne, composée de Juifs d'origine portugaise ou espagnole, arrivés dans cette région au moment de l'expulsion des Juifs du Portugal, aux XVe et XVIe siècles. Le rabbin Casrola de Toulouse était lui-même d'origine espagnole. Une communauté très accueillante, mais vite débordée par l'afflux de milliers de Juifs qui fuyaient. Il a donc fallu créer des services pour pallier leurs besoins. Il faut savoir aussi que de nombreux Juifs étrangers avaient été immédiatement internés dans les camps de Gurs, Rivesaltes, Noé, Recebidou etc., situés dans le sud de la France.

Au sein du petit groupe que nous formions, s'est constitué un autre petit groupe avec à sa tête le rabbin Kapel, un rabbin du consistoire et aumônier de guerre avec le grade de capitaine qu'il avait gardé sous Vichy. Il avait le droit d'entrer dans ces camps. Là, il a vu une misère terrible, c'était le début de l'hiver et les gens n'avaient pas de carte d'alimentation. Ils étaient au bord de la famine et souffraient de maladies comme le typhus, la tuberculose etc. Le rabbin Kapel s'est investi dans l'aide à ces internés.

Nous étions tous très déprimés. Pour nous remonter le moral, se sont créés, sous l'impulsion du rabbin Roitman, des cercles d'étude avec d'autres réfugiés intellectuels qui étaient arrivés de Paris, dont le poète russe David Knout, l'écrivain Arnold Mandel, le poète Claude Vigée. Les discussions allaient bon train à la parution de chaque nouvelle loi anti-juive, et nous nous demandions comment y faire face. Jusqu'au jour où il a fallu se rendre à l'évidence que les lois anti-juives n'étaient pas simplement des lois discriminatoires mais des lois d'expulsion, d'arrestation, et éventuellement de déportation. Il était temps de réagir autrement que par des discussions théoriques.

A partir de ce moment, nous avons commencé à parler de «résistance». David Knout avait vécu la révolution russe de 1917, il avait un passé de révolutionnaire et de clandestinité; Abraham Polonski aussi avait un passé de militant. Tous ces hommes qui avaient déjà vécu la lutte dans la clandestinité, avaient fait des opérations de sabotage et de sauvetage, se sont regroupés et ont formé des groupes d'action. Notre travail a consisté au début à falsifier des documents d'identité et trouver des lieux pour cacher les gens.

Lorsque les Allemands sont entrés à Toulouse le 11 novembre 1942, les groupes étaient déjà très bien constitués, nous n'avions pas été pris par surprise à l'arrivée de la Gestapo. C'était évidemment bien plus grave que la police de Vichy; la milice n'existait pas à ce moment-là, il n'y avait pas encore beaucoup de Français qui travaillaient pour la Gestapo. On craignait beaucoup plus la police française qui savait mieux reconnaître les Juifs. Le début de l'invasion du sud de la France par les Allemands n'a pas été aussi tragique que la poursuite des arrestations ou déportations effectuées par la gendarmerie et la police françaises. Peu à peu, les autorités allemandes ont embauché des Français, et c'est à partir de ce moment-là que nous sommes entrés entièrement dans la clandestinité.

Il existait déjà, à Toulouse, une organisation, «la Main forte» qui, par la suite, s'est appelée: A.J. (Armée Juive, «Armand Jules» étant le mot de passe). Je fus une des premières recrues de cette organisation au début de 1942. Jean Friedman était chargé du recrutement des jeunes pour la «Résistance Juive». Il y avait également un certain Kowarski qui était un des dirigeants de l'O.R.T, l'école technique juive. D'origine russe, il était arrivé en France après la révolution d'octobre et s'était établi à Paris.

Il a été également l'un des premiers résistants dans ce mouvement. C'était un excellent organisateur.

L'objectif principal de cette organisation était d'aider à trouver des cachettes pour des réfugiés échappés des camps du sud, qui étaient en situation illégale et parlaient très mal le français. Il fallait les mettre à l'abri très rapidement car ils étaient facilement repérables. Nous avons donc trouvé des cachettes chez des Français, surtout pour les enfants.

« Les Eclaireurs Israélites de France », (E.I.F), étaient une autre grande composante de la « Résistance Juive », reconnue officiellement, par le gouvernement de Pétain, jusqu'au début de 1942. . Et puis leur reconnaissance a été annulée par le gouvernement de Vichy. Ils ont reformé une organisation d'éclaireurs, dans le cadre des scouts de France. Cependant, parallèlement, les Eclaireurs Israélites eux-mêmes se sont constitués en groupes clandestins.

En 1942 aussi, s'est formé un troisième groupe qui s'appelait : « M.J.S. » (Mouvement de Jeunesse Sioniste.), dont beaucoup d'anciens membres sont aujourd'hui en Israël. Le président s'appelait André Giniewski. Parmi les fondateurs, il y avait aussi Jefronkin, Simon Lévite, et le rabbin Kapel. Ce mouvement regroupait tous les mouvements sionistes. Avec le rabbin Roitman, je formais un groupe religieux à part mais qui collaborait avec le M.J.S.

Lorsque les Italiens ont occupé le département des Alpes, beaucoup de Juifs sont allés en zone italienne car on savait que les Italiens étaient moins acharnés contre les Juifs et ne les persécutaient pas. Et ainsi Grenoble était devenu un grand centre des M. J. S, sous la direction d'André Giniewski qu'on appelait : « Toto ». Très rapidement, ils se sont organisés en véritable groupe clandestin. Ils ont pris contact avec les mairies locales, le commissariat de Police et les préfectures. Ils ont créé un formidable réseau de faux papiers. Et surtout, ils ont falsifié des cartes d'alimentation, ce qui était très important ; car sans ces cartes, il était impossible d'obtenir de la nourriture dans les magasins ; ils ont été aidés par les services locaux, le service de rationnement, la préfecture, les mairies, etc.

Peu à peu, nous nous sommes aperçus que nous étions entrés en contact avec la Résistance française dont les buts étaient différents des nôtres : la Résistance française luttait contre l'occupant. Il y avait la Résistance officielle qu'on appelait les Gaullistes, représentée par l'Armée Secrète : » A.S. « Et puis il y avait les F.T.P., d'obédience communiste. C'étaient des organisations de résistance armée contre l'occupant allemand.

Au début, les organisations juives ne combattaient pas avec des armes. Mais nous nous sommes aperçus que nous ne pouvions pas refuser la demande d'aide du groupe de Résistance française, et il a fallu très vite constituer des groupes d'unités militaires juives et leur donner une instruction militaire.

Nos jeunes n'avaient jamais fait de service militaire. Très rapidement «l'Armée Juive» a mis au point une instruction militaire : nous avons créé des groupes dans les instituts de gymnastique des villes de Toulouse, Grenoble, Lyon et Marseille. Dans ce cadre, nous enseignions une instruction militaire théorique, sans armes évidemment. Par contre, on y apprenait la liaison radio, la lutte au corps à corps, etc. Cela se passait fin 1942, début 1943.

Parallèlement, on mettait sur pied dans la Montagne Noire, en particulier dans les régions d'Albi, Castres et Toulouse, des maquis qui avaient un double objectif : cacher les gens qu'on ne pouvait plus cacher dans les villes, et créer des maquis composés de Français. Ces maquis étaient composés de jeunes qui refusaient la loi de S. T. O. (service de travail obligatoire) décrétée par le gouvernement de Vichy, qui les obligeait à aider aux travaux de la campagne et dans les usines de métallurgie en France, qui étaient au service des Allemands. Suite aux propagandes gaulliste et communiste, les jeunes gens ont refusé d'aller travailler dans les usines pour aider les Allemands. Alors, ils sont devenus ce qu'on appelait à l'époque des «réfractaires», c'est-à-dire des gens qui refusaient la loi. Par conséquent, ils devenaient des illégaux et étaient recherchés par la police. Il fallait donc les cacher rapidement dans les maquis.

Les groupes francs des villes avaient pour mission d'attaquer les Allemands, tandis que les groupes armés de la Résistance gaulliste se préparaient pour le jour du débarquement,

c'est-à-dire occuper les centres administratifs, remplacer le régime de Pétain dans toutes les administrations.

Moi-même, comme agent de liaison, je voyageais souvent en train. J'ai été finalement repéré dans les gares. Très rapidement, la Gestapo, la milice et la police françaises ont trouvé les traces de nos organisations. Ils avaient certaines photos de nos camarades, dont la mienne et il fallait évidemment commencer à se méfier. Alors je rejoignais le maquis où je restais deux à trois semaines. Peu à peu, les groupes se sont armés grâce aux parachutages et avec l'aide d'autres maquis.

Il s'est trouvé qu'à Toulouse, l'un des chefs de la Résistance Armée Juive, Raoul Léons, d'origine belge (de Bruxelles), un officier à l'instruction militaire très poussée, est devenu l'un des chefs de l'Armée Secrète Gaulliste dans la région. Il est devenu aussi l'un des grands chefs du maquis de la Montagne Noire et il était en rapport direct avec l'Armée Juive. Par la suite, il en est devenu un membre actif. Il avait un double rôle : à la fois dans l'Armée Secrète, et dans l'Armée Juive. Les groupes de l'Armée Secrète ne savaient pas que nous étions un groupe juif, lui le savait.

À Paris, un groupe de l'A.J. a été créé sous la direction de Tony Green. À Lyon, le groupe de l'A.J. était sous la direction d'Ernest Lambert. C'était un Juif de vieille souche lorraine, qui, singulièrement, n'a pas eu besoin d'un nom d'emprunt car son nom n'était pas du tout juif! Il ne s'est jamais déclaré comme Juif pendant toute la guerre. C'était un grand chef de la Résistance Juive, il avait adhéré au judaïsme et s'en est rapproché encore plus pendant la guerre.

Très vite, la direction de l'Armée Juive a pris contact avec les représentants d'Israël (la Palestine alors) et avec des Juifs de France qui étaient réfugiés en Suisse, a créé immédiatement un réseau pour faciliter le passage de la France vers la Suisse. Nous envoyions également aux représentants de l'Agence Juive à Genève des rapports sur la situation des Juifs de France ; ces organisations nous ont beaucoup aidés financièrement. Le « Joint » nous aidait également. Dica Jefroykin, l'une des personnes les plus influentes au « Joint » de France, était dans le comité directeur de l'Armée Juive. Ce Parisien est devenu rapidement l'un des chefs de la résistance et aussi un chef des M. J. S. Il y avait également Joseph Fisher, directeur du K.K.L. en France, qui est ensuite devenu, sous le nom d'Ariel, l'ambassadeur d'Israël au Benelux.

Nous avions un grand besoin d'argent. Il fallait faire vivre quelques centaines de personnes et leur prise en charge coûtait cher, il fallait payer les paysans qui les cachaient et ceux-ci n'étaient pas riches. Les besoins d'argent étaient importants et variés : moniteurs et instructeurs pour les maisons d'enfants légaux et illégaux, transferts des enfants des maisons dans des couvents ; quant aux passages par l'intermédiaire de passeurs, ils coûtaient des fortunes. L'argent provenant de Joseph Ariel, à travers le K.K.L., et des autres comités, a été centralisé par l'Armée Juive et redistribué à toutes les organisations juives.

On avait créé des commandos de villes pour éviter les dénonciations des Français envers les résistants et évidemment les juifs. Il fallait les en empêcher, même s'il fallait parfois les abattre. C'était l'une des missions des groupes francs dans les villes. En plus, des groupes armés de protection opéraient aussi et surveillaient les passages dans les trains. Certains agents, surtout des femmes, protégeaient les enfants ou les personnes qui traversaient les régions en transitant par les gares. Moi-même, j'ai bénéficié de la protection d'une ou deux gardes du corps, lorsque j'étais chargé d'une mission.

On s'approchait de la fin de l'occupation et des combats de la Libération. Entre-temps, nous avions perdu des camarades. Ernest Lambert a été arrêté le 29 juin 1944 à Lyon par des Français qui travaillaient pour la Gestapo. Il a été condamné à mort et exécuté le 8 juillet 1944 à Port-et-Valence, au sud de Lyon. Je me trouvais alors à Lyon et je l'ai remplacé dans la direction des groupes de l'A.J. Deux semaines avant son arrestation, il s'était marié avec Anne, qui était enceinte, et qui a accouché en janvier 1945 à Toulouse. Ensuite Anne-Marie Lambert est partie avec sa petite fille Shoulai en Palestine, d'abord au kibboutz Deganya, et aujourd'hui, elle habite à Jérusalem.

Régine Knout, la femme de David, a été tuée par la milice le 22 juillet 1944 à Toulouse, sur dénonciation. Avec elle, a été tué Tommy Bauer, également de la Résistance Juive. Mila Racine et Marianne Kohn qui assuraient des passages d'enfants juifs vers la Suisse ont été tuées fin juillet 1944. Jacques Weintrob, le chef des M.J.S. de Nice a été tué également, ainsi que Jean Friedman, le chef de la main-d'œuvre de l'A.J, abattu par la milice. Nous avons eu de nombreuses pertes. D'autres camarades ont été internés et sauvés à la dernière minute.

Les groupes de l'Armée Juive ont pris une part très active aux combats de la Libération, en collaboration avec l'Armée Secrète, les F.F.I., les forces gaullistes, à Paris notamment où Tony Green dirigeait un groupe assez important de l'Armée Juive ; lorsque de Gaulle est arrivé à Paris, Tony Green a fait partie de la garde d'honneur qui a descendu les Champs-Élysées jusqu'à Notre-Dame. Il y avait également des groupes de libération à Toulouse dont faisait partie Raoul Léons, qui avait échappé à l'attaque de la milice qui a tué Régine Knout. Il avait été blessé et avait réussi à se sauver. Malgré sa blessure, il a assisté aux combats de la Libération à la fin du mois d'août 1944.

À Lyon, j'ai dirigé le groupe de libération qui a participé aux combats avec les Forces Françaises de l'Intérieur. Nous avons été libérés bien plus tard que les autres. Toulouse a été libérée le 24 août 1944, Marseille beaucoup plus tôt parce que les Américains avaient débarqué dans le sud. À Lyon, nous avons été libérés le 2 septembre 1944. Durant la semaine du 25 août au 2 septembre 1944, beaucoup de camarades sont malheureusement tombés dans les combats, surtout dans les combats de rue (extrêmement durs), avec la milice, implantée partout ; les miliciens tiraient sur tout le monde sachant qu'ils avaient perdu la guerre.

Après la guerre de la libération, beaucoup de nos camarades sont partis avec les Alliés combattre en Alsace jusqu'à Stuttgart. Sitôt après, sont arrivés des soldats juifs de l'armée britannique et de la Brigade Juive ; les délégués de la Haganah ont pris contact avec nous en France pour organiser l'expédition de groupes armés qui renforceraient éventuellement les forces juives en Palestine, car on savait que de durs combats seraient livrés en Palestine en vue de la création du futur État d'Israël.

Lorsque nous étions acceptés dans l'armée juive, nous faisions le serment de « combattre pour le peuple juif jusqu'à la création d'un État juif en Palestine ». Beaucoup sont restés fidèles à ce serment et sont venus combattre en Palestine pour la création de l'État d'Israël, beaucoup aussi sont morts dans ces combats. Marc Lévy, un des chefs de l'Armée Juive à Nice, est tombé aux combats de libération de Beersheba.

J'ai travaillé avec les délégués de la Haganah, de 1944 à 1946 et en 1949, je suis allé en Israël, comme « Gachal »[1]. Ma femme, elle, a participé aux combats de la guerre d'indépendance d'Israël en 1948.

Actuellement, Israël se trouve dans une lutte d'existence contre le monde arabe. Une chose est certaine : la leçon que j'ai retenue de tous les combats que j'ai vécus est que la liberté ne vous est pas offerte sur un plateau d'argent et que, pour être libre, il faut savoir se battre, et être prêt à en payer le prix. J'ai transmis ce message à mes fils qui sont officiers de Tsahal.

En résumé, le combat que j'ai mené pendant les années d'occupation en France, est un combat qui continue, qui est le combat du peuple juif ! Lutter, c'est notre raison de vie, et il ne faut jamais se décourager ! Je n'aurais jamais pu rêver, lorsque par exemple je me trouvais devant la Gestapo pour interrogatoire, que je serais ici un jour en train de donner une interview, avec trois fils officiers qui ont participé aux guerres d'Israël, et 11 petits-enfants, dont un qui est officier. Un autre petit-fils va rejoindre les parachutistes.

---

[1]   Gachal : Mobilisation de l'étranger pour Israël

Maintenant nous sommes dans un pays libre, où les dangers existent, certes, mais où nous sommes libres. Par conséquent, cette lutte a été très utile et c'est une leçon que je continue à donner aux générations futures. J'espère qu'un jour, nous aurons la paix et serons reconnus par nos voisins. Mais ce n'est pas pour demain, je ne me fais pas d'illusions. Il faut être réaliste, mais l'espoir existe toujours, la réalité est déjà un bel espoir.

Ramat Aviv, (Israël) janvier 2002

❖

Camp d'internement Buren - Suisse 1943

HonigBaum Cudyk /
○ *F.T.P*

HONIGBAUM CUDYK

Combattant et Résistant.
U.J.R.E. (Union des Juifs pour la Résistance et l'Entraide)

Témoignage de sa fille, Jacqueline Habib-Honigbaum.

Mon père est né le 25 décembre 1903 à Tarlow (Pologne).

Durant sa jeunesse, il était affilié au mouvement socialiste juif polonais, le « Bund ». C'est au mouvement sportif juif, Maccabi, qu'il a fait connaissance de sa future femme, ma mère. Il a effectué son service militaire en Pologne, et suite aux pogroms et à la mauvaise situation économique, il est parti en Allemagne, à Berlin. Il a raconté à ma mère qu'il a beaucoup souffert de l'antisémitisme en Pologne durant son service militaire. Il était dans la cavalerie. Son adjudant excitait les chevaux en les piquants avec des épingles, ce qui les faisait fuir. Comme mon père était responsable, il devait les rattraper, et c'est lui qui subissait les jours de cachot pour soi-disant négligence. Sa vie devenait insupportable. Il ne voulait plus rester en Allemagne à cause de la montée de l'antisémitisme. Il a très vite compris que les Juifs étaient en grand danger.

Il est parti en France où il avait l'adresse de ma mère qui y est arrivée à l'âge de dix-huit ans, durant l'Exposition Internationale. Elle avait une sœur à Bruxelles, et deux sœurs à Paris. Ma mère et mon père se sont mariés en 1932 à Paris, dans le 19ᵉ arrondissement. Mon père a pris contact avec des immigrants juifs de Lublin et, ensemble, ils ont organisé une aide et un soutien pour les Juifs venant des pays de l'Est.

A la déclaration de la guerre, mon père s'est porté volontaire, et a été appelé à la caserne Reuilly-Diderot dans le 11ᵉ. Il a été démobilisé deux mois après l'armistice, et puis les troupes allemandes sont entrées à Paris. Mon père pensait qu'il fallait se déplacer ; ainsi nous nous sommes retrouvés à Toulouse où, un jour, il a été pris dans une rafle par les Allemands. Il a été arrêté et incarcéré par les gendarmes français. Les gardiens l'ont violemment battu afin qu'il avoue qu'il était juif ; mon père leur disait qu'il était catholique polonais.

Ce n'est que plus tard que les Allemands ont contrôlé la prison et déshabillé les prisonniers pour vérifier s'ils étaient juifs. Mon père a été libéré grâce au courage de ma mère qui a donné tous ses bijoux à un gardien français. A Toulouse, la Gestapo a rassemblé tous les Juifs qui furent envoyés à Barbazon, à Lacaune, en résidence forcée.

Nous n'avions pas le droit de quitter le village. Le responsable était le maire qui a confié à mon père que c'était la première fois qu'il rencontrait des Juifs, et que tout le mal que l'on racontait à leur propos, n'était que mensonge! *«Vous êtes des gens très bien, formidables, et je suis heureux d'avoir fait votre connaissance»*. Il s'est occupé des Juifs de façon remarquable. Au bout de deux mois, mon père a conseillé à tous les réfugiés de partir. Il avait un sens du danger éminent. Quelques familles ont décidé de suivre son conseil.

Elles sont parties vers Nice, qui était occupée par les troupes italiennes. Les Italiens ont eu envers les Juifs une attitude tout à fait positive. A l'arrivée des troupes allemandes, qui ont remplacé les Italiens, tout a changé. Mon père qui avait des contacts avec des Juifs résistants, a appris qu'il y aurait une grande rafle à Nice, et qu'il fallait quitter les hôtels. Moi, j'ai quitté la pension où j'étais placée pour l'année scolaire (c'était en 1942).

A Saint-Genis-Laval, mon père a fait connaissance de l'Adjudant de Gendarmerie, Louis Gueusquin, qui faisait partie de la Résistance. Grâce à lui, on a pu obtenir de fausses cartes d'identité, et des cartes d'alimentation pour les familles juives. C'est grâce à lui également que mon père a pu prévenir les familles juives des descentes de la milice. Avec son vélo, mon père parcourait les différents villages afin de les prévenir.

A l'arrivée de Klaus Barbie à Lyon, la situation est devenue épouvantable. Grâce à la Résistance, je fus placée dans un couvent qui s'appelait, Chapeaunost, dans le Lyonnais. Il a été brûlé et, actuellement, les religieuses se trouvent à la Montée des Carmélites, à la Croix Rousse à Lyon. J'y suis retournée à plusieurs reprises.

Sœur Perpète a reçu la Médaille des Justes. Les sœurs nous ont cachés, moi et plusieurs cousins et cousines. Au bout de quelque temps, il a fallu quitter le couvent car les Allemands et la Gestapo venaient pour chercher des enfants juifs. Malheureusement, il est arrivé parfois que les sœurs aient eu peur et avouaient qu'il y avait des enfants juifs. Mes parents ont décidé de partir vers l'Isère, à Voiron. Il y avait de nombreuses familles juives, ainsi que le rabbin Shneerson qui donnait des cours d'hébreu aux enfants juifs.

C'est là que mon père est entré dans un réseau de Résistance. Il a laissé ma mère au village St martin en Haut, et moi j'ai été placée rue Galion, dans une école préparatoire au couvent. On m'a confiée à Sœur Françoise Elisabeth, c'est elle qui a été responsable de ma vie. (J'ai su, ensuite, qu'il y avait également une autre jeune fille juive, Fanny Foux. J'ai fait sa connaissance quelques années plus tard.)

Suite à la dénonciation d'une jeune fille qui travaillait aux cuisines, la Gestapo est arrivée et a menacé la Mère Supérieure ainsi que Sœur Elisabeth de représailles si elles cachaient des Juifs. Au cours de la nuit, les Sœurs m'ont embarquée dans un camion vers Lyon. Là j'ai retrouvé ma mère qui avait été prévenue. Il était important que je puisse faire ma communion, mais comme je n'avais pas d'acte de baptême, c'est l'Adjudant de Gendarmerie Louis Gueusquin qui s'est adressé à Madame Bouchard. Elle lui a donné l'acte de baptême de sa fille, et ainsi il a pu faire un faux document. Madame Bouchard a reçu la Médaille des Justes.

Ma mère m'a confié que mon père combattait, et que parfois il venait nous voir au village de Saint Martin en Haut. Il a participé à la libération de Grenoble et de Lyon.

Lorsque j'ai demandé à mon père, pourquoi il avait rejoint un réseau juif et non un autre réseau, il m'a répondu qu'il faisait plus confiance aux Juifs, et qu'entre Juifs, il y avait des liens d'amitiés, et puis qu'il voulait montrer que nous, les Juifs, on savait se battre.

Après la guerre mon père a eu des activités associatives en direction d'enfants de Lublin.

Bat Yam, (Israël) le 4 juillet 2008.

❖

René JABLON
ANTOINE Jules BORKER
Claude JABLON
← IZY

Groupe de l'U.J.J. (Union des Jeunesses Juives) dans les Milices Patriotiques
Toulouse 1944

JABLONOWITCH, JABLON HENRI

U.J.J - F.T.P. Union de la Jeunesse Juive -
Francs - Tireurs Partisans.
Nom de guerre : Claude Fleury.

Je suis né le 4 août 1924 à Paris. Le prénom Claude m'est resté depuis la clandestinité. Mes parents sont nés en Pologne dans la région de Podolski, proche de la Russie. Mon père était ébéniste de profession. Il a quitté la Pologne probablement pour fuir le service militaire (à cette époque, c'était l'armée russe). Il est arrivé en France avec ma mère vers 1920 où ils ont rejoint ma tante, la sœur de ma mère, qui avait immigré vers 1905.

Mon père a continué sa profession d'ébéniste dans le faubourg Saint-Honoré à Paris. Nous habitions dans la région d'Argenteuil, qui est une banlieue de la région parisienne ; c'est là que j'ai passé toute ma jeunesse. Ma langue maternelle était le yiddish que nous parlions à la maison. J'ai un frère aîné, Maurice, nom de guerre René, qui est né en 1921 à Paris. J'allais réguliè-rement avec mon frère dans un « Héder » (littéralement : une chambre, où l'on étudiait la religion juive). Nous n'étions pas particulièrement religieux à la maison. Mon père allait à la synagogue pour les jours de fêtes juives, ma mère allumait les bougies le soir du shabbat. J'ai fait ma « Bar-mitsvah » à l'âge de 13 ans.

Je fréquentais l'école communale primaire publique Carnot, que j'ai terminée brillamment en 1936 avec le certificat d'études et la mention : bien. Je n'ai pas ressenti d'antisémitisme à mon égard, dans cette banlieue nous étions tous des immigrés. Il fallait que j'entre dans la vie professionnelle et que j'apprenne un métier. J'avais beaucoup d'admiration pour le métier de mon père, mais il me conseillait d'entrer dans la métallurgie, qui était à l'époque un travail moins rude et plus prometteur. Je n'étais pas très enthousiaste, mais j'ai fini par être persuadé par mon père. Je suis donc entré à l'école d'apprentissage Loren Getrich, qui est une usine de fabrication de moteurs d'avions à Argenteuil. J'ai terminé ma formation au bout de trois ans.

Pour ce qui est de l'orientation politique de mon père, en 1936 il a participé à la collecte d'argent pour aider les volontaires des brigades internationales pour l'Espagne. Il m'emmenait souvent avec lui, il ne faut pas oublier qu'Argenteuil était une banlieue communiste, tout comme son maire, Victor Dupuis. J'ai donc baigné, dès ma jeunesse, dans ce climat socialiste, communiste.

Lors de la débâcle de 1940, nous sommes partis avec mon oncle qui était le seul à avoir une voiture, vers le sud. Il y avait un flot de réfugiés. Nous sommes arrivés près d'Orléans. Il y a eu un bombardement. Dans la panique générale, la foule s'est dispersée et je suis resté seul avec mon frère et mon oncle Je n'ai plus retrouvé mes parents ; alors nous avons continué jusqu'aux environs de Vierzon. C'est là que j'ai vu, pour la première fois, les motards de l'armée allemande. Mon oncle disait : « Si les Allemands sont déjà ici, alors je préfère retourner à Argenteuil. »

C'est ainsi que nous sommes retournés à Argenteuil après trois semaines : c'était en juin 1940. Nous sommes retournés à la maison, mais mes parents n'y étaient pas. Puis, mes parents sont revenus, et ainsi la famille s'est retrouvée réunie et la vie a continué. Moi, j'ai recommencé à travailler.

En 1942, il a fallu coudre l'étoile jaune sur nos vestes, je ne me souviens pas d'avoir eu des remarques désobligeantes à mon égard. Lorsque je me rendais à Paris en métro, je devais prendre le dernier wagon, je ne portais pas l'étoile.

J'ai passé un examen d'embauche chez Breguet, l'usine d'aviation. Je l'ai réussi et j'ai obtenu un contrat pour aller travailler à Toulouse. Seulement, comment arriver à Toulouse qui était de l'autre côté de la ligne de démarcation, en zone libre ?

Après de nombreuses discussions familiales, il a été décidé que je partirais avec mon frère qui avait déjà 21 ans. Nous sommes partis jusqu'à Châlon-sur-Saône. A partir de là, nous avons été guidés par un passeur qui nous a emmenés de l'autre côté de la ligne de démarcation. Nous étions d'ailleurs tout un groupe, ainsi on s'est retrouvé en zone libre. On a pris le car qui nous a emmenés jusqu'à Lyon, et de là, nous avons pris le train jusqu'à Toulouse, où nous sommes arrivés en juin 1942.

J'ai été engagé à l'usine pour une période de 15 jours car après, c'étaient les vacances. Je trouve donc du travail pour l'été dans une ferme, un travail trop physique qui ne me convenait pas du tout. Après les vacances, je retourne à l'usine où je commence à travailler. Au bout de quelques jours, je remarque un gars qui me tourne autour et je reconnais son accent yiddish. Nous sympathisons, et quelque temps après, Marcel, c'était son prénom, me dit qu'il veut me présenter quelqu'un qui voudrait me parler. Il nous fixe rendez-vous dans un café, il nous parle en yiddish de la rafle du Vél'd'Hiv à Paris, de la déportation des Juifs et de la résistance à l'occupant. C'est un monde que je découvre et j'accepte sa proposition de participer à la Résistance, mon frère aussi.

À partir de ce jour, on va se rencontrer plusieurs fois, il nous parle des réseaux Francs-Tireurs Partisans (F T.P), et de la nécessité de former des groupes de combat de la Jeunesse Juive, les Juifs étant particulièrement visés par les Allemands. C'est à partir de cette date que commence mon engagement dans la Résistance. Plus tard j'ai appris que cet homme qui nous a contactés était Marcel Langer, le responsable des groupes F. T. P. et de la M.O.I, (main-d'œuvre immigrée). Il a été arrêté en 1943, portant une valise remplie d'explosifs. Il a été guillotiné en 1943 à Toulouse.

En septembre 1942, mon père et ma mère sont arrêtés à Argenteuil par la police française, qui venait arrêter la famille Jablon. Ils ont été déportés avec le convoi numéro 45 vers Auschwitz, le 11 novembre 1942. Ils sont passés dans les fours crématoires comme des millions d'autres. C'est probablement cela qui a été le détonateur dans ma décision de rentrer dans la Résistance.

Les actions de la Résistance dans la Jeunesse Juive consistaient à distribuer des tracts, écrire des inscriptions sur les murs, faire la propagande parmi la population, récupérer des armes, etc. Nous avions aussi un journal, « Jeune Combat ». Comme il y avait un manque de main-d'œuvre, j'ai été muté de Breguet à la Cartoucherie, où j'ai fait la connaissance d'un autre camarade qui s'appelait Philippe (plus tard, Zeeb Gottesman). Il m'apprend qu'après la mort de Marcel Langer, les groupes ont été dispersés, et qu'actuellement on réforme des réseaux, Comme je suis un professionnel, je pourrais fabriquer pour la Résistance des hérissons. C'étaient des pointes de fer pour mettre sur les routes afin de saboter les roues des camions allemands. J'ai également fabriqué quelques dizaines de matraques en caoutchouc. Il s'agissait d'intimider des gendarmes afin de récupérer leurs armes.

Les « Groupes de Combats de la Jeunesse Juive » étaient des groupes constitués par trois. J'étais responsable d'un groupe, chacun était responsable d'un groupe de trois. Ainsi, la pyramide était cloisonnée. Au printemps 1944 je suis devenu permanent de la Résistance et pour cela j'ai quitté mon travail à l'usine Breguet.

Nous risquions souvent notre vie, mais nous n'en étions pas conscients. Par exemple, on avait attaqué l'usine de Nestlé, tout cela afin de se ravitailler en boîtes de lait pour donner à nos camarades emprisonnés.

En automne 1943, la Résistance exécute le procureur Lespinasse. C'est lui qui a condamné à mort Marcel Langer. En représailles, les résistants sont attaqués et des hommes tombent.

La Résistance n'était pas une école, nous n'étions pas préparés, on apprenait sur le tas. La libération de Toulouse a lieu le 19 août 1944. C'est la liesse, c'est également l'affrontement avec les miliciens qui tirent des toits. On se bat contre les miliciens, on se bat contre les Allemands qui se replient. À la gare de Toulouse Matabiau, les combats font rage, c'est là que mon camarade Zeev Gottesman est tué par une rafale de mitrailleuse ; mon beau-frère Isi Guterman est blessé, ce sont les combats de la Libération.

Le lendemain, notre groupe investit le Commissariat aux questions juives, rue Ozène. Nous raflons tous les papiers et tous les dossiers qui s'y trouvent. À partir de ce jour, de nombreux jeunes viennent se joindre à nous. Il s'agissait d'organiser la fin de la guerre, donc on organise le foyer de la jeunesse juive. J'avais adhéré au parti communiste pendant la guerre. Au moment de la Libération, j'ai 20 ans, et on me demande d'intégrer les F. F. I., l'armée officielle, comme représentant de la jeunesse juive et comme membre du parti communiste afin d'aller vers les jeunes recrues.

J'intègre donc le 14ème Régiment d'Infanterie de la Haute-Garonne, je deviens un militaire à vocation politique. On m'envoie à Agimont, dans une Ecole d'Officiers, pour devenir un cadre politique, parce qu'il était question de créer une Armée Populaire. Mon régiment fait route vers la Rochelle, où il y a encore des poches de l'armée allemande.

Mon régiment fait route ensuite vers l'Italie, je participe à la campagne d'Italie, je suis responsable d'une pièce antichar, je suis donc un sous-officier de carrière jusqu'en novembre 1945, date à laquelle je suis démobilisé. Je deviens un cadre de la Jeunesse Juive et je fais de la propagande en vue de recrutement. En 1948 je fonde un foyer.

Aujourd'hui j'ai des enfants et petits-enfants,

J'ai adhéré au Parti Communiste en 1942, à une période où c'était un danger permanent. J'ai quitté le parti en 1978, car je n'étais plus d'accord avec leur ligne politique. C'est peut-être la revanche de l'histoire que, malgré le danger que nous avons encouru durant cette époque, nous ayons survécu, nous le peuple juif dans son ensemble.

Vie associative :

Je suis le vice-président de l'Association Culturelle Juive de Nancy, qui perpétue les valeurs traditionnelles qui ont été celles de nos parents dans la laïcité.

Nancy, France 2004.

❖

Kalinsky Annette /
○ *Milices Patriotiques.*
○ *M.O.I.*

KALINSKY ANNETTE

Réseau du M.O.I. (Mouvement Ouvriers Immigrés)
Milices Patriotiques - **Nom de guerre : Huguette**

Je suis née le 8 juin 1926 à Paris. Mon père est arrivé en France en 1919, il était artisan fourreur, et ma mère est arrivée en 1925 ; ils venaient tous deux de Pologne. Je n'ai pas connu d'antisémitisme durant ma jeunesse et durant ma scolarité. Pendant ma dernière année scolaire, trois camarades, non-Juifs, m'ont dit qu'ils avaient parlé de moi à leurs parents, et que si je me trouvais en difficulté, je pourrais aller chez eux pour me cacher. Je n'ai jamais voulu porter l'étoile, tous à l'école savaient que j'étais juive.

Un policier a averti mon oncle qu'il fallait quitter la maison, parce que, dans la nuit du 15 au 16 juillet, nous allions être arrêtés. C'est ainsi que mon oncle nous a prévenus. Le 16 juillet 1942, j'avais 16 ans.

Mon père est descendu voir la concierge, qui a immédiatement accepté de nous cacher. Elle habitait une toute petite loge, nous étions quatre et elle nous a cachés pendant trois semaines. Son mari était ouvrier chez Citroën, c'étaient des gens extraordinaires sur le plan humain. Après nous, ils ont également caché une petite fille juive. La directrice de l'école a proposé aussi de me cacher chez des Sœurs, mais mon père ne voulait pas qu'on se sépare.

Trois semaines plus tard, une camarade de classe est venue chez la concierge pour lui dire que la collaboratrice de la maison qui habitait au troisième, racontait à tout le monde que nous étions cachés chez elle. Le lendemain matin, nous sommes partis rapidement avec le premier car, et dans l'après-midi, les policiers sont venus perquisitionner chez la concierge. Par la suite, la concierge est devenue notre boîte à lettres et elle nous a beaucoup aidés durant la guerre. Sans cette locataire collaboratrice, nous aurions pu rester pendant toute la période de l'occupation chez la concierge.

Par la suite, nous avons été cachés dans le château de Mme la Générale Lejoin à Monjon.

Un jour, en octobre 1942, je revenais du village où j'étais allée faire des courses, lorsque j'ai aperçu un milicien qui surveillait le château. En rentrant, j'ai dit à mon père et à mon grand-père : *« Le château est surveillé, nous sommes découverts ! »*. Le soir, nous sommes allés nous coucher, et le lendemain matin j'ai été réveillée par un petit cousin qui disait : *« Maman, maman, les Allemands demandent les papiers à grand-père ! »* Je me suis précipitée à la fenêtre, mon grand-père était entouré par la Gestapo. J'ai ouvert la porte, je suis sortie et je leur ai dit : « Vous allez perdre la guerre, les Anglais vont vous en foutre plein la gueule ! » Les Allemands sont allés chercher quelqu'un pour traduire ce que je venais de dire ; j'ai été la seule à être surveillée, un revolver braqué sur moi. Pendant ce temps, ma mère se cachait avec les enfants. La nuit, comme nous n'étions plus surveillés, ma mère a organisé notre départ. Moi et mes deux cousins avons traversé la forêt de Sénart pendant la nuit, nous connaissions une famille qui habitait plus loin, c'étaient des Juifs turcs. Lorsque nous sommes arrivés chez eux, il y avait déjà un couple juif qui se cachait.

Le lendemain matin, nous sommes repartis à pied jusqu'à Villeneuve-Saint-Georges pour prendre le car en direction de Paris.

Je voulais partir en Angleterre pour rejoindre la Résistance, j'ai demandé à un ami de mon père ce que je devais faire. Il m'a proposé de me faire entrer dans la Résistance, dans le réseau de la « M.O.I », en France. J'ai accepté et c'est ainsi que je suis entrée dans la section des jeunes. J'avais 16 ans. J'ai rencontré les premiers responsables, Jean Kapievic et Henri Krasucki. Parmi nos premières actions à Paris, nous avons distribué des tracts et des journaux que nous glissions sous les portes. Nous avions aussi pour tâche de recruter d'autres jeunes.

Au début, j'habitais avec ma mère, mais comme il y avait de nombreuses filatures, on m'a demandé d'habiter seule. Pour moi, les filatures étaient plus impressionnantes que les actions. Je retiens, entre autres, le jour où j'ai dû transporter deux revolvers. Je suis allée les chercher dans un café, les ai cachés chez moi. Quelque temps après, je devais les remettre à une adresse. J'arrive place de la Concorde où a lieu une grande rafle. Il n'y avait rien à faire, je devais quand même me frayer un chemin parmi les soldats allemands et la Gestapo qui fouillaient les passants. Prenant mon courage à deux mains, je m'approche d'un soldat allemand et je lui demande : « Que se passe-t-il ? » ; il était furieux, il m'a attrapée par l'épaule et m'a jetée en avant en criant : « Raus ! » (Dehors !). Et je suis partie avec mes revolvers ! Bien sûr, j'ai eu beaucoup de chance.

A la Libération, j'ai fait partie des Milices Patriotiques. Dans ma famille, 13 personnes ont été déportées. Ma mère a survécu, mon père est mort en déportation.

Après la guerre, je n'ai pas parlé de mes actions. J'ai surtout évoqué les filatures, car c'était terrible, et il y a eu beaucoup d'arrestations.

Paris, le 6 juillet 2004.

❖

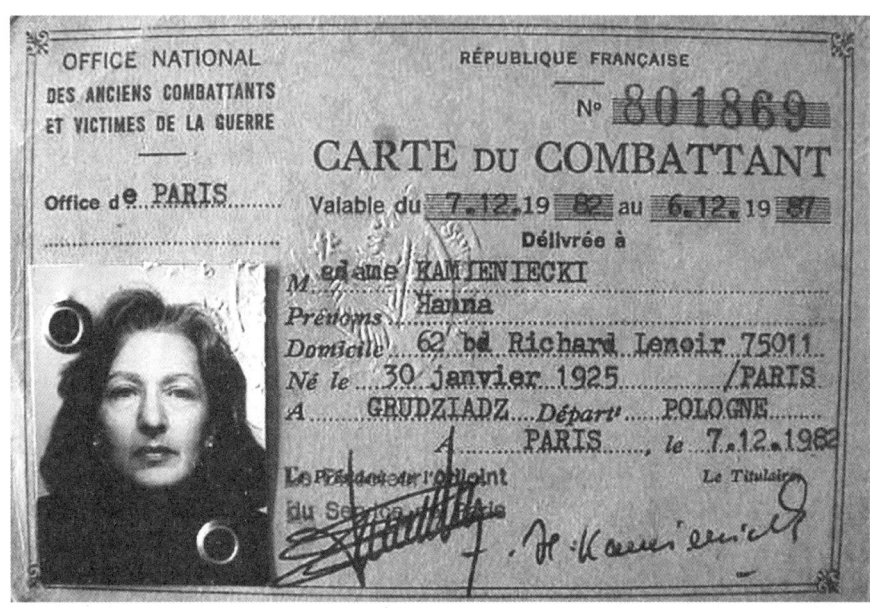

Kamieniecki Hanna /
○ *M.O.I.* ○ *F.T.P*

KAMIENIECKI HANNA

« Solidarité » M.O.I. 2ᵉ détachement F.T.P - M.O.I
Nom de guerre : Annette

Je suis née en 1925 en Pologne, je suis arrivée avec mes parents à Paris en 1927, j'avais deux ans. Mes parents avaient l'intention d'immigrer vers les Etats-Unis, à cause de la crise économique et de l'antisémitisme qui régnaient alors en Pologne. Mon père est d'abord venu seul à Paris, et quand il a eu assez d'argent, il nous a fait venir aussi. Finalement, nous y sommes restés.

En Pologne, mon père exerçait le métier de représentant en horlogerie ; il est arrivé à Paris avec un contrat de travail chez Citroën. Mais il a appris le métier de tricoteur et a travaillé dans la bonneterie. Mes parents étaient traditionalistes, et sionistes. J'allais dans un mouvement de jeunesse sioniste, le « Dror » ; j'ai passé mon baccalauréat au moment de la grande rafle du 16 juillet 1942.

Suite au décret de Pétain sur le statut des Juifs, qui interdisait, entre autres, les mouvements de jeunesse juive, il n'était plus question de retourner au mouvement qui d'ailleurs est entré à partir de ce moment-là dans la clandestinité. Il se trouve que le mouvement de jeunesse « Dror » et celui du « Hashomer » étaient situés dans la rue où j'habitais. A la déclaration de la guerre, en mai 1940, mon père a été mobilisé, puis on l'a démobilisé, mais il a été arrêté en 1941 et interné au camp de Drancy d'où il a été déporté le 5 juin 1942 avec le deuxième convoi.

Dans notre lycée, il y avait une fille – non-juive - dont les parents étaient probablement gaullistes, qui distribuait des tracts avec des croix de Lorraine et des « V » de la victoire. Il y en avait partout : sur les tableaux dans les classes, dans la cour de récréation, dans les couloirs. Nous aussi avons commencé à les afficher. Un jour, nous avons été convoquées chez la directrice, qui était une femme très bien ; ma mère était aussi dans le bureau et la directrice lui a dit : « Dites à votre fille de ne plus recommencer ; si je ne sévis pas maintenant, la prochaine fois je devrai le faire. »

Nous étions trois Juifs dans la classe du lycée, nous révisions notre programme, et parmi nous, il y avait un garçon, Robert, qui n'était pas juif et dont le père travaillait dans la police. Un jour, son père lui avait demandé de prévenir ses copains juifs, qu'ils feraient mieux de ne pas dormir chez eux cette nuit-là. C'était la veille de la rafle. On n'arrêtait alors que les hommes valides, on n'avait pas encore commencé à arrêter les femmes et les enfants. J'ai dit aux trois copains juifs de venir dormir à la maison parce que nous n'étions que deux femmes. À ce moment-là, Robert nous a fait remarquer que son père avait dit qu'on allait également arrêter les femmes. Nous avions des amis qui habitaient à Fontenay-sous-Bois et qui nous avaient dit de les contacter en cas de problèmes.

Ils avaient eux-mêmes une amie qui était directrice d'une pension de famille à Vincennes. Elle a accepté de nous héberger, ma mère, moi et les trois copains. Un des copains n'a pas voulu venir, car il voulait passer son oral du bac. Il a été arrêté avec sa famille, ils ont été déportés et ne sont jamais revenus. Nous avons pu y échapper grâce à cet hébergement.

On ne pouvait plus revenir à la maison, puisque la concierge nous avait prévenus que la police était venue nous arrêter et qu'ils avaient mis les scellés sur la porte. Les deux garçons sont partis vers l'Espagne où ils ont été emprisonnés; par la suite ils ont rejoint la première D.B. (ils ont eu la vie sauve, l'un d'eux vit actuellement en Israël). Le hasard a voulu que je rencontre, à Vincennes, une ancienne camarade de classe, également juive, qui m'a raconté qu'elle et sa mère avaient échappé à la rafle, grâce à une organisation qui les avait prévenues, et d'ailleurs elle avait rejoint cette organisation.

Nous ne savions pas ce que nous allions devenir. Nous n'avions plus de carte d'identité, plus de carte d'alimentation, plus d'argent. J'avais un oncle à Toulouse, en zone libre, et ma mère voulait aller le rejoindre. Cette camarade, Jeannine, nous a dit qu'elle pouvait nous fournir des documents avec l'aide de l'organisation, et nous les avons obtenus. Mon amie m'a demandé si je voulais faire partie de l'organisation, qui avait besoin de jeunes, j'ai accepté. C'était un mouvement de résistance d'obédience communiste qui s'appelait «Solidarité», et qui était rattaché à la «M.O.I.» (Main-d'œuvre Immigrée).

J'avais 17 ans. Avant d'être acceptée dans le groupe, j'ai eu un entretien avec le responsable, il s'appelait Henri Krasucki. C'était le 15 août. Je me souviens qu'il m'a demandé pourquoi j'étais sioniste, et je lui ai répondu que si les Juifs avaient un Etat, il n'y aurait plus de problèmes pour eux, il a ajouté: «Tu sais, quand on aura fait la révolution, il n'y aura plus de problème juif». Et moi, naïve et convaincue, je lui ai dit: «On peut faire la révolution en Palestine avec les Arabes!». Je cite cette anecdote car elle est authentique, et elle est assez piquante aujourd'hui!

Nous étions encore à Fontenay-sous-Bois, je partais à Paris pour rejoindre mes camarades de l'organisation tout en continuant mes préparations au bac. Ma mère ne m'a jamais empêchée de militer dans la Résistance. Elle nous a même aidés à confectionner des affiches, à préparer des tracts, elle a caché des copains, des armes, elle a été épatante !

Nous avons été obligés de quitter Fontenay-sous-Bois, le groupe a été arrêté, Henri Krasucki également, c'était en avril 1943. Nous avons dû changer à plusieurs reprises de caches, grâce à des contacts qui n'étaient pas juifs. Jusqu'au bout, je suis restée avec ma mère et je pense que c'est ce qui m'a protégée de l'arrestation, car beaucoup de copains ont été arrêtés par filature. Je faisais toujours très attention avant d'entrer à la maison, pour ne pas mettre ma mère en danger.

Jeannine a été arrêtée en 1943 en même temps que le groupe, elle a été déportée et c'est une des rares qui soit revenue d'Auschwitz. Elle m'a raconté que lorsqu'elle avait été arrêtée, les policiers lui ont dit qu'ils avaient aussi arrêté Annette, une blonde, une étudiante habitant Vincennes. Or, elle savait que je n'habitais pas à Vincennes, mais à Fontenay-sous-Bois. Cependant, pour arriver à Fontenay-sous-Bois, le métro s'arrêtait au château de Vincennes ; elle a compris que je n'avais pas été arrêtée. Donc, je pense que la police m'avait suivie jusqu'au château de Vincennes.

J'étais agent de liaison, j'ai également participé à différentes actions qui consistaient à lancer des tracts, coller des affiches. Pour le 14 juillet, nous défilions dans les rues avec de petits drapeaux tricolores, c'était plus spectaculaire que ce que nous faisions habituellement. L'armée d'occupation avait planté dans les rues de Paris différents panneaux d'indication pour leurs troupes. Alors, on brûlait les panneaux qui étaient en bois. Nous distribuions des journaux clandestins, nous menions des actions de sabotage contre le matériel utilisé par les Allemands.

Les attentats faits par le groupe juif ont cessé à Paris après l'arrestation du groupe dit « Manouchian », en novembre 1943, mais nous avons continué à faire dérailler des trains. Je faisais la liaison avec le groupe de dérailleurs, je transmettais le courrier ou des armes. Peu de temps avant la libération de Paris, notre groupe a été redynamisé avec l'arrivée d'un responsable de Lyon, le lieutenant Jean. C'était au printemps 1944 et à ce moment-là, les actions ont repris. Il fallait se procurer des armes, en les prenant sur les agents de police armés, ou en repérant, dans les piscines, les Allemands qui laissaient leurs armes qui étaient dans les cabines. Nous nous appelions alors « Union des Jeunesses Républicaines de France». On parlait déjà du débarquement, de la Libération, et on préparait l'insurrection de Paris. Je devais investir avec mon groupe la centrale téléphonique du 20ème arrondissement. J'étais secouriste à la Croix-Rouge, et je fus chargée de former de jeunes recrues.

J'ai participé avec mon groupe du 2e Détachement F.T.P-M.O.I, placé sous le commandement de Boris Holban, à la libération de Paris. Le 25 août, nous avons attaqué le train de petite ceinture à Ménilmontant, et la caserne de la place de la République.

A la Libération, la première chose que j'ai faite fut de me rendre dans notre appartement. Il était vide. À l'époque, j'avais entièrement adhéré aux idées de la révolution, la plupart des garçons s'étaient engagés dans l'armée française pour continuer la guerre qui n'était pas encore terminée en Europe. (Ils n'ont jamais été envoyés au front parce qu'ils étaient communistes). Ils ont formé une compagnie qui s'appelait «la Compagnie Rejman», du nom de Marcel Rejman, un des fusillés de l'affiche rouge. Et nous, les filles, nous étions chargées d'organiser des foyers pour les jeunes. Avec une camarade, j'ai mis sur pied le foyer du 18ème arrondissement à la rue des Saules, qui avait été occupé auparavant par les U.G.I.F (Union Générale des Israélites de France).

Je me suis dit qu'un foyer de jeunes devait avoir sa bibliothèque. J'ai donc fait une liste de livres, mais plusieurs auteurs que j'estimais valables parce qu'ils étaient au programme du bac, ont été rayés, comme l'était André Gide. Je ne pouvais pas deviner qu'André Gide était *persona non grata* au parti communiste! Le responsable n'a pu me dire pourquoi les livres de Gide étaient interdits. Les instances supérieures en avaient décidé ainsi. Je n'étais pas satisfaite de la réponse. Je n'étais pas d'accord avec leurs techniques et méthodes qui consistaient à ne pas répondre à mes questions. Un jour, on m'a dit que si je continuais à poser des questions et à ne pas accepter les directives, je serais exclue du mouvement. J'ai profité d'une maladie pour partir et ne plus jamais revenir dans les groupes communistes.

En 1946, je me suis représentée pour obtenir le deuxième bac. En retournant à Paris, je suis allée retrouver le responsable que j'avais eu au moment de la Libération pour obtenir un certificat d'appartenance à la Résistance. Il y avait des sessions spéciales du bac pour les anciens résistants.

Il m'a envoyée rue du Paradis où se tenait une permanence tous les jeudis. Et qui était à la permanence? Henri Krasucki, qui était revenu du camp.

Nous étions très contents tous les deux de nous retrouver. Il m'a demandé de revenir la semaine suivante pour le certificat, il a voulu savoir quand j'allais reprendre du service. Je lui ai répondu que je n'en avais pas l'intention, (entre-temps j'avais rejoint un groupe de trotskistes, je pensais que les trotskistes tenaient le flambeau de la révolution). Bien entendu, si Henri Krasucki l'avait su auparavant, jamais je n'aurais obtenu le certificat. J'ai obtenu mon deuxième bac et je me suis inscrite à l'école d'infirmières, études que j'ai terminées.

Lorsque je pense aujourd'hui à cette époque, la guerre c'était l'horreur, en particulier pour les Juifs puisque nous n'avions pas le droit de vivre. Toute notre famille était en Pologne et nous savions qu'elle était dans le ghetto. En mai 1943, nous avons entendu sur radio Londres que la révolte du ghetto de Varsovie avait été matée. Ma mère a pleuré, car toute sa famille devait être morte, mais nous n'en avions pas la certitude.

Je savais que je risquais d'être arrêtée comme mes copains ; nous ne savions rien d'Auschwitz, nous ne connaissions pas son existence. Nous étions jeunes, nous pensions pouvoir nous en sortir. Tant que nous étions en vie, nous étions pleins d'espoir. Je me souviens d'une phrase de ma mère en 1942, elle avait 42 ans, à qui j'ai demandé pourquoi toute notre famille avait été arrêtée et pas nous, elle ne m'a pas dit que nous avions eu de la chance, elle m'a dit en yiddish : «Tu sais, ma fille, de toutes les guerres, de toutes les catastrophes, il y a des survivants pour témoigner, et quand ils reviendront, ils auront besoin de nous». C'était en 1942…

Aujourd'hui que je vais avoir 80 ans, je trouve que notre époque est horrible parce que l'antisémitisme est toujours présent, le racisme aussi et tout peut recommencer. J'oscille entre une vue pessimiste de l'humanité, et tout de même l'espoir que nous nous en sortirons en tant que Juifs. J'émets des vœux pour qu'Israël vive dans la paix.

Paris, le 5 juillet 2004.

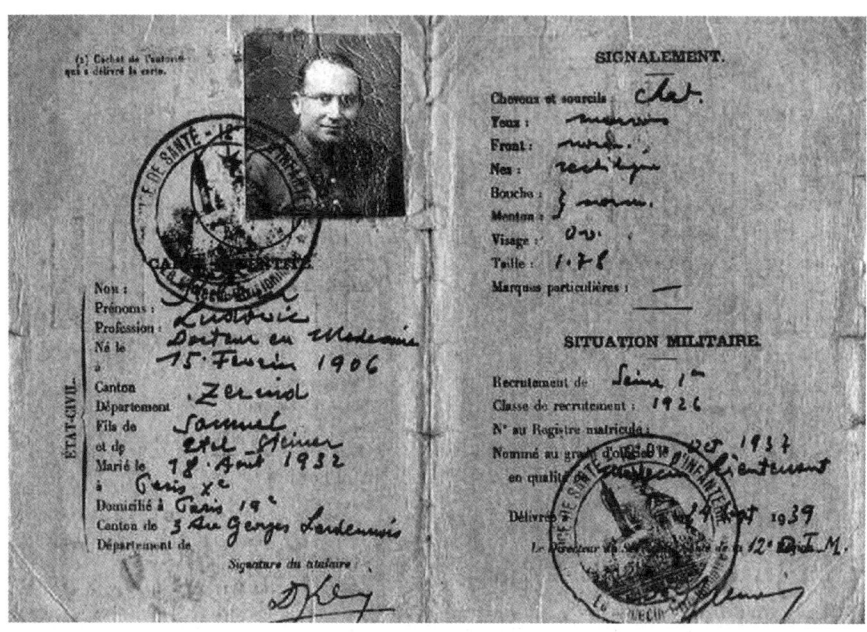

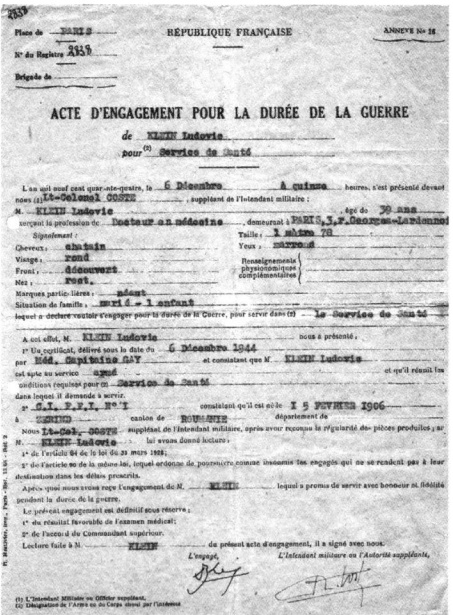

Klein Ludovic /
○ *Maquisard*

LUDOVIC KLEIN

Médecin Capitaine, maquis du Grésivaudan
Combattant, résistant, né en 1910.
Nom de guerre : Clin

Témoignage de son fils, Docteur Jean-Pierre Klein.

Mon père s'appelait Ludovic Klein (prénom que j'ai donné à mon fils). Il est né en 1910 à Zerind près d'Arad, d'une minorité hongroise en Roumanie.

Il est venu en France (après être passé par l'Italie) à cause de l'antisémitisme et du numerus clausus en médecine pour les Juifs. Il est né d'une famille de paysans qui se sont cotisés pour lui payer des études. Ils sont maintenant aux USA, en Israël, au Canada.

Arrivé en France, il apprend le français, passe le bac, les examens de médecine de la première année (il n'y avait pas d'équivalence du diplôme italien) en un an, et se marie avec une Parisienne, une voisine de palier, ma mère, née Georgette Treffet.

Il s'installe comme médecin généraliste (médecin de famille) en 1932, dans le 19ème arrondissement de Paris.

À la guerre il est fait prisonnier à Dunkerque (son régiment surveillait l'embarquement pour l'Angleterre, mais son bateau a sauté) et envoyé au stalag 10B en Allemagne.

A un certain moment, les Allemands donnent des permissions aux officiers ! (Mon père est alors lieutenant, il sera plus tard capitaine) ; lors d'une permission, il ne retourne pas au stalag, il rejoint Paris, tente de passer en Angleterre, obtient une fausse identité (Clin, né à Landerneau en Bretagne) et cherche une filière pour entrer dans la Résistance.

Il rejoint Grenoble en 42 ou 43, avec l'aide du frère d'un colocataire, étudiant en médecine (il s'appelait Léon Kriwin et était un grand résistant juif qui s'occupait de la liaison du maquis avec Grenoble) ; mon père est envoyé au maquis de Theys qui compte déjà deux groupes de 70 à 80 hommes, il y retrouve Raymond Reiss di Raimondo, grand résistant juif mort il y a deux ans à 99 ans !

Il faisait partie de l'Armée Secrète. Mais il n'a jamais fait partie d'une organisation de jeunesse et n'a jamais adhéré à aucun parti. C'est par conviction qu'il a pris le maquis (et aussi parce qu'il était Juif et menacé) et non par obéissance à un mot d'ordre d'un parti.

Mon père organise des centres de soins en pleine montagne, et au Pré de l'Arc où il fonde un hôpital de montagne dans un chalet, avec des moyens rudimentaires (les lits sont donnés par les F.T.P.) et dont il est le médecin chef, puis son groupe est obligé de s'installer à Sept-Laux à 2 200 d'altitude. La population grenobloise a été très coopérante. Par exemple, ils sont intervenus très souvent lors du bombardement d'Allevard.

En plus de son travail de médecin, mon père s'occupe d'actions de justice.

Il a combattu jusqu'à la fin des hostilités et a continué la guerre en Italie jusqu'en 1945 ; là, il revient à Paris et est obligé de reconstituer sa clientèle (j'avais alors 6 ans)

Il a eu la Croix de Guerre et la Médaille de la Résistance. Il a refusé de demander la Légion d'Honneur à laquelle il avait droit !

Il a été un médecin compétent et dévoué, travaillant jour et nuit pour la clientèle du quartier qui l'estimait. Il est mort des suites d'un premier infarctus en 1974.

Deux rues portent son nom, une à Froges et l'autre à Saint-Pierre d'Allevard.

Une plaque a été apposée par la Mairie de Paris, lors d'une cérémonie bien émouvante, sur l'immeuble où mon père a exercé, où je suis né et où j'habite encore (3, rue Georges Lardennois 75019 Paris).

Mon père est décédé en 1974.

Paris, le 13 juillet 2009.

Pour la Mémoire :

Dans les maquis du Grésivaudan, d'autres maquisards juifs :

/ Georges Mayer - nom de guerre : Lieutenant René.

/ Raymond Reiss - nom de guerre : Raimundo

/ Léon Kriwin - nom de Guerre : Léon

Source : le fascicule ronéotypé « Naissance, combat, victoire 1940 -1944 des maquis du Grésivaudan », édité par l'Association Nationale des Anciens des maquis du Grésivaudan.

Je soussigné Commandant BIARD (ex DAKAR)
Commandant le Secteur C et la Place de TULLE , certifie que le
soldat KORN Maurice dit Marcel KENNIS (né le 21 Avril 1910 à
Lututow - Pologne) a fait partie de la Résistance , dans mon
Secteur du 6 Juin au Ier Octobre 1944 .

Affecté à la 229 ième Cie F.T.P.F. le soldat KORN , nous a
toujours donné entière satisfaction.

Il a pris part , avec sa Compagnie à l'attaque de TULLE et
aux Combats d'EGLETONS .

Non volontaire pour contracter un engagement pour la durée
de la Guerre , il a été démobilisé à la date du Ier Octobre 1944 et
aligné en soldes et en vivres , jusqu'à cette date .

En foi de quoi , je lui délivre le présent certificat , pour
servir et valoir ce que de droit .

VU: pour la légalisation   Commandant BIARD ex DAKAR
de la signatu e de M.BIARD   Commandant le Secteur C .
ex: Commandant DAKAR .
    Le Maire :

Korn Maurice /

KORN MAURICE

Nom de guerre : Marcel Kennis

Témoignage de son fils Théo Korn.

Mon père est né le 21/04/1910 à Lutotow en Pologne ; ma mère tenait une petite épicerie et mon père étudiait, il devait avoir une bonne connaissance des textes puisque l'on venait souvent le consulter.

Mon père avait deux frères et une sœur. Un des frères s'est retrouvé en Uruguay avant la guerre, l'autre en Allemagne d'où il a été déporté ainsi que sa femme et son (ses) enfant(s).

Mon grand-père et ma tante ont dû subir le même sort en Pologne, ma grand-mère avait déjà rejoint son fils à Anvers (mon père).

En Pologne, mon père a commencé sa vie active à l'âge de 9 ans comme apprenti tailleur, et s'est engagé dans la jeunesse du Bund[2], jusqu'au moment de son départ pour la Belgique. (Anecdote : un jour à Paris, une personne frappe à notre porte, c'était son ami bundiste laissé pour mort après une manifestation. Inutile de décrire leur émotion à leurs retrouvailles, une trentaine d'années plus tard.)

Donc, mon père est arrivé seul à Anvers, en provenance de Lodz, le 28/12/1928 (d'après les papiers de la police anversoise), à 18 ans où il a travaillé comme tailleur pour hommes et femmes. A Anvers, il a milité au Bund et était en contact avec le parti socialiste.

Pendant la guerre, il a fait de la résistance et quand il a été dénoncé, il a rejoint la France, grâce à Camille Huysmans[3] avec lequel il était en contact.

Je ne sais pas où il est arrivé et comment, mais en juillet 1942, il nous a rejoints, ma mère et moi qui étions déjà en France.

---

2   Bund, Parti socialiste juif de Pologne.
3   Camille Huysmans, homme politique belge, président de l'Internationale Socialiste en 1940.

Il a vécu dans le Vercors, à Grenoble et à Lyon.

A la fin de la guerre il a été naturalisé Français, il a habité à Chamalières, Clermont Ferrand, puis à Paris où il a rejoint le Bund. Il est décédé à Paris le 08-04-1960.

Tel – Aviv, le 23 septembre 2009.

❖

Kupfermuntz Charles /
Groupe F.T.P « Carmagnole » à Lyon.
Document : C.D.J.C

KUPFERMUNTZ CHARLES

U.J.J et F.T.P.
Nom de guerre: Julien

Je suis né en transit le 6 juillet 1920, à Berlin. Mes parents fuyaient la Pologne pour immigrer vers les Etats-Unis. Arrivés à Anvers, ils n'avaient plus d'argent pour les billets du bateau qui devait les conduire aux Etats-Unis. Alors, ils se sont réfugiés chez une sœur de ma mère qui habitait Anvers depuis quelque temps.

Ma vie a donc commencé à Anvers, où j'ai vécu jusqu'en mai 1940. A six ans, je suis rentré dans le mouvement de jeunesse sioniste: «Hachomer Hatsair». J'y suis resté jusqu'à l'âge de 17 ans, pour entrer dans le «J.A.K.» (Joodse Arbeider Kring - Cercle de travailleurs juifs). Puis, j'ai rejoint les jeunesses communistes. En mai 1940, avec ma fiancée et ses parents, j'ai quitté la Belgique pour la France.

En France, j'étais considéré comme réfugié, et on m'a expédié à Toulouse, dans un camp qui s'appelait Recebidou. Au camp, du fait que je parle plusieurs langues (le flamand, le français, le yiddish), je suis devenu l'aide du commandant belge du camp, lui-même sous les ordres du commandement français. Ce n'était pas un camp fermé, mais un camp de réfugiés, où l'on pouvait entrer et sortir.

Un jour, le commandant belge m'a prévenu que les gardes mobiles de réserve (G.M.R) qui étaient des gendarmes, allaient entrer dans le camp au cours de la nuit, sous l'ordre des Allemands, pour prendre tous les étrangers. J'ai immédiatement fait passer l'information à tous les Juifs du camp pour qu'ils ne passent pas la nuit au camp. Quand j'ai demandé au commandant si j'étais également menacé, il m'a dit: «*Non, ce n'est pas pour vous*»; le commandant croyait que j'étais belge, mais en réalité j'étais polonais.

Les Allemands sont entrés dans le camp de Recebidou, et ont embarqué les femmes et les enfants. Ma femme, qui était enceinte d'environ huit mois, a été dirigée vers l'hôpital de Toulouse (à l'hôtel Dieu). Ma belle-mère et son fils ont été dirigés vers le camp de Rivesaltes. Le frère aîné de ma femme et son amie sont retournés en Belgique pour voir s'il y avait moyen de nous rapatrier, mais sans nouvelles de leur part, nous sommes restés sur place.

J'ai été amené sous escorte à Kellus, qui était un centre de rassemblement des Polonais de France. Là-bas, nous étions une trentaine de Juifs, avec environ un millier de Polonais. Le commandement était polonais, sous contrôle français. J'ai pu m'introduire dans l'atelier des tailleurs, tandis que les autres prisonniers travaillaient dans des équipes de fabrication du charbon de bois, un travail beaucoup plus dur. Après son accouchement à Toulouse, ma femme m'a rejoint au camp et nous sommes restés là de 1941 à 1942.

Du camp de Kellus, on nous envoyait de temps en temps chez des paysans aider pour les récoltes, pour remplacer les Français qui travaillaient en Allemagne. Un soir, les gardes mobiles sont venus me chercher. J'ai fui dans les bois et le matin, je suis revenu à la ferme ; j'ai demandé au fils du fermier de récupérer mes vêtements car j'étais nu.

De là, je suis parti vers Clermont-Ferrand, où j'avais une adresse, et puis nous nous sommes dirigés vers Nice, occupée par les Italiens. Là, les Juifs étaient tranquilles. Nous avions pu obtenir des cartes d'identité françaises grâce à une équipe du Hashomer Hatsair de Paris, que j'ai rencontrée à la synagogue de Nice. A Nice, nous avons pris contact avec Dov Liberman, qui nous a mis en contact avec les jeunesses communistes.

Là, j'ai transporté et distribué des tracts, jusqu'au jour où nous avons été contrôlés par les Français et placés en prison pour détention de fausses cartes d'identité. Liberman a trouvé un avocat qui nous a sortis de prison, ma femme et moi. Sous les ordres de l'avocat, nous nous sommes dirigés vers un camion qui attendait près de l'aéroport et qui nous a emmenés à Grenoble.

À Grenoble, nous avons rencontré des Juifs, membres du YASK d'Anvers, qui dirigeaient les jeunesses communistes dans la ville. Dès le début de 1943, nous avons participé au travail des jeunesses communistes, à Grenoble. Parallèlement, en tant que membres des jeunesses communistes, nous faisions partie de l'U.J.J (Union des Jeunesses Juives) de Grenoble.

En mars 1943, on m'a envoyé à Lyon comme membre des F.T.P - M.O.I (Francs-Tireurs et Partisans) de Lyon. Et je suis entré avec mon épouse dans la section «Carmagnole». De mars à juin 1944, j'ai participé à tous les combats de mon groupe à Lyon contre les Allemands, contre les collaborateurs, pour obtenir tout ce dont nous avions besoin, et surtout des armes.

En juin 1944, après une action relativement importante, j'ai été arrêté et mis en prison. Je croyais que je n'en sortirais pas vivant. Mais fin juillet, la porte du cachot s'est ouverte, les copains avaient attaqué la prison, et ils m'ont libéré avec un autre ami, Gaby. De là, nous avons rejoint le groupe qui combattait pour la libération de Villeurbanne. Le surlendemain, à la tête d'un groupe, j'ai attaqué la prison, pour libérer d'autres camarades dont je connaissais les numéros des cellules, et nous avons de nouveau rejoint la Résistance. Les Allemands ont contre-attaqué, ont repris la ville de Lyon, nous nous sommes dispersés dans la campagne jusqu'à l'arrivée des Américains à Lyon. A leur arrivée, notre groupe a été dissous, et beaucoup ont rejoint les troupes alliées pour combattre sur les différents fronts.

Moi, j'ai demandé à être démobilisé pour des raisons familiales.

Nombreux sont les souvenirs gardés de cette époque. Nous étions toujours sous le feu. Par exemple, deux fois par semaine, par groupe de sept combattants de Carmagnole, nous allions dans les rues : deux comme protection avant, deux comme attaquants, et trois à l'arrière. Nous coincions les Allemands dans les couloirs des maisons, nous prenions leurs armes et nous les abattions. Lorsqu'il s'agissait de la police française, nous les désarmions et leur demandions de ne pas quitter les couloirs de la maison sous peine de mort.

Il y a eu plusieurs grandes actions à Lyon. Par exemple, l'attaque du garage, avenue Georges Brai. Lors d'une attaque d'un camion allemand, nous nous sommes trouvés entourés par les gendarmes mobiles, ainsi que par des camions allemands munis de mitrailleuses lourdes, dont ils se sont servis en premier. Nous avons dû nous replier, et une de nos camarades a glissé pendant la fuite. On a retrouvé son corps le lendemain dans un charnier.

Une autre action mémorable : tous les groupes de Lyon avaient reçu l'ordre de trouver des armes soit chez les soldats allemands, soit chez les gendarmes. Nous avons été repérés, et pour nous sauver, nous devions franchir les ponts du Rhône et de la Saône. Nous étions poursuivis par les Allemands du côté du Rhône. De l'autre côté, les Allemands nous attendaient, leurs fusils pointés sur nous. Nous étions pris entre deux feux. Nous avons balancé des grenades devant et derrière, et nous sommes passés en force. Les Allemands ont sauté dans la rivière pour échapper à nos tirs. Nous avons pris d'assaut un tramway, qui se dirigeait vers la gare de Lyon Perrache, nous avons forcé le conducteur à ne pas s'arrêter, et nous avons demandé aux voyageurs de se mettre sous les banquettes. Ce jour-là, nous avons abattu une trentaine de soldats allemands. Le lendemain matin, nous avions rendez-vous pour faire le rapport, et nous avons été arrêtés au premier rendez-vous à sept heures. J'ai été libéré de la prison un mois plus tard, lors de son attaque par un groupe ami. Notre commandant principal s'appelait Lefort.

Le jour de la Libération a été un jour grandiose à Lyon, et puis, après, nous sommes montés à Paris.

Nous avons appris que le frère de ma femme avait été pris en Belgique ; il avait rendez-vous à Gand avec un officier anglais qui devait lui remettre des documents ; en réalité, l'officier anglais était un « noir » (en Belgique, on appelait « noirs » les collaborateurs). Lorsqu'il a compris qu'il avait affaire à un collaborateur, il a voulu s'enfuir, mais on a tiré dans sa jambe, avec une balle explosive ; il a perdu beaucoup de sang. Les Allemands l'ont attrapé, l'ont conduit à l'hôpital d'Alost. Les partisans juifs sont venus le récupérer ; il s'agissait de Rik Schiffer.

Après la Libération, nous avons loué, ma femme et moi, un appartement à Paris ; je gagnais très bien ma vie. Mais ma femme voulait vivre près de sa famille et c'est pour cette raison qu'au bout d'un an, nous sommes retournés en Belgique.

Plus tard, j'ai été nommé citoyen d'honneur de la ville de Lyon.

Lorsque vous jetez un regard vers tout ce passé, quelles sont vos réflexions ?

J'ai près de 80 ans ; près de 60 ans se sont écoulés, et si c'était à refaire, je recommencerais ! Mais, il faut être idéaliste pour faire tout ce que nous avons fait, ou bien inconscient ! Car les dangers étaient très grands et on risquait d'y laisser sa vie. Je pense qu'il ne faut pas être nécessairement un homme de gauche, mais être tout simplement un homme droit.

Bruxelles, décembre 1998.

Nota bene : dans son livre « Résistants à Lyon, 1221 noms », Bruno Permezel, mentionne que « Charles Kupfermuntz, est tombé sous les balles allemandes à Lyon », fin de citation. Bien entendu, il s'agit d'une erreur.

Georges Brandstatter

❖

Lazare Lucien /
○ E.I.F

LAZARE LUCIEN

E.I.F (Eclaireurs Israelite de France)

Né à Strasbourg, France

J'ai grandi à Metz, et lors de la débâcle de 1940, je suis arrivé, avec ma famille, à Lyon qui se trouvait dans la zone sud. Moins d'un an plus tard, j'ai adhéré au mouvement des éclaireurs israélites de France, très présent et actif à Lyon. Il était renforcé par les vagues de réfugiés juifs venus de l'est de la France et de Paris.

J'étudiais au lycée et, en été 1942 - le 22 ou 23 août - ont débuté les camps d'été des jeunes cadres du mouvement dont je faisais partie. Nous avons été convoqués par un des dirigeants et fondateurs du mouvement, Frédéric Amel, plus connu sous le nom scout de : « Chameau » (il vit aujourd'hui dans le kibboutz « Ein Hanatziv »). Il nous a informés qu'une vague d'arrestations de Juifs était programmée, essentiellement des Juifs étrangers, dans toute la zone sud et particulièrement à Lyon, et qu'il était donc nécessaire de mettre en place des structures pour sauver les enfants soit préventivement, soit même après leur arrestation, sous certaines modalités, ce qui a été réalisé.

Le 26 août 1942 a eu lieu cette sinistre rafle dans toute la zone sud. Tous les Juifs arrêtés à Lyon et dans la région étaient conduits dans une caserne désaffectée qui se trouvait à Vénissieux, dans la banlieue de Lyon. Quant à nous, nous avons mis en place une structure élémentaire - mais une structure quand même - du modèle des camps d'été, dans le département de la Haute-Loire (région très isolée et à l'abri de toute visite indésirable). Ainsi les équipes de sauveteurs qui ont opéré dans la caserne de Vénissieux, devenue un camp de transit pour Juifs destinés à être déportés à Drancy et plus loin encore, ont pu sauver 108 enfants et adolescents qui ont été confiés au mouvement des Eclaireurs Israélites France.

Nous les avons accueillis d'une manière extrêmement précaire dans le local du mouvement, Lacroix – Rousaillon. Puis, en l'espace de quelques heures, les enfants ont été confiés et cachés dans des familles d'accueil avec l'aide des organisations juives, mais aussi avec l'aide d'organisations non-juives telles que : « l'Amitié Chrétienne », qui avait été créée longtemps auparavant. Ils étaient placés sous l'égide du cardinal Gerlier.

Il restait à résoudre les problèmes posés par les adolescents, âgés de 14 ans et plus. Nous n'avions pas trouvé de lieux d'hébergement, pour les mettre à l'abri de tout autre danger d'arrestation. Nous les avons habillés de vêtements et d'uniformes de scouts pris chez nos camarades ; ensuite ils ont été transférés dans le camp improvisé en Haute-Loire. Ils sont restés là deux à trois semaines, jusqu'à ce qu'un placement sûr ait été trouvé pour chacun. C'était en quelque sorte le début de l'action clandestine.

J'ai participé de façon permanente à cette action. Je me souviens encore de cet événement : nous nous trouvions à la synagogue, située quai de Tilsit, au bord de la Saône à Lyon, le samedi matin après le sinistre 26 août. Un membre de la synagogue est venu nous chercher et nous a remis de l'argent pour acheter des légumes et des fruits au marché de Lyon. C'était la première violation massive des interdictions du shabbat. Il faut que je rappelle son souvenir : il s'appelait Salomon Cook, qu'on appelait familièrement : « Moulou Khone ». Il était très orthodoxe et nous avait dit que c'était un devoir religieux, car des vies humaines étaient en cause. Il s'agissait de donner à manger aux 108 enfants qu'on venait de transférer au local des éclaireurs israélites.

Par la suite, j'ai été chargé de convoyer des enfants et mes lieux d'actions de « résistance », étaient les trains bondés, surchargés, et toujours en retard ! Toutes ces missions se sont déroulées de manière satisfaisante. Nous prétendions conduire des enfants dans des sanatoriums ou dans des lieux de vacances (sous des prétextes d'ordre médical ou social). Il fallait bien sûr prendre beaucoup de précautions. En ce qui me concerne, tout s'est passé sans le moindre incident.

Après le débarquement en Normandie, en juin 1944, j'ai rejoint le maquis, créé par les Eclaireurs Israélites de France dans le département du Tarn, dans les monts du Sidobre, près de Tarbes. Ce maquis a été connu par la suite sous le nom de « Compagnie Marc Haguenau ». Nous avons procédé à des entraînements militaires, nous y respections les rites de la vie juive, comme c'était la tradition dans les unités du mouvement des Eclaireurs Israélites de France, et dans les institutions qui accueillaient des jeunes pendant l'occupation, entre 1940 et 1944 en France. C'étaient des centres très intenses, tant sur le plan de la résistance que sur le plan de la vie juive.

Les premières actions consistaient à tendre des embuscades, à harceler les troupes allemandes et les convois allemands qui empruntaient les routes de la région. Ensuite, le 19 août, nous avons participé à l'interception d'un train d'armement allemand, qui évacuait la garnison de Mazamet en direction de Castres ; nous étions une unité qui comptait plus de 120 combattants dont une centaine étaient des Juifs du mouvement des « Eclaireurs Israélites de France » La capture de ce train a été l'action militaire la plus éclatante à laquelle a participé la compagnie « Marc Haguenau ».

Ensuite, nous avons rejoint la première armée française commandée par le général de Lattre qui avait débarqué au mois d'août sur la côte méditerranéenne et qui poursuivait, harcelait, pourchassait les troupes allemandes en retraite, en direction du Rhin. Nous avons rejoint la première armée dans la région de Nevers, après un parcours en train et en camions et nous avons été incorporés dans le régiment, « le Deuxième Régiment de Dragons de Reconnaissance ».

Nous avons participé à la campagne des Vosges, où nous avons subi des pertes. Nous avions le sentiment à cette époque que non seulement nous participions à un combat qui était destiné à obtenir la capitulation de l'Allemagne, la fin du cauchemar, de la guerre et de la persécution nazie, mais aussi que nous partions délivrer nos frères et sœurs, nos parents, qui avaient été arrêtés et qui se trouvaient dans des camps de concentration en Allemagne. Nous n'étions pas conscients du fait qu'on ne retrouverait pratiquement que des cadavres.

Il y avait parmi nous beaucoup d'antimilitaristes qui, néanmoins, se sont engagés parce qu'ils avaient le sentiment de délivrer des Juifs qui étaient sous la botte allemande. La déception a été très dure. On s'était réjoui lors de la libération de Paris, on s'était réjoui lors de la capitulation allemande, (on se trouvait à ce moment-là dans la ville de Constance), et c'est dans les jours qui suivirent la capitulation allemande le 8 mai 1945, que nous avons découvert la dimension de l'horrible tragédie que venait de vivre notre peuple. Il faudra encore des années pour comprendre et prendre conscience de ce qui s'était passé.

J'ai été démobilisé en septembre 1945, et j'ai pu me remettre aux études. Je m'étais inscrit préalablement à l'Université de Lyon. Auparavant, j'avais décidé d'étudier pendant un an dans une Yeshiva, à Aix-les-Bains, créée par le Grand Rabbin de Colmar, Ernest Weil. Ce qui était intéressant et particulièrement caractéristique, c'est que toute ma promotion, (j'étais un débutant dans l'étude de la Guemara), était composée de démobilisés de la Résistance et de l'armée. Nous formions un groupe très homogène, et nous avions les mêmes motivations. Il s'agissait en quelque sorte de participer à une œuvre de renaissance du judaïsme, comprenant non seulement une préparation professionnelle, comme cela pouvait se faire à l'Université, mais également un service à la Communauté, à partir de l'acquisition d'une base solide de culture juive.

À propos de votre livre : « La Résistance juive en France ».

Ce livre est le fruit d'une recherche réalisée à partir du jour où j'ai pris ma retraite. Je suis venu en Israël avec ma famille, ma femme et mes quatre enfants, en 1968, et jusqu'en 1983, j'ai enseigné dans un lycée. J'ai commencé à me consacrer à des travaux de recherche en histoire, et le premier travail, effectivement, a concerné l'histoire des organisations juives de la résistance.

J'ai établi une nette distinction entre ceux qui ont opéré au sein des organisations juives de résistance, et les autres Juifs, plus nombreux d'ailleurs, qui en France ont participé au combat de la Résistance dans des organisations françaises, des réseaux et maquis français. Mon appartenance à un mouvement dont l'identité était clairement « organisation juive » a eu une grande influence sur mon travail de recherche.

En effet, il y avait ceux qui avaient pris conscience - et c'est le cas des dirigeants qui m'ont influencé et que j'ai décidé de suivre - du fait qu'il y avait dans cette guerre, pour les Juifs, un combat tout à fait différent de celui que menaient les autres résistants en France. C'était un combat pour la survie. Alors que les autres résistants ont combattu pour débarrasser le sol de leur patrie de l'occupation étrangère ; nous avons combattu pour tenter de sauver des Juifs de la déportation et de l'extermination. Et c'est ce que nous avons fait jusqu'au moment où nous sommes entrés dans le maquis, c'est-à-dire jusqu'au moment où a sonné l'heure de l'insurrection nationale à laquelle nous avons pris part.

Jusqu'à ce moment-là, nous n'avions pas pris les armes, nous avons combattu les mains nues pour tenter de sauver des Juifs qui, sans notre combat, auraient été arrêtés, déportés et exterminés. Le combat de ces hommes et femmes — et il faut bien insister sur le mot « femmes » parce qu'elles ont joué un rôle aussi important que les hommes, était un combat pour la survie des Juifs.

À partir du moment où nous avons pris les armes et que le maquis a été constitué, nous étions sous le commandement de la structure des Forces Françaises de l'intérieur. Ce n'était plus une guerre juive mais une guerre française pour libérer le sol la France, on était placé sous le commandement des FFI.

Auparavant, je n'avais pas conscience d'une relation structurelle avec d'autres réseaux de résistance. C'est lorsque j'ai effectué une recherche sur l'historique de ces organisations juives de résistance, que j'ai appris qu'elles avaient coopéré avec différentes organisations françaises : des œuvres humanitaires, par exemple, dont la vocation n'était pas la Résistance, mais qui se sont mobilisées et se sont engagées pour sauver des Juifs. Il y avait même des organisations vichyssoises comme « Le Secours National ». Il s'agissait d'équipes locales qui voulaient aider les organisations juives à sauver des Juifs. Il y a eu aussi des organisations telles que « Les Amitiés Chrétiennes » ou la : « CIMEDE », (Comité Inter Mouvement En faveur des Evacués), une organisation protestante qui avait été créée en 1939, pour s'occuper des populations évacuées dans des zones de combat, c'est-à-dire aux frontières de l'Alsace, de la Lorraine et de l'Allemagne ; en 1940, à la capitulation de la France, son rôle a été étendu au sauvetage des Juifs et son travail a été fait d'une façon tout à fait remarquable. On trouve parmi eux de nombreux sauveurs de Juifs qui ont reçu le titre de : « Juste Parmi les Nations », décerné par « Yad Vashem ». C'est d'ailleurs un domaine où j'interviens depuis plus de 15 ans, et qui est devenu mon domaine de recherche de prédilection en tant qu'historien.

Nous avons collaboré avec des organisations étrangères telles que les : « Quakers » américains, « le Y.M.C.A », également américains, une organisation tchèque et bien d'autres encore. J'ai appris tout cela grâce à mes travaux de recherche.

« L'Armée Juive » faisait aussi partie des organisations de Résistance. Ce mouvement avait a priori décidé de se consacrer au combat armé, et recrutait surtout dans les mouvements de jeunesse sionistes. Leur but était l'Aliya. Dès 1943, « l'Armée Juive » a organisé des passages clandestins de combattants qui allaient suivre une formation militaire en Espagne, dans l'intention de s'embarquer vers la Palestine, pour prendre part à la création d'un futur État juif indépendant. Il s'agissait là d'une performance tout à fait remarquable, quand on se rappelle les conditions qui régnaient en France occupée. De 1940 à 44, des groupes de jeunes gens juifs sont partis en Palestine en franchissant clandestinement les Pyrénées non sans danger, et ensuite en s'embarquant en Espagne à destination de la Palestine. « L'Armée Juive » a également participé à des combats dans le cadre du « Corps

161

Franc de la Montagne Noire», non loin des Monts du Sidobre, où opérait la Compagnie «Marc Haguenau».

A la Libération, un groupe de vétérans de «l'Armée Juive» a pris le nom d'O.J.C.. «Organisation Juive de Combat», par identification avec les Combattants du ghetto de Varsovie. Parmi eux, certains sont partis en Palestine et ont participé au combat de l'indépendance. C'était une organisation à direction bicéphale. Le fondateur était Abraham Polonski, qui s'était adjoint un autre chef d'une autre mouvance politique, mais sioniste lui aussi, Lucien Aharon Lublin. Ils ont dirigé ensemble «l'Armée Juive» depuis sa création en 1942 jusqu'au lendemain de la Libération. L'O.J.C., dirigée à la fois par Polonski et Lublin, a créé une organisation de regroupement des réfugiés et évacués, et également des homes pour enfants qui accueillaient les enfants qui avaient été placés, mais dont les parents avaient été déportés. C'était «l'OPEJE» (l'Organisation de Protection des Enfants juifs) qui a ouvert plusieurs homes, accueilli, élevé et permis à ces enfants de se développer et de s'intégrer dans la vie active.

Je suis actuellement membre de la commission pour la désignation des Justes parmi les Nations, et je suis rapporteur d'un grand nombre de dossiers français. Il reste encore un gros travail à réaliser. On a du mal à imaginer que 50 ans ont passé et que des gens n'ont pas encore témoigné! C'est sur la base des témoignages de Juifs qui ont été sauvés, que l on constitue les dossiers. Notre travail consiste à recueillir ces derniers témoignages.

Ce travail est essentiel pour les futures générations car il est interdit d'oublier toute cette partie de l'histoire et ceux qui ont risqué leur vie pour sauver des Juifs. Mais essentiel surtout pour démontrer qu'à l'époque de la barbarie - a priori une époque de désespoir absolu où seul le mal a régné - la bonté humaine a pu s'exprimer. Des hommes et des femmes, en petit nombre certes, ont démontré que la bonté fait partie des facultés humaines aussi bien que le mal, et que par conséquent il y a un espoir pour l'avenir d'un monde meilleur.

C'est la raison pour laquelle je crois qu'écrire l'histoire de la Shoa, sans tenir compte des actes de bonté grâce auxquels des Juifs ont été sauvés, c'est mutiler cette histoire, c'est faire un travail qui pèche par omission.

Jérusalem mars 2002.

Lazare Lucien /
○ *A.J* ○ *O.J.C*

LAZARUS JACQUES

A.J - O.J.C.
Nom de guerre : Jacquel

Je suis né en septembre 1916 en Suisse de parents alsaciens. Mes parents se sont installés en France lorsque j'avais trois ans, et j'ai passé ma jeunesse à Luxeuil-les-Bains. A l'âge de 15 ans, je suis allé en pensionnat à Strasbourg, dans une école qui s'appelait «l'Ecole de Travail Israélite du Bas-Rhin». C'était une école qui formait et plaçait les jeunes Juifs dans les entreprises pour qu'ils y apprennent un métier. Là, j'ai appris le métier de prothésiste dentaire.

A 19 ans, j'ai devancé l'appel. A l'époque, le service militaire était de deux ans, je me suis engagé volontairement dans un régiment qui était assez connu : le deuxième régiment d'infanterie, stationné à Colmar. Je suis resté quelques années dans ce régiment dans l'intention de faire une carrière militaire.

Je suis parti en campagne avec le régiment en août 1939, à la déclaration de la guerre. En août 1941, j'ai dû quitter l'armée parce que j'étais juif. Les décrets promulgués contre les Juifs, d'abord celui d'octobre 1940, puis surtout celui de juin 1941, interdisaient en effet aux Juifs de servir dans l'armée et mon colonel a été contraint de me dire de partir !

Je suis allé travailler à Lyon comme employé de banque, au «back-office» comme on dit aujourd'hui, car en tant que Juif, je n'avais pas le droit d'avoir le moindre contact avec la clientèle (ma sœur travaillait à Saint-Étienne, et mes parents étaient restés à Luxeuil-les-Bains)

J'ai essayé à plusieurs reprises de rejoindre la Résistance, mais vous vous imaginez que ce n'était pas facile. Puis, de guerre lasse, en février 1943, j'ai décidé de rejoindre les forces françaises libres en Afrique du Nord. Ce n'était pas facile non plus : il fallait traverser l'Espagne clandestinement et il fallait aussi avoir l'adresse d'un passeur. J'ai pu finalement obtenir l'adresse d'un passeur à Amélie-les-Bains, une localité proche des Pyrénées, et de la frontière espagnole.

Le passeur m'a dit : «*Je vous passe le soir même, j'ai un convoi*», mais comme je voulais prévenir ma sœur qui n'était pas au courant, je lui ai dit que je reviendrais la semaine prochaine. Je suis donc remonté en train à Lyon, là où je travaillais. A quelques kilomètres de Lyon, la portière de mon compartiment s'est ouverte et un homme jeune s'est adressé à moi : « *Est-ce que vous n'étiez pas par hasard à Strasbourg, à l'école de travail ?* « A ma réponse affirmative, il me dit *: « Je suis Ernest Lambert ».* C'était un camarade de l'école de travail.

Une fois descendus du train, il me demande : « *Qu'est-ce que tu foutais là-dedans ? ".* Je lui réponds : « *Je reviens d'Amélie- les- Bains parce que je veux passer en Afrique du Nord.* » « Si *tu veux, il existe une résistance juive dont je fais partie »,* me dit-il. Entre l'Afrique du Nord et la résistance juive en France, j'ai choisi la résistance juive en France. Etant profondément juif, je préférais combattre pour les nôtres plutôt que d'aller combattre, même pour mon pays, ailleurs et tout seul. Et c'est ainsi que je suis rentré dans la résistance juive.

Je me suis rendu au siège de la résistance juive, qui était à Toulouse, j'ai prêté serment, (tous ceux qui entraient dans ce réseau devaient prêter serment. Mon livre « Juifs au combat » décrit la procédure d'adhésion au réseau), j'ai aussi prêté serment pour lutter pour la création d'un État juif en Palestine parce que les dirigeants et les fondateurs de « Armée juive », qui s'appelait également « Organisation Juive de Combat » étaient des sionistes, et la création d'un Etat juif était un de leurs buts. Comme le réseau comptait peu de militaires, j'ai été évidemment le bienvenu en raison de mon expérience de l'armée et j'ai été nommé responsable des questions militaires.

J'ai commencé à entraîner les hommes à combattre avec des bâtons. Quelquefois, je me rendais en Savoie où il y avait une grande concentration de Juifs (sous l'occupation italienne, les Juifs étaient tranquilles et protégés par les Italiens). On me mettait en contact avec les responsables des sections des mouvements de jeunesses sionistes qui appartenaient à l'armée juive, je les ai entraînés.

Puis, l'organisation a pu acheter des armes, les maquis ont été créés, j'ai fondé le premier groupe de maquisards juifs de l'armée secrète du Tarn. Du point de vue militaire, l'armée juive était rattachée à l'armée secrète du Tarn, elle-même rattachée à un réseau français général qui était l'Armée Secrète Gaulliste. L'organisation elle-même était indépendante. Il n'y avait pas de contacts par exemple avec les F.T.P.

Après le débarquement, le Corps Franc de la Montagne Noire était sous les ordres des généraux de la Résistance. Il était sous les ordres du commandant Monpesat et composé de nombreux escadrons. Un de ces escadrons était commandé par un lieutenant juif, le lieutenant Levy le blond, qui, hélas, a été fusillé plus tard par les Allemands. Cet escadron comprenait trois pelotons juifs, leur tenue arborait des épaulettes bleu blanc. Ces pelotons déployaient le drapeau bleu et blanc tous les matins, avec le drapeau tricolore. Nous faisions de même dans le maquis pour affirmer notre identité juive et notre volonté de combattre en tant que Juifs.

Des responsables de notre organisation voulaient créer une légion qui irait combattre avec les alliés comme l'avait fait Vladimir Jabotinsky pendant la première guerre mondiale. Au mois de juin, l'armée juive m'a chargé d'entrer en contact avec des gens qui prétendaient appartenir à l'« Intelligence service » ; la direction de l'organisation m'a demandé de monter à Paris. Il fallait de nouveau traverser la zone occupée et passer la ligne de démarcation. Evidemment j'avais de faux papiers.

A Paris, j'ai rencontré les gens de l'« Intelligence Service ». Nous avons décidé, que j'irais à Londres avec un de mes camarades, le rabbin Capel qui était aumônier de l'armée juive, et un responsable de notre l'organisation. A Londres, nous prendrions contact avec l'agence juive pour examiner les modalités de création d'une légion juive. Le rendez-vous a été fixé au 17 juillet 1944, à la station de métro Michel-Ange Auteuil, à Paris, où une voiture devait nous conduire à un terrain où un avion devait nous emmener à Londres. Nous étions un peu naïfs, mais nos dirigeants étaient encore plus naïfs que nous. La voiture était effectivement au rendez-vous. Nous y sommes montés, le rabbin Capel et moi, et nous n'avions pas fait cent mètres, que les passagers de devant se sont retournés, revolvers au poing. Nous avons compris que nous avions été piégés. Les soi-disant membres de l'intelligence service » étaient en fait des agents doubles, ou des agents de la Gestapo, qui avaient imaginé toute cette affaire !

Nous nous sommes retrouvés chacun dans une cellule, à la prison de Fresnes. Trois semaines plus tard, devant l'avance de l'armée de Patton et de la division Leclerc, ils ont sorti tous les prisonniers de Fresnes parce que ceux-ci auraient été libérés par les alliés. Ils ont donc décidé d'expédier tous les prisonniers non-juifs au camp de Compiègne, et tous les prisonniers juifs au camp de Drancy pour les déporter dans les camps de concentration.

C'est ainsi que le 11 août, les autobus de la RATP où avaient pris place des nazis du camp de Drancy sont venus nous chercher à Fresnes. A notre descente dans la cour, nous avons aperçu d'autres camarades. Tous les prisonniers juifs de Fresnes, nous de l'armée juive, ainsi que des Juifs des F. T. P. (Francs-Tireurs et Partisans), tous des résistants (Fresnes était une prison réservée aux résistants), tous ont été embarqués dans les autobus et conduits à Drancy.

A Drancy, nous avons été enfermés dans deux chambres qui ressemblaient à des prisons. Nous n'avions pas de contact avec l'extérieur, sauf le rabbin Capel qui a eu le droit d'avoir des contacts avec l'extérieur. Puis les alliés sont arrivés aux portes de Paris. Brunner, le sinistre responsable du camp de Drancy, a décidé de nous déporter. Il est parvenu à se procurer un wagon qui était rattaché à un convoi militaire de la Luftwaffe, et le 17 août, nous avons été conduits de Drancy à la gare de Bobigny, dans la banlieue de Paris, d'où partaient les convois. Là, nous avons rejoint un certain nombre d'otages capturés par Brunner, notamment le constructeur d'avions Bloch qui n'était pas encore Dassault, et une dizaine d'otages juifs et nous nous sommes retrouvés à 51 dans ce wagon.

Pendant quatre jours, ce wagon a avancé lentement en direction de l'Allemagne. Il y avait des bombardements ininterrompus. Au bout de quatre jours, nous étions fermement décidés à nous évader. Nous avons été une vingtaine à pouvoir sauter du wagon une nuit, et nous sommes revenus par nos propres moyens sur Paris. Cela se passait au moment de la Libération, ce n'était évidemment pas encore la fin de la guerre.

J'ai été nommé responsable, à Paris, de l'organisation juive de combat. On a créé aussi un service central des déportés israélites car nous voulions venir en aide à nos frères lorsqu'ils reviendraient. Nous ne nous imaginions pas que si peu de personnes reviendraient. Au bout d'un an, on a supprimé ce service car plus personne ne revenait.

J'ai continué à m'occuper de l'O.J.C jusqu'en 1946, quand on m'a demandé si j'acceptais d'aller en Afrique du Nord pour m'occuper d'autres activités juives. Je suis donc parti en Afrique du Nord où j'ai fondé le congrès juif mondial pour toute l'Afrique du Nord. Je suis devenu Directeur du bureau d'Alger, c'est là que j'ai fondé le journal : « Informations Juives » avant de retourner à Paris en 1962.

Paris, le 15 décembre 1998.

❖

Marc Levy et Patricia Rubel,
une camarade de la Résistance

A LA MÉMOIRE DE LEVY MARC

Marc Lévy, Résistant, et officier de l'Armée Française et de Tsahal : 1921-1948, Mahal. (volontaires de l'étranger pour Tsahal, Armée de Défense d'Israël)

Par : Tsilla Hershco*

Ayant entre les mains le manuscrit d'un journal émouvant d'un jeune résistant juif français, qui a perdu la vie en 1948, lors de la guerre d'Indépendance, je ressens l'obligation morale de le faire connaitre au public afin que sa mémoire se perpétue. Marc Lévy, fils unique et célibataire, n'a laissé aucune descendance, sur sa tombe aucune famille ne vient se recueillir. En pensant à lui, on pense également à tous les hommes et femmes courageux qui ont laissé leur vie pour que nous puissions vivre dans un pays indépendant.

Marc Lévy est né à Paris en septembre 1921 d'un père juif et d'une mère catholique pratiquante, qui vivaient séparés. Marc avait choisi la religion de son père. Il a fait sa Bar-mitsva, liant ainsi son destin à celui du peuple juif.

En juin 1940, la France est occupée par l'Allemagne nazie et partagée en deux zones : le nord sous l'occupation allemande directe et la «zone libre» dans le sud sous le régime collaborateur du Maréchal Pétain.

Avec les arrestations et les rafles de masse à Paris, Marc passe dans la zone sud (la date précise n'est pas connue), arrive à Toulouse et travaille ensuite dans des villages de la région. Parallèlement, Marc rejoint la Résistance française. Il crée un groupe des maquis et sert comme agent de liaison entre Toulouse et ses amis du maquis jusqu'à la dispersion de ce groupe. Par la suite, il décide d'essayer de rejoindre les armées françaises en Afrique du Nord, mais par hasard il rencontre Myriam, la fille d'Ariane Knout, juive convertie d'origine russe, qui fait partie du comité directeur de la Résistance Juive en France. Myriam lui fait part des activités de la Résistance «spécifiquement juive», l'Armée Juive- l'A.J., où il peut lutter contre les Allemands «simultanément aux titres de juif et de français».

Dans son journal, écrit après la guerre en 1947, Marc (dit Lejeune) exprime son émotion en apprenant l'existence d'une organisation juive de combat (O.J.C.), qui a pour but de lutter contre les nazis ainsi que d'aider après la guerre à l'œuvre sioniste pour la création d'un Etat juif en Eretz Israël.

Marc écrit dans son journal: « Ainsi, nous les ' youpins ', combattons la victorieuse armée allemande… j'en ressentis une immense fierté. Un besoin d'action s'empara soudain de moi». « Nous avons un idéal, une raison de vivre qui est la Palestine »… Qu'y a-t-il de plus merveilleux que de pouvoir appeler haut et fort ou Cohen, ou Levy ou Jacob dans la rue? »

Après la cérémonie où il prête serment, en octobre 1943, Marc s'intègre dans les activités diverses de l'A.J, non avant qu'il ne réalise avec succès des missions d'essai.

En novembre 1943, il monte au premier maquis de l'O.J.C. sous le commandement de Capitaine Jacques Lazarus - dit Jacquel et de Raoul Léons, chef du secteur dans «l'Armée Secrète» du Tarn. En avril 1944, l'O.J.C. l'envoie à Nice où il participe aux activités du «Corps Franc» et notamment à celles où est abattu, en mai 1944, Serge Mogaroff, chef de la Gestapo, Russe blanc responsable de la mort de milliers de Juifs. Ensuite, en août 1944, il participe dès les premières heures aux combats pour la libération de Paris sous les ordres du Capitaine Neuville-Chacrot. Dès la libération de Paris, il s'engage au premier «Bataillon de Marche» en qualité de lieutenant, sous les ordres du commandant Marois et du Capitaine Neuville. Il participe à la bataille de Gravelotte, il passe ensuite à l'unité d'élite «commandos de France» (bataillon de choc-parachutistes) de la première armée française sous les ordres du commandant Henri d'Astier de la Vigerie. Il prend part à la campagne d'Alsace, puis tombe malade et est réformé avec la Croix de Guerre et la Médaille de la Résistance Française.

Son ami d'enfance Pierre Mouchnik (dit Pierrot), lui aussi résistant et officier de l'Haganah et de Tsahal raconte:

« J'ai connu Marc lorsque nous avions six ans, à l'école communale de la rue Martel à Paris … Nos jeudis et dimanches, nous les passions souvent ensemble à jouer avec un Guignol…… . Par l'intermédiaire des personnages de notre Guignol, il m'entraîna à sa suite dans les royaumes de son imagination. A l'âge de neuf ans, je changeai d'école et je cessai de le voir ».

En avril 1944, leurs chemins se croisent à nouveau à Nice dans le cadre du «Corps Franc», sans qu'ils soient conscients de leur amitié d'enfance.

Pierrot continue: *« Il me plut immédiatement. J'étais responsable à l'époque du service des faux papiers et je cherchais du personnel. Je lui ai demandé s'il voulait travailler avec moi. Il expliqua alors, avec un air d'enfant timide que pendant six mois il avait appris à 'tuer les mecs' et qu'il serait tout à fait ridicule de songer maintenant à faire autre chose ».*

Les deux camarades partagent par la suite leur chambre au Cimiez à Nice. Totalement dévoués à leurs activités dangereuses, ils ne discutent pas de leur passé. C'est lors d'une visite chez la mère de Mouchnik à Toulouse, qu'elle note :

« Mais Pierrot, ne reconnais–tu pas ton camarade de la rue Martel, Marc Lévy ? ».

Mouchnik remarque avec enthousiasme : *« C'était lui et notre amitié s'enrichit encore des trésors de notre enfance. »*

Après la Libération, Marc reprend ses études de médecine à Paris, participant de temps à autre aux diverses missions organisées par la Haganah en France. En juin 1948, il débarque en Israël pour rejoindre la lutte contre la coalition de sept pays arabes, désirant détruire le nouvel Etat. Marc s'intègre dans le « Commando Français » sous le commandement du Capitaine Diffre (Eitan), un officier gaulliste français, non-juif, recruté comme volontaire à Tsahal.

Marc Lévy est tué le 26 octobre 1948, à l'âge de 27 ans, lors de la prise de Beersheba. Sa voiture saute sur une mine.

Mouchnik termine son introduction avec douleur :

« Marc est mort… Son dernier désir, celui de prévenir son père à Paris avec prudence car il souffrait d'une maladie de cœur, n'est pas réalisé. Son père apprend par les journaux la nouvelle de la mort de son fils unique ». La vie et la mort de Marc Lévy incarnent l'idéal des membres de la Résistance juive en France. Marc a laissé son journal pour seul héritage spirituel. Le moins qu'on puisse faire c'est de publier ce journal.

* *Tsilla Hershco, historienne, chercheuse au Centre Begin-Sadat d'Etudes Stratégiques, à l'université Bar-Ilan, auteur du livre: « Ceux qui marchent dans les ténèbres verront la lumière », la Résistance juive en France, la Shoah et la renaissance d'Israël : 1940-1949, Le Centre de recherche historique, Yad Israël Galili, et les éditions Tcherikover (avril 2003, en hébreu).*

❖

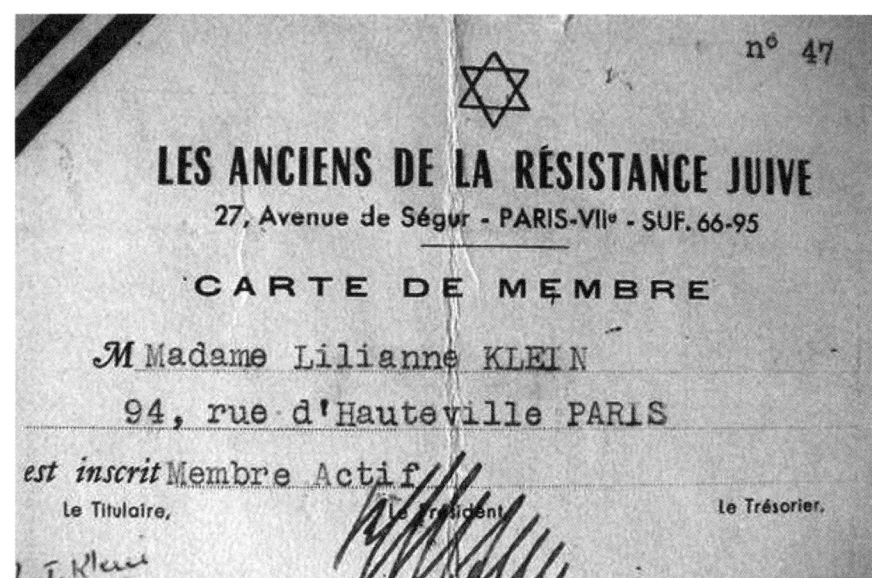

Lieber-Klein Liliane /
○ *E.I.F*

LIEBER-KLEIN LILIANE

« Éclaireurs Israélites de France » (E.I.F.)
Nom de guerre : « Lucioles »

Je suis née en 1924 à Strasbourg. Ma famille était installée en Alsace depuis plusieurs siècles, mon père était originaire du Bas-Rhin, et ma mère du Haut-Rhin. Toutes mes racines se trouvent dans ces deux départements! Mes parents faisaient partie de la communauté traditionnelle, qu'on appellerait aujourd'hui libérale.

Je suis rentrée aux Éclaireurs Israélites de France en 1931, et je m'y suis trouvée fort bien. En Alsace, on vivait à l'époque sous le régime du concordat, (comme c'est le cas encore actuellement). J'avais des amis juifs, protestants, catholiques et nous avions nos cours de religion une fois par semaine au lycée. Le curé, le pasteur, et le rabbin venaient à la même heure donner les cours aux élèves. L'antisémitisme, j'en entendais parler par mes parents.

Le nazisme a envahi nos voisins très tôt, en 1933. J'entendais, toute petite déjà, les harangues d'Hitler à la radio, et j'avais peur. On se promenait le long du Rhin et on se disait que de l'autre côté il y avait les boches. Très vite, nous avons accueilli des amis de mes parents, tchèques, allemands, qui avaient décidé d'immigrer en France. Certains se sont même installés chez nous pendant quelque temps.

Chez les Éclaireurs Israélite de France, j'ai eu des chefs absolument extraordinaires, qui nous ont mis en garde et nous ont expliqué ce qu'étaient l'antisémitisme et le nazisme et combien il fallait être vigilant. Ces chefs, « Chameau », Frédéric Amel, André Salomon, Georges Loinger, plus âgés que moi, étaient conscients de ce qui pouvait nous arriver.

À la déclaration de la guerre, en 1939, Strasbourg a été évacuée et ma famille s'est réfugiée à Vichy, parce que nous y avions un parent et aussi, comme dans toutes les villes d'eau, qu'il était facile d'y trouver un logement. La population de la ville s'est largement agrandie avec les Parisiens qui fuyaient la capitale de peur des bombardements, et les Alsaciens qui avaient quitté la bande frontalière. Lorsque nous sommes arrivés à Vichy, j'avais 15 ans.

En 1940, j'avais déjà intégré le mouvement scout local, et très rapidement un groupe d'Éclaireurs Israélites de France s'est créé à Vichy.

Nous avons participé à l'accueil des réfugiés au moment de l'exode, et nous avons fréquenté des gens très importants tels que Sami Klein, le grand rabbin Kaplan, beaucoup de personnes qui ont marqué le judaïsme pendant cette époque cruciale.

Vers la fin de 1941, nous avons été expulsés, suite aux décrets contre les Juifs promulgués par le maréchal Pétain : d'abord, les Juifs étrangers, et petit à petit, les Juifs français qui dérangeaient le gouvernement. Nous sommes partis à Grenoble chez des parents du côté de mon père ; sa famille avait quitté l'Alsace en 1870 : certains s'étaient installés à Grenoble, d'autres à Sète, à Perpignan, à Bordeaux. Nous avions donc de nombreux « points de chute » familiaux dans ces régions.

À Grenoble, j'ai rejoint les E.I.F. où je me suis intégrée immédiatement dans un camp en Haute-Savoie avec les Éclaireuses de Grenoble, et d'autres villes, telles que Toulouse, Lyon, Montpellier. Il y avait deux jeunes filles du camp de Gurs, qui avaient reçu l'autorisation de séjourner dans notre camp. Nous avons appris que leurs parents allaient être déportés. Nous avons ressenti un grand choc, et c'est à partir de ce moment que tout a changé dans ma vie.

En août 1942, Robert Gamzon a mobilisé tous les chefs des Éclaireurs Israélites de France de la zone sud (nos amis de la zone nord étaient beaucoup plus défavorisés que nous, ils devaient porter l'étoile et subir des restrictions auxquelles nous n'étions pas soumis en zone sud), pour créer un réseau de sauvetage pour cacher tous les enfants des Juifs étrangers qui avaient été placés dans les maisons d'enfants des E.I.F. et de l'O.S.E (Organisation de secours pour l'enfant), situées dans la zone sud. Je faisais partie de ce réseau qu'on appelait « les Assistantes Sociales ».

Je faisais partie de la 6ème division, j'ai été affectée à Grenoble ; il y avait un chef régional, un adjoint et des assistantes sociales. Notre travail consistait à essayer de trouver des faux papiers, des tampons, toutes sortes de choses, mais essentiellement à convoyer les enfants. Nous étions en charge surtout des adolescents, alors que l'O.S.E. s'occupait essentiellement des plus jeunes.

Il fallait leur trouver des planques, des faux papiers, et il fallait garder un contact avec eux. On ne pouvait pas les déposer simplement chez des gens qui voulaient bien les accueillir, il fallait continuer à assurer pour eux une identité juive. J'ai été très aidée par Notre-Dame de Sion en particulier. Cependant, il fallait être particulièrement vigilant. En effet, la vocation de Notre-Dame de Sion était de convertir, mais je dois dire que les Sœurs se sont montrées très ouvertes et coopératives. Les réseaux de scouts, les Unionistes protestants, les laïcs aussi nous ont beaucoup aidés. Nous avons également trouvé une aide auprès des «Compagnons de France», un mouvement de jeunesse créé par Pétain et dont certains chefs étaient en même temps des résistants. Ce n'était pas un mouvement armé. Pétain voulait faire de la jeunesse française une jeunesse disciplinée, avec un retour à la terre, etc.

Je me souviens en particulier d'un garçon qui appartenait aux «Compagnons de France». Il s'appelait Jean-Jacques Singer et était d'origine autrichienne. On lui avait fait des papiers d'Alsacien. Il parlait très mal le français et était très religieux. Il avait été chargé dans le camp de garder les cochons. Quand j'allais le voir, il me disait : *« Lucioles, tu sais, c'est terrible, non seulement je ne peux pas mettre mes tefillin, mais je suis cochonnier ! »*. Le pauvre petit Jean-Jacques était désespéré et je devais le réconforter. A la Libération, il a dû s'engager dans les F.F.I., et malheureusement on n'a plus eu de ses nouvelles.

Il fallait veiller à vêtir ces jeunes. Une commissaire unioniste, directrice du «Foyer de la Jeune Fille» à Grenoble, a participé activement à nos actions, et m'a mise en rapport avec le directeur du «Secours National», M. Dormoy, qui était protestant et qui nous donnait des vêtements, des chaussures, des chaussettes, du savon, enfin tout ce dont les jeunes avaient besoin.

Il fallait surtout apporter à ces jeunes de la compréhension et de l'affection, afin qu'ils ne se sentent pas abandonnés par leurs parents. Le travail était plus facile avec les adolescents qu'avec les tout petits pour qui changer d'identité, oublier son vrai nom et en apprendre un faux étaient de terribles épreuves. Beaucoup de ces enfants se sont sentis abandonnés lorsque leurs parents les ont confiés aux divers réseaux et ce sentiment d'abandon ne les a d'ailleurs jamais quittés. (Je vois actuellement à «l'Association des Enfants Cachés» arriver des sexagénaires, des septuagénaires qui viennent aujourd'hui raconter leur vie, et qui sont restés profondément traumatisés.)

Beaucoup de choses ont marqué mon esprit : les rafles auxquelles nous avons échappé, les retrouvailles, les amitiés qu'on a pu créer à cette époque et qui restent indélébiles.

Lorsque je pense aujourd'hui à cette période, je me dis que nous avons eu de la chance, vu notre jeune âge, d'avoir été un peu inconscients et de ne pas avoir eu la notion du danger. Nous ne connaissions pas l'existence d'Auschwitz. On savait que la captivité était dure ; j'avais entendu parler du camp de Dachau avant la guerre mais on n'en savait pas grand-chose, sauf ce que l'on entendait sur la BBC. On ne pouvait pas imaginer Auschwitz. Si l'on avait pu, je pense qu'on aurait eu vraiment peur et je ne sais pas ce que l'on aurait fait. Je suppose que les grands de ce monde, eux, savaient. Je crois que les personnes qui en ont réchappé, celles qui étaient dans la Résistance et les autres, ont eu une bonne étoile, ce qu'on appelle « Mazal » (la chance). Ils n'ont pas été plus intelligents ou plus habiles, simplement ils ont eu la chance de ne pas se faire prendre, ni d'être torturés et déportés.

Je voudrais ajouter que nous avons été très privilégiés à Grenoble du fait que nous étions occupés par les Italiens, qui était moins impitoyables que les Allemands. Mais lorsque les Allemands ont envahi la zone italienne, en septembre 1943, ils ont redoublé de férocité. Il faut rappeler le carnage qui a eu lieu à Nice. A Grenoble, les Allemands se sont battus avec les Italiens. J'avais un petit cousin, Jean-Claude Lieber, éclaireur de la sixième, qui s'était engagé dans les FFI dans la région du Vercors ; il a été reconnu par un milicien grenoblois qui a dit : « *Tiens, c'est le Juif Lieber !* », et il l'a abattu. C'était en août 1944. Son histoire est conservée au musée de Vassieu dans le Vercors. Son frère, Georges, un médecin, était dans le maquis du Vercors.

Toute la zone italienne le long des Alpes et jusqu'à Nice était devenue ex-trêmement dangereuse. Il y a eu beaucoup d'arrestations et de déportations. Mon ami Georges Loinger, qui est notre vétéran à tous, et qui va bientôt avoir 94 ans, est une merveille de la nature et je suis heureuse de lui rendre cet hommage. Je voudrais également ajouter que tout ce que nous avons pu faire pendant la guerre, nous en sommes redevables à nos frères juifs américains qui ont fait parvenir les fonds du « American Joint Distribution », via la Suisse et le Portugal, et je sais que Georges Loinger allait souvent en Suisse pour récolter ces fonds.

Il est très important de ne pas oublier, de raconter, toujours raconter, parce que les témoins vivants vont disparaître et toute cette vie va devenir l'affaire des historiens et ce ne sera plus tout à fait pareil.

Ma grande récompense, après toutes ces années, est d'avoir pu conserver des liens avec certains de ces enfants que j'ai cachés et qui étaient « mes gosses ». Ils sont devenus des frères et sœurs, ils font partie de la famille et les liens que j'ai conservés avec eux sont très forts, et nous continuons à nous voir.

Je voudrais aussi rendre hommage à ma mère, Germaine Lieber, avec qui j'ai passé ces années de guerre (mon père était parti aux États-Unis dans l'espoir de nous faire venir), et qui avait toujours peur pour moi, tout en me laissant la liberté de faire ce en quoi je croyais. Elle-même a d'ailleurs accompagné des convois de Grenoble vers la frontière. Merci maman! Elle a également une plaque dans une crèche de Mila Racine à Tel-Aviv. Maman a été une grande militante et mon père un grand bienfaiteur de la communauté juive de Strasbourg.

Paris, le 6 juillet 2004.

❖

Najman Gilles /
○ *M.O.I «Carmagnole» à Lyon.*
○ *F. T. P.* ○ *F.F.I*

NAJMAN GILLES

F. T. P. – M.O.I « Carmagnole » à Lyon.
Capitaine F.T.P., Lieutenant F.F.I
Nom de guerre : « Jacques », « Gilles Rigaud ».

Je suis né en 1921 à Wieruszow, en Pologne. Mes grands-parents ainsi que mon père possédaient un verger. En 1930, mon père est arrivé en France (des démarcheurs venaient en Pologne pour recruter des ouvriers pour travailler en France). Il a imité plusieurs de ses copains qui étaient déjà partis, il a atterri à Germinie, à côté de Saint-Étienne, et il a poursuivi jusqu'à Lyon. Deux ans plus tard, ma mère, mes deux autres frères et moi sommes venus le rejoindre. À la maison, nous parlions uniquement le yiddish. Je fréquentais une école laïque à Lyon. L'antisémitisme, on ne savait pas ce que c'était. Dans ma classe, il y avait des Arméniens et surtout des Italiens. Le maire de Lyon, Edouard Herriot, était un homme remarquable. C'était un grand laïc.

En 1937, je suis parti à Paris chez mon cousin pour faire mon apprentissage de tailleur. En 1940, nous avons participé à la débâcle ; la famille était composée de 17 personnes, et nous sommes partis à pied, avec une voiture à bras, vers le sud.

Nous sommes arrivés à Orléans qui était déjà occupée depuis deux heures par les Allemands. Pendant le voyage, on faisait la queue devant les fermes pour avoir de l'eau. C'était le mois de juin, il faisait une chaleur torride, il y avait beaucoup de monde sur les routes. Je me souviens d'un soldat maghrébin qui était également dans la file. Lorsque son tour est arrivé, quelqu'un lui a dit : *« Espèce de sale bicot, retourne en arrière ! »* Il n'a rien dit et il est retourné en arrière. C'est là que j'ai appris ce qu'était le racisme. Et cela a été mon éveil à la politique.

A l'école, j'étais passionné par l'histoire de la révolution française. Je n'arrivais pas à comprendre le racisme. Je n'avais jamais entendu parler d'antisémitisme. Au début, je parlais le polonais et par la suite j'ai appris le français.

En 1940, j'ai fait la connaissance de communistes, à Lyon. Lorsque je leur ai demandé quand ils envisageaient d'agir, ils m'ont répondu qu'il fallait d'abord s'organiser avant d'agir. Au début de 1941, mon ami m'a dit : « Maintenant ça y est, je peux te mettre en contact avec la Résistance ».

Le groupe s'appelait : «Solidarité Juive», il comptait presque uniquement des adultes de 40-45 ans. Nous avons commencé par distribuer des tracts où l'on pouvait lire : «Mort aux Nazis». En 1942, j'ai été arrêté. J'avais rendez-vous avec un dirigeant qui n'est pas venu au rendez-vous, mais je savais où le trouver. Quand j'arrive au lieu, la police m'interpelle et me conduit au commissariat de police. Dans l'après-midi, tous ceux qui étaient venus chez lui ont été arrêtés. Il avait été dénoncé comme communiste.

On nous a conduits à la sûreté nationale de Lyon où on nous a obligés à nous mettre tout nus, puis on nous a photographiés de tous les côtés.

Le lendemain, j'ai été relâché puisque tous mes papiers étaient en règle, et j'ai été reconduit à la maison. Tous les adultes ont été condamnés à trois mois de prison pour faux papiers, et après, ils ont été relâchés.

Il existait déjà des groupes de combat, «l'Union des Jeunesses Juives» (U.J.J.), par exemple, dans laquelle j'ai été intégré et où on a commencé à mener des actions plus importantes. Elles consistaient surtout à distribuer des tracts et à écrire des inscriptions contre les nazis sur les murs, par exemple sur celui d'une école qui était réquisitionnée par les soldats allemands.

Nous, les jeunes, nous voulions intégrer les groupes de combat des adultes de F.T.P. Finalement, notre équipe de cinq jeunes s'est fondue dans les groupes de combat «Carmagnole» et «Liberté» en juillet 1943. Les premières actions auxquelles j'ai participé étaient le déraillement d'un train et une action contre une usine. Un jour - nous étions trois - nous avons suivi trois miliciens. Lorsque l'un des miliciens s'est retrouvé seul, nous l'avons abattu.

Dans l'usine de Brosavia à Lyon, armés de 70 bombes, nous avons détruit toutes les machines de fabrication de moteurs d'avions, 45 moteurs d'avions et deux prototypes, ce qui mit fin au fonctionnement de l'usine jusqu'à la fin de la guerre. J'étais le responsable technique de ces actions.

Le 12 décembre 1943, vêtu d'un uniforme allemand, j'avais pour mission, avec l'un de mes camarades, d'exécuter le plus haut magistrat de la région de Lyon qui avait fait guillotiner un de nos camarades, Simon Fried, âgé de 19 ans. Nous nous sommes présentés chez lui en nous faisant passer pour des Allemands. Notre chef militaire, également vêtu d'un uniforme de la Gestapo, nous accompagnait. Le magistrat allemand nous a ouvert la porte, et nous avons entamé une discussion avec lui. Nous lui avons demandé ce qu'étaient devenus les frères Rabinovitch. Il nous a répondu qu'ils avaient été arrêtés et jugés par un tribunal. Alors, nous lui avons demandé : « Et qu'est devenu Simon Fried ? « Il nous a répondu : « Lui, s'il a été guillotiné, c'est grâce à moi, il était juif, terroriste, et communiste ! ». Alors mon camarade lui a logé une balle dans la tête. À la suite de cela, peu de magistrats voulaient devenir président de la cour spéciale !

Nous avons mené des centaines d'actions, 495 actions ont été homologuées et reconnues par l'armée. Dans les groupes de combat, il y avait Gaby, Bluvol, Krivine qui était belge, et Jeannine. Notre dirigeant était Georges Weinstein, le frère de Max. Nous ne connaissions pas les supérieurs.

Lorsque j'ai intégré les F.T.P., j'y ai retrouvé Roman, avec qui, en 1942, j'avais distribué des tracts du journal « l'Humanité » et du journal en yiddish « Neue Presse » (nouvelle presse). À l'époque, il ne parlait pas le français. En 1943, il est devenu mon chef, il parlait bien le français.

Lorsque je suis entré dans le groupe « Carmagnole F.T.P », j'ai reçu mon nouveau nom de guerre, « Gilles Rigaud ». Là, j'ai retrouvé Louis Katz, Denis, Robert, et par la suite, j'ai fait la connaissance de beaucoup d'autres. J'étais responsable du dépôt d'armes. Notre groupe était dirigé par trois camarades : un chef de groupe qui était militaire, un responsable du commissariat aux effectifs, et moi qui étais responsable technique. Je voudrais aussi parler des filles : ce sont elles qui fabriquaient les bombes dans les dépôts d'armes. Quand nous fabriquions les bombes, nous ne portions pas des gants, nous manipulions des poudres ; les filles avaient souvent des maux de tête. Il y avait Jeannine, Huguette, Évelyne, Monique.

À la Libération, j'étais à Grenoble. Le matin, les Français étaient déjà là ; 48 heures après, les combats ont repris, car les Allemands ont résisté. Nous étions une vingtaine et d'un seul coup on s'est retrouvé à 500 ! Nous avons occupé les casernes, des écoles où les Allemands se cantonnaient.

Ma mère et mes deux frères ont survécu. Le plus jeune, Max Najman, est entré en 1944 dans le groupe de combat de « l'Union des Jeunesses Juives ». Nous avons vécu une époque extraordinaire, nous avons réalisé des choses que jamais nous n'avions imaginé pouvoir faire ; nous étions très solidaires. Par contre, la paie, qui était la même pour tous, était misérable, il fallait trouver d'autres moyens de subsistance. Dans les F.T.P on ne faisait pas de politique, c'était interdit ; il y avait des communistes et des non-communistes, des trotskistes. Le plus important était que la personne intégrant le groupe soit prête à combattre.

Un jour, en 1944, on m'a mis en contact avec une fille qui me dit appartenir groupe français «Combats» de Lyon. Elle me raconte que, dans ce groupe, il n'y a pas d'actions militaires : «Moi je veux m'engager pour faire des actions militaires», me dit-elle. Nous lui confions la mission de courrière. Elle venait parfois au dépôt d'armes, et moi je ne me posais pas de questions. (Je vous raconte cela, car chaque fois que j'y pense, j'ai les larmes aux yeux). Au mois de mai, je reçois l'ordre de l'exécuter. Je me suis demandé quelle était la raison. A Paris, toute la direction de la M.O.I. était tombée à cause d'une fille. À Lyon, la direction ne voulait pas prendre ce risque. Aussi, avec mon copain, nous avons décidé de la suivre, parce qu'elle venait dans des endroits où elle n'était pas censée se rendre, comme par exemple le dépôt de munitions. Nous n'avions pas encore exécuté l'ordre de l'abattre. Le 6 juin 1944, le jour du débarquement, il était prévu d'aller à une dizaine de kilomètres de Lyon, dans le bois, pour rejoindre un de nos maquis.

Tout le monde était là, la fille également, et l'un de nous a dit : on va essayer de la tester. On a commencé à lui poser des questions, et on lui a demandé pourquoi elle allait dans le dépôt de munitions. Elle nous a répondu qu'elle était très curieuse de nature, et avait demandé à une copine de l'y amener. Finalement, on en a conclu que cela était plausible et l'histoire s'est arrêtée là.

Au mois de juillet et août, nous avons fait une action à Lyon, dans un garage. Elle était là également. Moi, je n'étais plus à Lyon à l'époque et j'ai appris ce qui s'est passé plus tard. Il fallait faire sauter des camions allemands ; mais la police a été prévenue. Tout le monde a pu se sauver sauf elle. Tout le matériel a été abandonné. Elle a été arrêtée, torturée d'une façon épouvantable, c'était la première fois que la police réussissait à attraper l'organisation sur le fait et avec le matériel abandonné. Elle a été interrogée par la Gestapo, elle n'a pas dit un mot ! Je pense que, comme on lui avait fait confiance, elle voulait se montrer digne de cette confiance. Elle savait tout et elle n'a rien avoué ! Au mois d'août 1944, à Saint-Denis Laval, les Allemands ont pris une centaine de résistants dont elle faisait partie et ils les ont été brûlés avec des lance-flammes. Il y a quelques années, nous étions à Saint-Denis Laval pour une commémoration. Tous les noms des suppliciés étaient inscrits sauf le sien ! Pourquoi ? Plus tard, nous avons érigé un monument avec une stèle en sa mémoire. Quand je parle d'elle, je suis toujours bouleversé.

Dans la Résistance, chacun avait son rôle bien précis. Lorsque nous rencontrions un camarade dans la rue, nous ne lui disions pas bonjour, car si jamais nous étions suivis, nous nous faisions prendre tous les deux en même temps.

Nous n'avions pas le droit d'aller au spectacle. Tout était très structuré, et si nous avons perdu des hommes, c'était par manque de vigilance.

Légion d'Honneur, Médaille de la Résistance, Croix de Combattant Volontaire

Paris, le 7 juillet 2004.

❖

Rodzynek Elias /
○ *Légion Étrangère et A.S*

RODZYNEK ELIAS

Légion Étrangère et A.S. (Armée Secrète)
Nom de guerre: Rodes

Je suis né le 7 décembre 1919 à Bramberg, en Pologne, dans le couloir de Dantzig, (le traité de Versailles de 1918 avait alloué à la Pologne un accès à la mer.). Je fréquentais un mouvement de jeunesse, le «Hashomer Hatsair» («Les jeunes Gardes»).

Comme l'antisémitisme sévissait dans notre région, nous sommes partis en France en 1938. Et là, nous avons bien entendu subi toutes les tracasseries administratives avec demande de séjour, prolongation de séjour, etc.

À la déclaration de la guerre en 1939, j'avais 19 ans. Je me suis engagé dans l'armée française et je me suis retrouvé dans la Légion Étrangère! Notre régiment a quitté Paris au mois d'octobre, et nous sommes arrivés dans la région lyonnaise, à la Valpone, qui était encore un camp d'entraînement de la Légion. Nous avons suivi un entraînement militaire très dur pendant quatre mois.

A un retour de permission, nous sommes partis sur le front. Dans notre régiment, il y avait de nombreux Juifs polonais et roumains, et des Espagnols arrivés en France après la défaite de la république espagnole. En général, il n'y avait pas d'antisémites dans la Légion, à l'exception de Polonais. Des «grandes gueules», car dès qu'on commençait à tirer, ils étaient tous couchés, paralysés par la peur!

Nous avons rejoint notre secteur au front, à Vitry-le-François et à Soissons. Nous avons eu un accrochage avec les Allemands début mai 1940, dès qu'ils ont traversé la Belgique. Les Allemands nous bombardaient souvent, c'était épouvantable. Dans la matinée du 6 juin 1940, des chars français sont arrivés et se sont mis en position. Nous nous trouvions devant la colline du Chemin des Dames que nous devions prendre. Nous avons été stoppés par l'armée allemande qui tirait avec l'artillerie et nous bombardait avec l'aviation.

Dans cette journée du 6 juin, nous avons subi 80 % de pertes - blessées et morts - dans notre bataillon. En fin de matinée, j'ai été blessé à la jambe et je me suis retrouvé dans un champ. Il n'y avait plus personne autour de moi, la plupart des compagnons étaient morts. J'ai rampé pour m'approcher du bord de la route pour qu'on puisse me repérer. Je saignais abondamment de la jambe. Finalement, je me suis couché au bord d'une ligne de chemin de fer. Dans l'après-midi, les soldats allemands sont arrivés, un feldwebel (adjudant-chef) s'est approché de moi, et lorsqu'il a constaté ma blessure, il m'a immédiatement fait une piqûre anti-tétanique. Je suis resté sur place jusqu'à la fin de la journée. Une batterie d'artillerie allemande s'est installée près de moi ; l'artillerie française s'est mise à tirer et c'est nous qui avons subi ses bombardements !

Dans la soirée, j'étais entouré de soldats allemands avec qui je parlais en allemand, langue que je connaissais parfaitement. Une automitrailleuse allemande revenait du front, et comme j'avais très soif, j'ai demandé à boire. Alors le chauffeur de l'automitrailleuse s'écrie tout d'un coup : « Mais c'est un Juif, celui-là ! ». Il remonte dans sa voiture et part. Il ne voulait pas m'emmener. L'officier qui commandait la batterie, siffle, lui ordonne de revenir et lui dit : « Dis donc, toi, d'abord c'est un soldat, deuxièmement c'est un blessé, et juif il est en dernier ! Alors, tu le prends dans ta voiture et tu l'emmènes sur la première route où il y a de nombreuses voitures ». Il m'a pris dans sa voiture et dès qu'il a pu, il m'a balancé dans un fossé ! J'y suis resté toute la nuit, et le lendemain les Allemands m'ont ramassé et m'ont emmené avec les autres prisonniers au quartier Foch à Lens, qui était devenu un hôpital pour prisonniers. Là, j'ai été soigné. Ma blessure avait été causée par une balle à ailettes qui avait pénétré en haut de la cuisse où elle avait creusé un grand trou. On nous soignait à l'eau de Javel !

Le médecin de mon bataillon était également blessé. Il m'a retrouvé et m'a pris avec lui, cela faisait plusieurs jours que je n'avais pas mangé. Les médecins avaient décidé de m'amputer de la jambe, car la gangrène s'était installée. Finalement, le médecin est revenu sur cette décision, il a soigné ma jambe qui a commencé à guérir. Comme ils manquaient d'interprètes à l'hôpital, j'ai proposé mes services et ils m'ont engagé comme interprète à la cuisine. Je suis resté dans cet hôpital quelques mois. Nous étions plus de 3 000 blessés. Les Allemands ont commencé à réformer des soldats, car beaucoup étaient de grands blessés, et ils pouvaient donc rentrer chez eux. Je demandais souvent à mon médecin de passer devant la commission des réformes, et il refusait toujours. Plus tard, j'ai compris la raison de son refus : il savait ce qui se passait avec les Juifs en dehors de l'hôpital, et il voulait me garder afin de me protéger. Peu après, on m'a envoyé à la citadelle de Lens, toujours comme interprète à la cuisine. Puis, nous avons été transférés à Hambourg, dans un Stalag.

Environ un an plus tard, les autorités allemandes ont décidé que toutes les personnes qui n'étaient pas de race pure devaient quitter l'Allemagne. Dans le stalag de Hambourg, ils ont recensé tous les Sénégalais, les Noirs, les Arabes, les Marocains, les Indochinois, et les ont renvoyés en France. Mais chaque fois qu'un groupe partait, il fallait l'encadrer par des prisonniers qui n'étaient pas noirs. Et c'est ainsi qu'en accompagnant des groupes, je me suis retrouvé à Lens. En mai 1941, je me suis évadé de la citadelle de Lens.

Je suis retourné à Paris, je suis passé chez mes parents, puis je suis parti à Lyon car c'était la seule ville où j'avais des repères, j'y avais fait mon instruction militaire. Là, j'ai rencontré des copains, d'anciens officiers et sous-officiers qui m'ont dit que la guerre n'était pas finie, et qu'il fallait aider de Gaulle à Londres.

J'ai rejoint le groupe de Résistance «l'Armée Secrète» dont étaient membres aussi Raymond Aubrac, Lucie Aubrac, Jean Moulin. J'ai été responsable d'un groupe, et comme j'étais un ancien militaire, je leur ai enseigné le maniement des armes, car nombreux étaient les jeunes qui ne savaient pas encore se servir d'armes. Nous avons commencé des actions de résistance.

Comme j'avais gardé ma carte d'identité et mon véritable nom, un jour je reçois une convocation de l'organisation «Todt», pour aller travailler sur le mur de l'Atlantique. Je me suis présenté devant la commission (composée de policiers français et allemands) avec une canne et en boîtant. Ils ont vu ma blessure et ont constaté qu'ils ne pouvaient pas m'envoyer sur le mur de l'Atlantique. Alors, ils ont décidé de me faire travailler en France chez les Allemands. Ils m'ont proposé d'aller travailler à la foire de Lyon. Il y avait là un dépôt de matériel pour l'armée.

J'ai annoncé cela à mes supérieurs de la Résistance, je leur ai dit : « Vous n'allez tout de même pas m'envoyer dans la gueule du loup ! » Avec mon nom, il était évident que j'étais juif. Peu de temps après, j'ai reçu des instructions de mon réseau de Résistance qui m'ordonnait de me rendre à cette foire de Lyon, car le réseau avait besoin d'avoir quelqu'un comme moi sur place, qui parle l'allemand. En travaillant pour eux, je serais bien placé pour entendre ce qui s'y passait.

J'étais donc sur place et je jouais la comédie de celui qui boîte et qui ne comprend pas un mot d'allemand. Et en même temps, je faisais mes rapports au réseau une à deux fois par semaine, et j'ai pu ainsi leur communiquer les mouvements et effectifs des Allemands.

Comme je ne pouvais pas sortir de ce lieu sans être fouillé à fond par la sentinelle allemande, j'avais trouvé un système pour transmettre les messages. Le bâtiment de la foire de Lyon était juxtaposé au parc de l'épingle de la Tête d'Or dont il était séparé par un grillage. Je mettais mon rapport dans un paquet de cigarette et je le faisais passer de l'autre côté du grillage. Quelqu'un passait et prenait le paquet. J'ai fait ce travail pendant plusieurs mois.

Je voudrais témoigner de ce que je sais à propos de Jean Moulin. Jean Moulin qui était préfet, avait été envoyé en mission à Lyon par le général de Gaulle. Lyon, ville centrale de la Résistance, était composée de plusieurs réseaux : l'Armée Secrète, les Francs-Tireurs et Partisans (F.T.P) d'obédience communiste, et d'autres. La mission de Jean Moulin consistait à fédérer tous ces différents réseaux. Un jour, on m'a demandé de me rendre à Calvion, à l'adresse d'un médecin qui habitait dans un pavillon où devait avoir lieu une réunion importante de tous les responsables de la Résistance. Ma mission était d'aller repérer ce pavillon et de préparer une protection. J'ai pris mon vélo et je me suis rendu à l'adresse indiquée.

A l'extérieur du pavillon, il y avait un escalier et un jardin ; à côté se trouvaient des petits lopins de terre avec de petites baraques. J'ai préparé mon rapport d'observation avec les protections à installer et je l'ai transmis aux responsables du réseau. Puis, je n'ai plus entendu parler de cette mission. Plusieurs semaines plus tard, un groupe très important de résistants s'est fait prendre, mais on ne connaissait pas encore tous les détails.

Environ un an après la Libération, à la commémoration de l'arrestation de Jean Moulin et du groupe de résistants, je lis dans le journal l'article concernant Jean Moulin, je vois une photo et je reconnais la maison de Clavière. Malgré le plan de protection que j'avais préparé, lorsque les Allemands sont arrivés pour arrêter Jean Moulin et le groupe de résistants, il n'y avait personne pour les protéger ! Il était évident que tous ont été dénoncés. On a su plus tard que c'était l'œuvre d'un certain Hardy. C'était un des responsables de la Résistance. Quelques mois auparavant, il avait été arrêté par les Allemands et relâché.

On a appris plus tard également que tout le groupe qui avait été arrêté par les Allemands avait été menotté, sauf Hardy ! Lorsqu'Hardy s'est retrouvé au bas de l'escalier du pavillon, il a commencé à courir. Les Allemands ont tiré dans sa direction, mais ne l'ont pas touché, et c'est ainsi qu'il s'est sauvé. Mon groupe a participé à l'insurrection de Villeurbanne, avec une délégation qui a rejoint les F.T.P. à la mairie. Il y avait toujours ces rivalités entre les F.T.P.

(d'obédience communiste) et l'A.S. Nous recevions des armes par parachutage, ce qui n'était pas le cas des de F.T.P. qui manquaient toujours d'armes.

Je suis décoré de la croix de guerre avec l'étoile de bronze de la Légion Étrangère. Cité à l'ordre du régiment. Médaillé de la Résistance. Mutilé de guerre. Prisonnier évadé et la Médaille Militaire.

Paris, le 2 mai 2004.

❖

**Rodzynek -
Goutkind Fernande /**
○ *F.T.P*

RODZYNEK - GOUTKIND FERNANDE

F.T.P (Francs-Tireurs et Partisans).
Nom de guerre : Micheline

Mes parents sont arrivés en France, venant de Pologne vers 1922, et je suis née en 1925 à Reims.

Mon père ne voulait pas faire son service militaire en Pologne, et c'est ainsi qu'il est devenu apatride à 17 ans. J'avais trois ans lorsque mes parents ont décidé de s'installer à Anvers en Belgique, où j'ai passé toute ma petite enfance, jusqu'à l'âge de 14 ans, lorsque la guerre a éclaté.

Le 10 mai 1940, nous avons dû fuir Anvers dans des conditions très difficiles. Nous avons été transportés dans des wagons de marchandises jusqu'à Malines, et de là nous sommes partis vers la France. Le voyage a duré trois jours et trois nuits. C'était une grande pagaille, avec cet immense afflux de réfugiés qui arrivaient de partout, et personne ne savait ce qu'il fallait faire.

Nous sommes arrivés en France dans le département de l'Allier, et là nous avons été enfermés dans un camp, où nous sommes restés huit mois. Ce camp était en fait un château qui appartenait à un comte polonais, qui avait une passion pour les chevaux. Nous étions logés dans les écuries. Notre famille comptait cinq personnes, nous dormions sur la paille, près des chevaux, sans la moindre hygiène, sans le moindre confort. Ce qui me faisait le plus souffrir, c'était le manque de liberté, surtout à cet âge, à 14 ans! Je rêvais des heures durant, face aux fils barbelés, de pouvoir sortir et découvrir l'extérieur. Et un jour, subitement, nous avons été libérés, nous ne savions pas pourquoi, et nous sommes partis. Mon père voulait rejoindre la ville de Lyon : il était comptable et pensait pouvoir trouver du travail grâce à des contacts qu'il avait eus avec des firmes lyonnaises.

Comme il y avait de très nombreux réfugiés qui se dirigeaient vers Lyon, on nous a conseillés de prendre plutôt la direction des Basses Alpes, car là-bas, nous pourrions travailler pour les vendanges. C'est ce que mon père a décidé de faire, et nous sommes donc arrivés dans les Basses Alpes ; ce fut une grande déception parce qu'il n'y avait pas de vendanges. En fait, nous étions arrivés dans un ancien camp de prisonniers républicains espagnols, qui fuyaient la guerre d'Espagne.

Dans le camp, des Juifs alsaciens étaient chargés des cuisines, et ils nous ont véritablement affamés. Encore aujourd'hui, j'éprouve beaucoup de ressentiment à leur égard. C'était abominable. Nous, les jeunes, nous sortions à travers les fils barbelés pour aller dans les champs, et essayer de grappiller une pomme de terre, une carotte, n'importe quoi. Je suis restée dans ce camp un an et demi. Puis nous nous sommes enfuis et nous sommes partis à Lyon.

Là, on nous a installés dans une maison en démolition infestée de gros rats. Un jour, j'avais alors 17 ans, j'ai rencontré une copine, Erna Gotlob, qui m'a dit, en grand secret évidemment, qu'elle avait des contacts avec les jeunesses communistes «J.C», et qu'elle avait décidé d'entrer dans la Résistance. Elle a m'a demandé si je voulais aussi rejoindre la Résistance, j'ai accepté immédiatement.

Aux jeunesses communistes, nos activités consistaient à distribuer des tracts, coller des affiches, et d'autres actions non armées. Je suis restée dans ce groupe environ six mois. Un soir, avec un copain, pendant le couvre-feu, nous étions face à un mur avec un pot de peinture et nous avons écrit : «Vive le 26ème anniversaire de l'armée rouge.» Nous avons failli être pris, et j'ai pris conscience des risques énormes que j'encourais pour une simple inscription sur un mur ! Mourir avec un pot de peinture à la main, je trouvais ça débile. Je trouvais que l'action n'était pas à la mesure des risques. J'ai eu alors l'opportunité d'entrer dans les «Francs-Tireurs Partisans» où on agissait vraiment. Si je devais mourir, je voulais mourir en combattant. Dans les camps, on mûrit très vite et on devient très vite adulte ; on commençait à savoir ce qui se passait dans les camps en Allemagne et je ne voulais pas mourir gazée. Un jour, durant l'été 1943, on m'a proposé d'assurer la liaison entre Lyon, Grenoble, Nice, Marseille, et cela une fois par semaine. On préférait envoyer des filles, car les garçons étaient plus facilement repérables. Je devais transporter une valise avec un double fond. A l'intérieur il y avait des directives et des armes. À cette époque, je ne mesurais pas le danger de la situation. Une action armée, c'est rapide et de courte durée, tandis que les voyages étaient très longs, et les risques de me faire prendre était bien plus grands.

Un jour, alors que je me trouvais dans un compartiment, les Allemands sont montés pour un contrôle et ont demandé à l'un des voyageurs de leur montrer sa valise. En l'ouvrant, ils ont découvert des saucissons et des fromages et ils ont tout confisqué ! Ils ont ouvert toutes les valises du compartiment, sauf la mienne ! Il n'est pas nécessaire de dire ce que j'ai ressenti à ce moment ! J'ai été envahie par une immense peur, car si on découvrait ce que je transportais, c'était immédiatement la chambre des tortures. J'ai eu l'audace de demander aux Allemands : « *Dois-je également montrer ma valise ?* ». Et ils m'ont répondu : « *Non, ce n'est pas nécessaire pour vous !* » J'ai effectué ces voyages pendant six mois, ce qui représentait une certaine performance.

Au bout de six mois j'ai demandé à la direction de cesser les voyages car mes nerfs commençaient à flancher, et j'ai signalé que je préférais participer à des actions armées. Ils ont reconnu que beaucoup de camarades étaient tombés et qu'ils avaient besoin de recruter de nouveaux éléments. On savait que plusieurs jeunes avaient réussi à s'évader des camps de Gurs, de Rivesaltes, et d'autres camps. On devait pouvoir les contacter. Parmi eux, certains voudraient peut-être participer à la Résistance. Comment les contacter ? Il y avait à Lyon un restaurant casher, où tous les évadés des camps pouvaient venir manger ; je me suis rendue à ce restaurant où j'ai contacté des jeunes, qui ne demandaient pas mieux que de passer à l'action armée.

Mon travail consistait à leur procurer des cartes d'identité et des cartes d'alimentation, et à les recruter dans les F.T.P. Un jour, j'arrive dans le restaurant qui s'appelait « Grabsky », et soudain, il y a une descente de la Gestapo. Ce jour-là, il y avait une centaine de personnes présentes parmi lesquelles mon grand-père et sa seconde épouse. Mon grand-père était un homme très religieux, qui portait les papillotes, et comme on était dans la période de Pessah, il ne pouvait pas manger de pain, et s'était rendu au restaurant pour manger des matzot. C'est ainsi qu'ils se sont fait prendre.

J'ai été prise dans la rafle et je me suis dit que si on me fouillait, j'étais fichue, non seulement parce que j'étais juive mais aussi parce que j'étais résistante. Alors, j'ai simulé un malaise, me suis assise sur une chaise et j'ai réussi à sortir les documents compromettants de mon sac et à les dissimuler dans une boîte qui se trouvait près d'un mur. Ils nous ont fait monter dans un camion et nous ont conduits au siège de la Gestapo, avenue Berthelot à Lyon. Je peux vous assurer que peu de gens sortaient vivants de l'avenue Berthelot. C'était soit la déportation, soit la mort sous la torture, ou l'exécution dans la grande cour. Nous étions entassés dans un grand couloir, nous entendions des bruits épouvantables, effrayants, les hurlements des enfants et des mères ; les gens étaient torturés dans les caves. Je ne pourrai jamais oublier ce moment.

Je me demandais ce qu'il fallait faire ; alors j'ai dit au garçon qui m'avait remis les papiers : « *Tu sais quoi ? Je vais leur dire que je ne suis pas juive* ». J'étais blonde à cette époque et je n'avais pas *du tout le type juif. Et il m'a répondu :*

« Moi aussi je vais leur dire que je ne suis pas juif ». Il était blond aux yeux bleus. Avec son air nordique, il aurait pu passer pour un Allemand. Alors il est allé au bureau et il leur a dit : *« Ecoutez, moi je suis français et je ne suis pas juif ».* *« Eh bien, nous allons voir ça, »* et on lui a demandé d'enlever son pantalon. Ils l'ont frappé cruellement, et l'ont sorti du bureau ensanglanté, avec un œil qui pendait sur sa joue. C'était affreux à voir.

Et ce fut mon tour d'entrer dans le bureau ; fallait-il déclarer ne pas être juive ? Je suis entrée et j'ai dit que je n'étais pas juive. J'ai été interrogée par différentes personnes et cela pendant huit heures. Je ne comprends pas encore comment j'ai réussi à m'en sortir, comment ils ont pu me croire. Je me suis fait passer pour une paysanne qui venait de la région de l'Allier (c'était indiqué sur ma fausse carte d'identité, que mon père était prisonnier de guerre, et que j'étais venue chercher du travail comme bonne à tout faire. Ayant une très bonne connaissance de l'allemand, je comprenais tout ce qu'ils se disaient entre eux. Il ne faut pas croire que les membres de la Gestapo étaient stupides, ils connaissaient bien leur « métier ». Vers huit heures du soir, à mon grand étonnement, ils m'ont dit : *« Mademoiselle, ça va, vous pouvez partir ».* Un des hommes me dit : *« Si vous ne trouvez pas du travail comme bonne à tout faire, voici mon adresse, vous pouvez venir me voir, peut-être que je vais vous trouver du travail. »* J'ai répondu : *« Bien sûr, bien sûr. »*

Je me suis retrouvée libre, dehors. Des gens se promenaient en famille, rentraient chez eux, alors qu'en quelques heures j'étais, moi, revenue d'un autre monde. J'ai brusquement beaucoup mûri, je n'étais plus la même. Je suis rentrée à la maison, et trois jours plus tard j'ai eu ma première crise de nerfs, une réaction à cette tension immense que j'avais subie.

Après cet épisode, on m'a mutée dans le groupe de combat « Carmagnole » où j'ai participé à des actions armées, des déraillements de trains, etc. Mon chef de détachement s'appelait « Jacquot ». J'y suis restée jusqu'à l'insurrection de Lyon. Cette insurrection a été la plus dure de toute la France : en effet, les Allemands sentaient venir la défaite, ils montaient du sud vers le nord et ils s'accrochaient bec et ongles à Lyon. Nous avons combattu huit jours et huit nuits sur les barricades jusqu'à ce que Lyon soit libérée.

Il était surprenant que les membres des F. T. P. ne fussent pas affiliés au parti communiste ; mon mari et moi-même ne l'étions pas non plus. Pour cette raison, après la guerre, nous avons été fortement pénalisés dans le mouvement de l'amicale.

Lorsque je regarde en arrière aujourd'hui, je pense qu'un homme ne connaît pas sa véritable valeur, s'il n'a pas été confronté à des situations et des conditions extrêmes, comme l'ont été les déportés et les résistants. Je préférais mourir avec les armes à la main en combattant, plutôt que mourir dans un camp et être gazée.

Après la Libération, nous avons vécu très longtemps dans des conditions extrêmement précaires et il nous a fallu des années pour améliorer notre situation.

Si c'était à refaire, je le referais, non par idéologie, ni par patriotisme, mais uniquement parce que je suis juive et qu'on a voulu me détruire en tant que telle.

Bruxelles, décembre 1998.

❖

RODZYNEK HENRI JOSEPH

F.T.P (Francs-Tireurs et Partisans).
Nom de guerre: Richard.

Je suis né en 1922 à Bydgoszcz, (Bromberg) en Pologne. Il y avait peu de Juifs là où nous habitions, j'allais au mouvement de jeunesse « Hashomer ».

Lorsque Hitler est arrivé au pouvoir, mon père m'a dit : « Il faut faire les valises. Il n'y a pas d'autre solution. Parce les Polonais, antisémites comme ils sont, ils vont probablement devenir hitlériens ». Et c'est ce qui s'est passé. La situation est devenue rapidement épouvantable. Des groupes polonais antisémites attaquaient les magasins, surtout dans la région proche de la frontière allemande ; il y a eu des pogroms, les enfants me battaient à l'école, et le directeur ne disait rien. On devait subir toutes ces exactions.

Nous avons donc décidé de partir à Paris en 1938. Mon père est parti pour l'exposition, et après nous l'avons rejoint. À Paris, nous avons vécu sans papiers, et puis nous avons reçu le fameux récépissé qui nécessitait de se rendre tous les quatre jours à la préfecture de police. Cela durait la journée entière. Nous ne pouvions donc pas travailler, même au noir. C'était une misère terrible.

En 1939, lorsque la guerre a éclaté, nous n'avons plus parlé d'un éventuel retour en Pologne, car on renvoyait des Juifs par trains entiers de Pologne. Nous avons donc décidé de rester en France. Mon frère Elie, qui avait 19 ans, s'est inscrit comme volontaire pour partir à la guerre, et on l'a immédiatement envoyé dans un régiment de la Légion étrangère. Mon père a été exempté parce qu'il était de petite taille. En Angleterre, lorsqu'un étranger voulait s'inscrire dans l'armée, on l'enrôlait dans un régiment anglais, ce qui n'était pas le cas en France ! Il se retrouvait dans la Légion étrangère ! Déjà une discrimination. Mon frère a suivi l'instruction de la Légion étrangère, puis il est monté au front. Pendant ce temps, nous étions restés à Paris, où nous travaillions sans papiers. Nous possédions uniquement un permis de séjour. Lorsque mon frère a été engagé dans la Légion, nous avons reçu nos papiers nous autorisant à travailler. Évidemment nous travaillions à salaire réduit, car nous ne savions pas le français. Nous menions une vie de véritables immigrés. Entre-temps mon frère a été blessé au front, a été fait prisonnier, et nous attendions son retour.

Et puis, la France a perdu la guerre et Pétain est arrivé au pouvoir. Un jour après l'arrivée de Pétain, mon père et moi avons été convoqués à la préfecture, et les policiers nous ont dit : « *Un de vous doit rester ici !* » Devant notre étonnement, ils nous ont précisé : « *Oui, nous avons reçu l'ordre de vous arrêter, alors vous pouvez choisir, vous ou votre père !* » Ils m'ont envoyé à la prison porte des Lilas, et de là à la prison de Pithiviers, où je suis resté 15 mois.

Mon père a décidé de partir à Lyon. Il a franchi la ligne de démarcation en fraude, et est arrivé à Lyon avec ma mère. En ce qui me concerne, j'ai réussi à m'évader de Pithiviers et je me suis rendu à Lyon dans des conditions épouvantables. Et c'est à Lyon que nous nous sommes tous retrouvés, mon père, ma mère, mon frère et moi.

Entre-temps, il y a eu de nombreuses arrestations à Lyon. Les Allemands arrêtaient, les miliciens arrêtaient, les gendarmes français arrêtaient. Alors je me suis dit que je ne voulais pas me laisser prendre. Personne, à ce moment-là, ne savait encore vers quelle destination allaient les Juifs qui étaient arrêtés.

J'avais un copain qui avait un contact avec l'U.J.R.E et c'est ainsi que j'ai rejoint ce groupe. Nous avons effectué plusieurs actions non armées : distribution de tracts, collage d'affiches sur les murs, transports de documents importants. C'était très dangereux. Par exemple, lorsque le tramway passait, nous jetions des tracts à l'intérieur du tramway, il fallait également transporter des armes. Mais pour moi, tout cela n'était pas suffisant, je voulais entrer dans les F. T. P., car je savais que dans ce réseau de Résistance, on se battait les armes à la main. Si je devais me faire attraper, je préférais que ce soit une arme à la main ! Au moins, que je puisse me défendre.

C'est ainsi que j'ai rejoint les F. T. P. dans le groupe de « Carmagnole ». J'ai participé à toutes ses actions. Jusqu'au jour où notre chef de groupe nous a ordonné de chercher des armes en désarmant les flics. Le soir, nous étions des groupes de cinq, nous nous emparions de leurs armes, de leurs cartes d'identité, et nous les menacions de représailles si jamais ils nous dénonçaient.

Nous réussissions souvent. Un jour, nous avons mené cette action dans plusieurs points à Lyon, avec plusieurs groupes simultanément. Je ne sais pas ce qui s'est passé, les policiers avaient dû être prévenus, et lorsque nous avons attaqué un flic, il a sorti son arme et a tiré dans la bouche d'un copain, Raymond. Cela se passait à Villeurbanne. Nous avons trouvé une remorque à vélo où nous avons chargé notre copain alors qu'il saignait abondamment. Nous l'avons ainsi traîné jusqu'au gratte-ciel à Villeurbanne, où il y avait une clinique et où nous l'avons laissé. Nous nous sommes tous sauvés, j'ai sauté par la fenêtre dans une cour, (heureusement j'ai atterri sur des caisses), et j'entendais déjà les Allemands qui arrivaient à la clinique. Je suis resté toute la nuit caché dans le sous-sol. Le lendemain matin, je suis rentré à la maison. Notre copain blessé s'est retrouvé à l'hôpital de la prison.

Quelques jours plus tard, la direction me dit : « *Richard, tu quittes Lyon et tu vas à Grenoble* ». J'ai voulu connaître la raison. Alors on m'a répondu qu'on avait trouvé ma photo dans la poche du copain blessé et que j'étais recherché. Effectivement, je lui avais donné ma photo pour faire une fausse carte d'identité. Ma photo a été affichée dans tous les commissariats de police de Lyon, et j'ai été recherché comme terroriste.

Arrivé à Grenoble, je suis entré dans le groupe « Liberté ». Là également, j'ai participé à toutes les actions du groupe. Nous avons créé un maquis qui s'appelait « lac Vittel » ; c'était le premier maquis de Grenoble. J'y suis resté jusqu'à la libération de Grenoble. On est descendu avec le maquis vers Grenoble pour la libérer. Parmi les chefs du maquis, je me souviens de Le Fort, Petit Paul (c'étaient des noms de guerre, on ne connaissait pas nos vrais noms).

Lorsque Grenoble a été libérée, nous sommes partis à Lyon, armés jusqu'aux dents, car nous avions pu récupérer les armes des Allemands. Arrivés à Lyon, nous avons participé au soulèvement de Villeurbanne.

J'ai appris plus tard que mon frère Elie avait rejoint la Résistance gaulliste, après son évasion. Mon père a été déporté de Lyon en 1944, dans le dernier convoi.

On savait qu'il y avait de nombreuses déportations, mais on ne connaissait rien de cette monstrueuse extermination qui dépassait l'imagination. Les déportés qui revenaient ne parlaient pas. Personne ne voulait les croire.

Je suis resté à la caserne Pardieu et c'est là que j'ai connu ma femme.

Je ne regrette rien de cette époque, bien au contraire. Je suis très content de ce que j'ai fait, cela m'a permis de ne pas me faire arrêter comme un mouton, cela a été pour moi d'une très grande importance.

Bruxelles, décembre 1998.

Samuel Vivette /
○ *F.T.P*

SAMUEL VIVETTE

O.S.E (Organisation de Secours aux Enfants).

Je suis née en 1919 à Paris, de parents d'origine russe qui étaient arrivés en France avant la première guerre mondiale. Mon père, Nahum Herman Samuel, était très connu dans les milieux sionistes de l'époque. Moi, j'ai eu une éducation très française : lycée, éclaireurs laïcs, ensuite j'ai fait des études de philo. J'ai vécu comme une petite parisienne jusqu'au début de la guerre, sans me poser trop de questions. Pendant ma jeunesse, je n'ai pas souffert d'antisémitisme.

Pendant mes études à la Sorbonne, j'étais plutôt de gauche, et au début de la guerre d'Espagne, j'ai participé activement à l'action en faveur des enfants espagnols, victimes de la guerre civile. J'ai fait partie d'une délégation d'étudiants qui est partie en Espagne républicaine, pour apporter – geste symbolique – du lait aux enfants. Mais nous avons été bloqués par l'avancée des troupes de Franco. Alors que notre voyage ne devait durer que quelques jours, je me suis retrouvée avec quelques camarades bloqués en pleine guerre d'Espagne pendant un mois.

Au début de la guerre, au moment de l'avancée des troupes allemandes, le collège dans lequel je travaillais a été transféré près de la frontière espagnole. Cela a été mon premier contact avec la guerre. Par la suite, j'ai continué mes études pendant une année à l'université de Toulouse, jusqu'au jour où, à la fin de l'année, on m'a demandé de signer un papier où je déclarais que je n'étais pas juive. J'ai refusé de signer ce papier et donc je n'ai pas pu retourner à l'université de Toulouse. Comme j'étais libre, je me suis rendue à Marseille car on m'avait dit que l'on cherchait quelqu'un pour travailler à l'OSE, (Organisation de Secours pour l'Enfance).

On cherchait quelqu'un pour prendre en charge les enfants internés à Rivesaltes (j'avais été étonnée d'apprendre qu'il y avait des enfants dans ce camp, je pensais que Pétain n'aurait pas permis cela!). J'ai obtenu l'autorisation de mon père qui s'est déclaré très fier de mon engagement. C'est ainsi que je suis partie comme assistante présidente, au camp Rivesaltes.

Mon travail dans le camp consistait à chercher des lieux d'accueil pour des enfants de moins de 14 ans, d'ouvrir des maisons et des centres familiaux. Je devais obtenir du camp que les enfants soient libérés et persuader aussi les familles de ces enfants de les laisser partir pour les mettre en lieu sûr. Aucun enfant de Rivesaltes n'a été déporté parce qu'on avait réussi à tous les libérer.

J'ai travaillé d'abord avec André Salomon, et avec le Docteur Weil. Tous les deux étaient de l'OSE. C'est la aussi que j'ai connu celui qui allait devenir mon mari. Nous avons vécu avec les papiers d'amis qui n'étaient pas juifs, avec acte de naissance, acte de baptême etc., ce qui a sauvé la vie de mon mari lorsqu'il a été arrêté. Mon père, lui, a été arrêté par les miliciens lors de son passage à l'OSE, (il apportait de l'argent), il a été déporté et il n'est jamais revenu.

Il y avait un très grand élan de solidarité entre Juifs et Résistants. Lorsque mon père a été arrêté, ce sont mes amis qui m'ont donné leur identité et j'ai vécu beaucoup plus longtemps sous le nom de mon amie que sous le nom de mon mari, Samuel. Un jour, nous avons eu la visite de la Gestapo à Chambéry. Se trouvaient également dans l'appartement ma petite fille et une jeune fille juive d'origine allemande, âgée de 15 ans, avec une fausse identité (nous avons découvert plus tard qu'ils avaient obtenu notre adresse en arrêtant quelqu'un à la frontière suisse), et après un contrôle minutieux, ils sont partis en emportant nos cartes d'identité. Puis, ils sont revenus et nous ont remis les documents d'identité. On a su plus tard que c'était une façon de voir si nous allions rester ou nous sauver. A partir de ce moment-là, nous sommes entrés en clandestinité.

Mon mari a été arrêté avec un de ses amis à Lyon. Ils ont été enfermés à Montluc, puis embarqués pour être déportés. Ils ont décidé de sauter du train avec sept autres prisonniers. Après de nombreuses péripéties, mon mari a réussi à rejoindre ma sœur qui habitait Paris, et vivait également sous une fausse identité.

La période heureuse de la Libération a été marquée par un événement noir et qui a laissé un goût amer. Cc'étaient les femmes qu'on croyait avoir frayé avec des Allemands et qui ont été tondues.

Après la guerre, j'ai entrepris une formation d'assistante sociale, j'ai été contactée par une Association d'Anciennes Déportées de la Résistance, qui connaissait mon passé, pour travailler avec elles. Je me suis beaucoup investie dans ce travail, mais je ne m'y sentais pas bien car ces assistantes de la Résistance parlaient avec beaucoup de dédain des Juifs déportés, alors que mon père était mort en déportation. Pour elles, seuls comptaient les déportés de la Résistance. Le hasard a fait que j'ai été recontactée par l'OSE, qui m'a demandé de venir chez eux pour être assistante sociale.

J'ai été contactée par une maison d'édition qui m'a demandé d'écrire un livre sur mes activités pendant la deuxième Guerre Mondiale, et c'est ma petite-fille qui m'a fortement encouragée à écrire ce livre. Nous avons travaillé ensemble, je racontais et elle écrivait. Le livre a été publié sous le titre « Sauvez les Enfants ». Un jour, une jeune Allemande - Ingrid Strobel - est venue m'interviewer sur la Résistance des femmes juives en France pour une publication en Allemagne. Et c'est ainsi que mon livre a été également traduit en allemand.

Cette période a été, bien sûr, la plus terrible de ma vie. J'ai perdu mon père qui a été déporté, j'ai failli perdre mon mari qui a sauté du train. Mais, pendant cette période, nous avons pu découvrir la vraie nature des gens et si beaucoup se sont révélés sous les aspects les plus hideux, d'autres ont fait preuve de toute leur humanité, de leur solidarité, de leur altruisme, donnant le meilleur d'eux-mêmes pour sauver d'autres êtres humains. L'humanité n'est donc pas perdue. Les choses les plus horribles peuvent se passer - et qu'y a-t-il de plus terrible que les chambres à gaz ?- mais, en même temps, nous avons été témoins d'extraordinaires sursauts de générosité. Nous avons vécu le pire et le meilleur.

Paris, mai 2002.

Schmiliver Eva - Wajnblum /
o *«Armée Secrète»* - France.

SCHMILIVER EVA-WAJNBLUM

« Armée Secrète ». France.
Nom guerre : Odette Berdoulac.

Je suis née le 19 mars 1925 à Bruxelles. Mes parents venaient de Bialabo-dlaska, **à** la frontière polono-russe. Ils sont arrivés en Belgique vers 1919. Je fréquentais l'école juive pour apprendre à lire et écrire le yiddish, et j'allais au mouvement de jeunesse « le Bund ». J'étais imprégnée des idées de la gauche et d'un autre côté j'étais très insouciante. J'avais surtout des amis juifs et j'avais un professeur de piano qui était juif.

À la déclaration de la guerre, nous sommes partis en laissant tout sur place. Mon oncle, ma tante et leur petite fille sont restés dans notre appartement.

Le train de réfugiés nous a amenés à Baissière, du côté de Toulouse. Il faisait un temps merveilleux, et je ne voulais qu'une chose, aller me promener dans les environs avec les autres jeunes réfugiés. J'avais 15 ans à ce moment-là.

Au bout de deux mois, mon père qui était fabricant de gants et se fournis-sait en peaux à Millau dans l'Aveyron, nous y a emmenés. J'ai fréquenté le collège pendant deux ans, ce qui m'a beaucoup ouvert l'esprit. Mes amis étaient protestants, et j'avais accès à une immense bibliothèque. Je passais mon temps à lire.

Puis mes parents et moi avons été arrêtés par la milice et internés dans le camp de Gurs. Au camp de Gurs, je me suis retrouvée seule parce que mes parents ont été désignés pour partir à Rivesaltes. J'avais entrepris des démarches pour être protégée par le consulat belge, mais mon père a décidé de me laisser en me persuadant que je pouvais encore faire quelque chose pour eux.

J'ai ensuite été cachée. Des Français m'ont donné une fausse carte d'identité. Au moment de l'entrée des Allemands à la mi-novembre 1942, en zone libre, ils m'ont demandé si je voulais partir et j'ai répondu « *Oui je veux partir* ». Et le soir même, je me suis évadée de la résidence où j'étais, mais j'avais en main une carte d'identité que le secrétaire de la mairie m'avait confectionnée, au nom d'une jeune fille du même âge que moi, qui était décédée, et dont le nom ne figurait pas sur les registres. Ce qui m'a aidée évidemment par la suite, lorsque j'ai été arrêtée par les Allemands.

Je suis partie à Nîmes, où j'ai trouvé du travail dans la maison de Pétain, « Au Secours du Prisonnier », ce qui était une excellente planque. J'y suis restée un bon moment. Les gens là-bas m'appréciaient beaucoup, ils m'appelaient « leur sourire de la journée ». Ils voulaient que je fasse des études d'assistante sociale et pour cela, il fallait fournir différents documents. Lorsque j'ai appris qu'il fallait avoir tous ces documents, je suis partie du jour au lendemain de Nîmes, car c'était trop dangereux.

Je me suis retrouvée à Nice, où je connaissais une famille que j'avais rencontrée après le camp de Gurs. Comme j'avais appris la sténo, j'ai pu me faire engager dans la maison du « Secours National » de Pétain à Nice, où on était bien nourris. Là, j'ai fait la connaissance d'une assistante sociale qui était dans la Résistance ; cela, je ne le savais pas encore. Nous avons sympathisé et puis un jour elle m'a invitée à déjeuner dans un bistrot, où mon futur chef (que je ne connaissais pas encore) me dévisageait. Finalement, il m'a été présenté, nous avons discuté et il m'a demandé de m'engager dans la Résistance, ce que j'ai accepté car je voulais agir.

J'ai été engagée à Grasse, sous le titre de secrétaire particulière du Dr Colomband qui était en fait le responsable de tout le réseau de Résistance de ce coin-là. En fait, je servais de sténodactylo à un certain, « Circonférence »*⁴, un délégué militaire de Londres, qui habitait à Grasse, dans la villa Beau Site. Je m'occupais du courrier et de diverses actions de camouflage. Ma responsable directe était la secrétaire particulière de Charles de Gaulle à Alger, qui avait été parachutée en France et avait subi un traumatisme crânien parce qu'elle avait été battue. Nous nous appréciions beaucoup. Elle était mariée à un banquier américain, et c'est grâce à leur témoignage que j'ai été reconnue comme résistante.

Le nommé « Circonférence » habitait Londres et avait été parachuté pour être délégué militaire de Londres dans la région du Sud-Est. C'était le grand manitou.

Aucun membre de mon réseau de Résistance ne savait que j'étais juive, j'ai très bien gardé mon secret jusqu'au 25 août 1944, lorsque de Gaulle a fait son entrée à Paris. J'ai dit alors, très énervée, que je m'appelais Eva Wajnbaum, et non Odette Berdoulac, qui était mon nom de guerre.

---

4   « Circonférence ». (Voir témoignage de Serge Ravanel.)

Un jour, je suis allée à Cannes avec le Dr Colomband et sa fille. Nous avons été pris dans une souricière, et arrêtés dans une rue à Cannes. Nous avons été détenus pendant six ou sept jours à Montfleury, sur les hauteurs de Cannes. On a voulu nous faire descendre dans une cave où il y avait de nombreux Juifs. Alors je me suis rebellée en disant que je ne voyais pas ce que je faisais ici, puisque je n'étais pas juive ! On m'a remontée et le policier s'est amusé à pointer son revolver sur ma tempe, je n'ai pas bougé. Puis, nous avons été transférés au quartier allemand de Nice, et à l'entrée, j'ai vu un homme dans une cage. Cela m'a fait un tel choc que j'ai valsé pour entrer en prison, ils ont cru que j'étais cinglée !

J'ai passé huit jours au cachot, je croyais que tout était fini, des cafards couraient sur mon corps et je me trouvais plongée dans une obscurité totale. Lorsqu'on m'a remontée, un rayon de soleil s'était posé sur mon lit. La Croix-Rouge qui était passée, avait déposé un morceau de pain avec de la confiture. J'ai repris confiance en la vie.

Pendant un mois, nous avons subi des interrogatoires non violents. C'était déjà presque la Libération. La fille du Dr Colomband et moi avons été libérées. Comme je ne savais pas où aller, elle m'a emmenée chez elle à Grasse.

Puis est arrivée la Libération. Comme je pensais avoir un cousin à Monaco, j'ai demandé à un groupe de F. F.I de m'y conduire en voiture, et lorsque nous sommes arrivés à Monte-Carlo, mon cousin m'attendait ! C'était vraiment un miracle ! J'ai voulu ensuite remonter sur Paris pour m'engager avec les troupes alliées qui se dirigeaient vers l'Allemagne, mais mon cousin m'en a empêchée, car il avait été dans les camps. Il était interprète chez les Américains, et on a fini par se perdre de vue. Je suis retournée à Paris, et un jour en entrant dans le métro, j'ai vu mon cousin en face de moi ! Nous sommes retournés à Bruxelles en 1945.

Je n'ai plus jamais eu des nouvelles de mes parents. Après la Libération, un de mes cousins, revenu de déportation, m'a dit avoir rencontré mon père un an après avoir été déporté, mais il n'était resté avec lui qu'une quinzaine de jours, puis plus rien.

Lorsque je pense à cette époque aujourd'hui, je crois que j'ai bien agi. J'avais mes convictions et je voulais me battre pour arriver à quelque chose. Lorsque j'ai rencontré mon mari, il m'a raconté qu'il avait fait cinq tentatives d'évasion. Cela nous a beaucoup rapprochés.

Bruxelles, juin 2002.

Sikierski-Caraco Denise /
○ *«Armée Secrète» - France.*

SIKIERSKI - CARACO DENISE

E.I.F. (Eclaireurs Israélites de France)
Nom de guerre : « Colibri »

Je suis née en 1924 à Marseille dans une famille israélite bourgeoise, comme on disait à l'époque. Mon père est né en Turquie, et il a immigré très jeune en France. Ma mère est née à Zichron Yaakov en Palestine de l'époque, (ou en Syrie, comme cela est marqué sur ses papiers). Mon grand-père était administrateur du baron de Rothschild dans diverses colonies, en particulier à Zichron Yaakov, et donc c'est là que ma mère, ses frères et sœurs sont nés.

J'étais, depuis l'âge de dix ans, membre des Eclaireurs Israélites de France. A la déclaration de la guerre, j'avais 15 ans j'étais encore au lycée, j'ai continué sans encombres mes études jusqu'à l'obtention de mon baccalauréat.

Les statuts des Juifs ont été promulgués pendant que j'étais en classe de terminale en philo, et donc toutes les portes se fermaient devant moi. Je n'ai jamais eu de problème d'antisémitisme au lycée Longchamp à Marseille. Le hasard a fait qu'à l'école, j'ai toujours été la seule Israélite (comme on disait à l'époque). Au contraire j'ai ressenti une très grande solidarité de la part de mes amis, et surtout à partir du moment que les Juifs ont été discriminés.

Robert Gamzon, « Castor », le fondateur et le commissaire général des Eclaireurs Israélites de France a demandé à tous les chefs des E I. F. de la zone sud de passer un mois, suivant leur disponibilité dans un centre E.I.F, soit dans un chantier rural soit dans une maison pour enfants, pour vivre la vie juive 24 heures sur 24. C'est ainsi que j'ai passé tout le mois d'août 1942 dans une ferme-école à Lautrec, dans la région de Toulouse, qui était dirigée par « Castor », sa femme et Léon Kohn.

Castor, par je ne sais quel moyen, avait été prévenu des rafles qui ont eu lieu fin août 1942, et il a fallu mettre à l'abri un certain nombre de jeunes qui se trouvaient à Lautrec. On a dû faire de même dans les autres maisons d'enfants. Il fallait protéger tous ceux qui étaient entrés en France après 1936 et qui pouvaient, d'un jour à l'autre, être arrêtés puis déportés.

Ma première mission clandestine (à l'époque on ne parlait pas encore de Résistance) a été de convoyer quatre filles de Lautrec qui parlaient très mal le français – elles étaient arrivées en France après 1936 - vers des adresses qu'on m'avait indiquées et là, elles seraient prises en charge afin de les cacher.

Par la suite, j'ai fait un camp d'école des chefs qui était dirigée par Léon Kohn dans la région de Limoges. Là aussi, on nous a demandé de chercher des cachettes pour des enfants d'une maison de l'O.S.E (Œuvre de Secours pour l'Enfant), le château de Mon Tintin. Cela a été ma deuxième mission clandestine. À mon retour à Marseille, en septembre 1942, mes camarades des E. I. F. avaient déjà organisé une petite structure en collaboration avec la direction et le personnel de l'O.S.E. Le dispensaire nous servait de façade.

On cachait également des Juifs étrangers menacés d'arrestation et, quand cela était possible, de sauver des Juifs qui étaient internés au camp des Milles, entre Marseille et Aix-en-Provence, et qui venaient, la journée, se faire soigner au dispensaire de l'O.S.E. Nous les prenions en charge et ainsi, ils ne retournaient pas au camp. Il fallait les cacher, les nourrir et subvenir à leurs besoins. Ils n'avaient absolument rien, uniquement la carte de laissez-passer pour la journée et rien d'autre. De nombreux volontaires, n'appartenant à aucune organisation, sont venus spontanément se joindre à ce groupe des Éclaireurs Israélites de France. C'est là que j'ai connu Léon Poliakov et Joseph Bass qui se faisait appeler « Monsieur André » ; par la suite il a été le fondateur et le chef du groupe « André », de son vrai nom le « Groupe d'Actions contre la Déportation » qu'on a appelé « Le Service André ». Notre groupe était essentiellement composé de jeunes Juifs, mais des non-Juifs nous ont beaucoup aidés. Je me souviens en particulier de Rolande Bergis, qui était une militante de la J.O.C. (Jeunesse Ouvrière Catholique), et qui d'ailleurs a été reconnue en 1984 par Yad Vashem, sur la base de nos témoignages, comme Juste parmi les Nations.

Le 11 novembre 1942, les Allemands ont occupé la zone sud et ainsi la totalité du territoire français se trouvait occupée. A partir de ce moment-là, nous avons été obligés de mieux nous structurer et de nous organiser. En effet, cela devenait beaucoup plus dangereux. Nous avons été informés par des membres de la Résistance française qui avaient des antennes à la préfecture que les cartes d'identité et les cartes d'alimentation de tous les Juifs français ou étrangers allaient bientôt être tamponnées avec la mention « Juif ».

J'avais la chance d'avoir un nom de famille qui, pour les Allemands, n'avait pas de consonance juive, bien qu'à Marseille, tout le monde savait que « Caraco » était un nom juif. Comme ma famille était non pratiquante et très française, ma mère n'avait pas pensé à me donner un prénom juif. Mes prénoms étaient Denise, Julie. Comme j'étais blonde aux yeux bleus, je me suis donc dit qu'il fallait absolument que je préserve ma carte d'identité.

Un jour, je me suis présentée au commissariat de police de mon arrondissement en larmes, simulées évidemment, racontant au commissaire que j'avais perdu mon sac avec tous les documents d'identité. Cette petite comédie m'a permis d'obtenir le renouvellement de mes papiers.

J'aimerais citer, pour honorer leur mémoire, les noms des camarades tombés : Claude Gutman, Griffon, (pris sous mes yeux à Nice en septembre 1943), Huguette Baal, (arrêtée à Nice également), Raymond Winter - « Chameau » ; dans son livre « Souviens-toi d'Amalek », il parle des gens de la sixième des E.I. F (dont j'ai fait partie) qui ont été pris pendant la guerre. Il y a eu le rabbin Samy Clar, Léon Kohn, Marianne Kohn qui a été torturée à mort : on avait fait ensemble des passages à la frontière suisse (je parle de ceux que j'ai connus personnellement).

Le jour de la Libération a été pour moi le jour le plus triste de ma vie. Je devais aller à Marseille pour m'occuper de ma grand-mère qui avait été agressée par quatre miliciens dans une maison de repos, et avait été dépouillée de tout ce qu'elle possédait. Je suis partie contre la volonté d'André, qui ne voulait pas que je retourne à Marseille, et il avait raison car j'avais déjà été par deux fois recherchée par la Gestapo. J'ai désobéi aux ordres, ce qui était grave pendant la guerre, mais il fallait que j'aille sauver ma grand-mère. C'était en juillet 1944. On m'avait prévenue que je risquais d'être bloquée à Marseille, on savait que le débarquement en Provence était imminent. Marseille était pilonnée jour et nuit, par air et par mer. C'était épouvantable, un véritable cauchemar. Lorsque j'ai terminé de m'occuper de ma grand-mère et que j'ai voulu retourner en Haute-Loire pour rejoindre Monsieur André, il n'y avait plus de train. J'ai quitté Marseille avec le dernier train qui était un train allemand, auquel ils avaient attaché un wagon pour les Français qui voulaient quitter la ville.

J'ai pris ce train et nous avons été mitraillés sans interruption de Marseille jusqu'à Orange. C'était l'enfer. A la gare d'Orange, il n'y avait plus de rails, il n'y avait plus rien du tout, même la gare n'existait plus. Les bombardements ont continué toute la nuit, et je me suis réfugiée dans le théâtre antique d'Orange. J'ai continué ma route à pied, en vélo, en charrette, en stop, en camion. J'ai mis huit à dix jours pour rejoindre la Haute-Loire.

À cause des difficultés de circulation et des dangers pendant la guerre, nous n'avions plus de nouvelles les uns des autres, d'une région à une autre. Pendant ces deux derniers mois, j'ai ignoré totalement ce qu'il était advenu de mes autres camarades. Un de mes camarades de la Résistance juive est venu de Paris pour nous informer des derniers événements.

Alors que les gens dansaient dans les rues décorées de guirlandes et aux sons d'une musique joyeuse pour fêter la Libération, moi j'ai appris, de la bouche de ce camarade, l'arrestation et la mort de plusieurs d'entre nous. En cette journée de liesse, moi je pleurais. Pour moi, le jour de la Libération fut un des jours les plus terribles de ma vie. J'ai senti, ce jour-là, que j'étais différente des autres, et que plus jamais je ne pourrais me sentir comme les autres Français.

À la Libération, je m'étais promise de consacrer un an ou deux de ma vie à Erets Israël, pour aller défricher et lutter à la place de mes camarades sionistes qui étaient tombés. J'avais fait ce vœu mais je n'étais pas vraiment sioniste, je n'avais pas du tout décidé d'y faire ma vie. Mais mon mari était vraiment sioniste et lui, voulait s'y installer.

Les délégués de l'agence sioniste nous ont persuadés que si nous étions de véritables sionistes, c'était le moment d'y aller. Nous avons formé un groupe pour suivre une «Hachshara» (préparation pour le travail d'agriculture), avec d'autres jeunes qui venaient de France et d'Afrique du Nord. C'était en 1947. Le 29 novembre 1947 a été proclamé le partage de la Palestine par l'ONU, et c'est ce jour-là que nous sommes partis de Paris, à destination d'Israël.

Nous sommes passés par le camp du Grand Arénas, où nous avons retrouvé une grande partie de nos camarades, qui avaient entre-temps embarqué sur l'Exodus, et étaient revenus de l'Allemagne vers la France. Nous étions tous prêts à partir avec l'Alya Dalet.

Après un voyage de 12 jours en mer, nous sommes arrivés à Haïfa.

J'éprouve aujourd'hui une grande déception car nous avions un grand idéal et nous avions donné toute notre jeunesse pour le réaliser. J'ai fait passer mon idéal avant ma famille. Les premières années ici ont été extrêmement difficiles. Pendant la guerre d'indépendance, nous habitions au kibboutz de Névé Ilan. Par la suite, nous avons quitté le kibboutz, nous avons rejoint les anciens de la Brigade et nous avons fondé un Moshav (village) dans le Néguev (désert d'Israël), qui s'appelle, Avigdor, et qui, aujourd'hui encore, est un village prospère.

Si le pays avait continué dans cette voie, c'est-à-dire celle des idéalistes de l'époque, (j'ai souvent des remords vis-à-vis de mes enfants, car je pense que quelque part je les ai sacrifiés), je n'éprouverais aucun regret, je dirais au contraire que j'ai participé à quelque chose qui a donné des résultats positifs. Mais, lorsque je vois la mentalité de la majorité de la population, cela me rend très triste. Israël est un pays magnifique ; sur le plan matériel et technique, il y a des réalisations tout à fait extraordinaires.

Jérusalem, janvier 2002.

❖

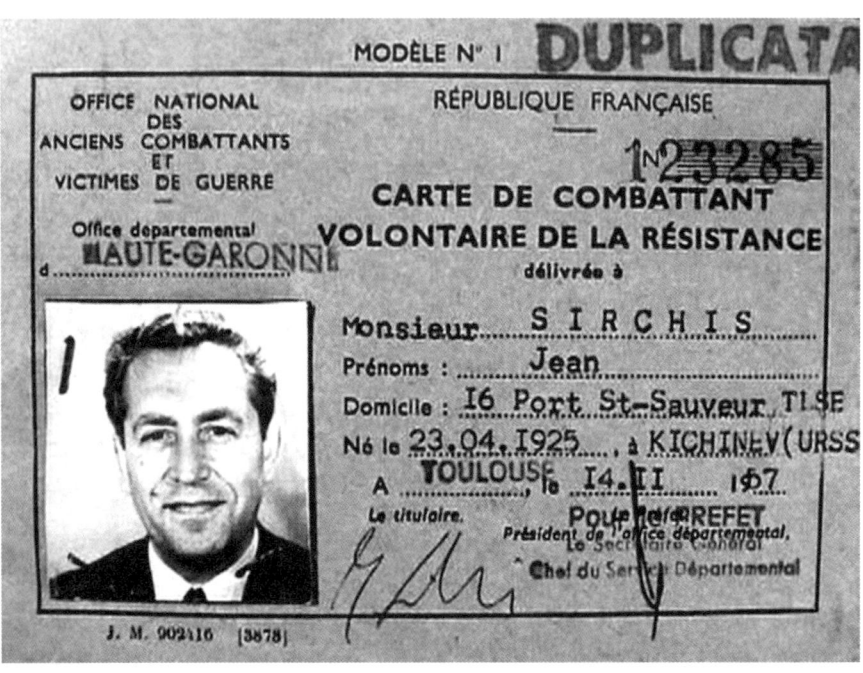

MODÈLE N° 1   **DUPLICATA**

OFFICE NATIONAL
DES
ANCIENS COMBATTANTS
ET
VICTIMES DE GUERRE

RÉPUBLIQUE FRANÇAISE

N° 123285

Office départemental
HAUTE-GARONNE
d...

**CARTE DE COMBATTANT
VOLONTAIRE DE LA RÉSISTANCE**
délivrée à

Monsieur .... S I R C H I S ....
Prénoms : .... Jean ....
Domicile : .... 16 Port St-Sauveur TLSE
Né le 23.04.1925...., à KICHINEV (URSS
A ...TOULOUSE, le 14.II..... 1957

Le titulaire.

Pour le PRÉFET
Président de l'office départemental,
Le Secrétaire Général
Chef du Service Départemental

J. M. 902416   [3878]

Sirchis Jean /
○ A.J ○ O.J.C

SIRCHIS JEAN

A.J – O.J.C. – (Organisation Juive de Combat)
Nom de guerre : Jean Sabatier.

Je suis né le 23 avril 1925, dans une région qui actuellement s'appelle la république de Moldavie et dont la capitale est Kichinev. A ma naissance, j'avais la nationalité roumaine. Nous sommes arrivés en France lorsque j'avais cinq ans, et notre périple s'est achevé à Toulouse, ville où était installé l'oncle de ma mère. J'allais à l'école et vers l'âge de ma Bar-mitsvah, j'ai participé à des mouvements de jeunesse. Mes parents n'étaient pas particulièrement pratiquants.

Dès l'avènement du régime de Vichy, l'antisémitisme s'est fait sentir presque du jour au lendemain. De sorte que tous les Juifs ont eu pour réaction de se serrer les coudes, et le réflexe de mes parents et de moi-même a été de nous rapprocher de la synagogue. J'y ai retrouvé des jeunes avec lesquels j'avais suivi des cours du judaïsme et c'est à partir de là que date mon entrée dans la Résistance.

Mon activité dans la Résistance s'est manifestée au début par l'aide aux Juifs clandestins, qui arrivaient en masse du nord de la France, de la Belgique, de la Hollande, et d'Allemagne, ou qui étaient apatrides. Autour de la synagogue, il y avait un petit noyau de jeunes qui se sont révélés plus tard être des sionistes. On trouvait également quelques Eclaireurs Israélites de France qui se réunissaient sous la direction active du rabbin pour organiser l'aide aux immigrants. Il fallait les loger, leur donner de la nourriture et, plus tard, leur procurer de faux papiers. Toulouse est devenue ainsi une plaque tournante pour les Juifs qui cherchaient à se protéger en partant vers l'Espagne, et aussi une plaque tournante de la Résistance.

Le début de mes activités dans la Résistance proprement dite remonte au mois d'août 1940, peu de temps après la défaite française. Mes camarades et moi n'avions pas encore 17 ans, certains étaient même beaucoup plus jeunes. Nous sommes entrés dans cette activité sans nous poser beaucoup de questions. Nous nous sommes vite aperçus que les gens qui nous donnaient des ordres et des instructions en savaient beaucoup plus que nous. Plus tard, nous avons questionné nos dirigeants, et c'est ainsi que nous avons appris petit à petit qu'ils faisaient partie d'une organisation secrète qui s'appelait : « Main Forte », (en hébreu « Yad Hazaka ») dont l'objectif était de sauver le plus grand nombre de Juifs possible, pour que, dans une deuxième étape, on puisse leur donner une formation militaire rudimentaire et les envoyer, via l'Espagne, en Palestine.

Il y avait là un paradoxe puisque nous étions dans un pays à régime fasciste, antisémite, collaborateur actif de l'Allemagne, et il fallait travailler pour faire évader des jeunes Juifs pour qu'ils se battent contre les Anglais en Palestine – donc contre nos alliés -, qui à l'époque étaient les seuls à combattre les pays de l'Axe. Mais, l'important pour nous était la création d'un État juif ! Et donc, à nos yeux, les Anglais étaient devenus des ennemis autant que les Allemands, (aujourd'hui bien entendu, avec le recul, on sait que, sans les Anglais, la guerre aurait été irrémédiablement perdue).

Cette période, que j'appellerai « entre deux ennemis » a duré jusque vers le milieu de l'année 1941, date à laquelle a été créée la « Brigade Juive » en Palestine. Cette Brigade avait été intégrée dans l'armée britannique qui combattait alors les Italiens en Libye. Nos chefs ont obtenu que les jeunes Juifs de notre réseau puissent s'engager dans la Brigade Juive en passant par l'Espagne. À partir de ce moment, les Anglais sont redevenus, pour nous, nos alliés ! Les jeunes envoyés en Espagne avaient pour mission de rejoindre le plus rapidement possible un consulat britannique en Espagne.

Cette organisation - la « Main Forte » - a été créée par deux Toulousains, tous deux ingénieurs, Abraham Polonski, « Paul », et Lucien Lublin. Leurs opinions politiques étaient totalement opposées. Polonski était proche de l'idéal de Zeev Jabotinsky, et Lublin des sionistes du Mapai, de David Ben Gourion. Je crois savoir que c'est Lucien Lublin, homme très intelligent qui avait de nombreux contacts dans la Résistance, qui a infléchi la direction de l'organisation, en pactisant avec les Anglais, afin de permettre aux jeunes Juifs de prendre les armes contre les Allemands, d'où le nom « Armée Juive ».

Nous avons commencé à rayonner dans toute la France, puis en Belgique et aux Pays-Bas. Il s'agissait d'abord de recruter des jeunes, et on procédait ainsi : le jeune volontaire était assis dans un café et lisait un journal. Il tenait un crayon dans sa bouche. Je m'approchais de lui et lui demandais s'il était « Armand », et il répondait : « Non, je suis Jules ! » Ce qui donnait : Armand-Jules, Armée-Juive. C'était le code de reconnaissance.

De fin 41 à la mi-42, les jeunes étaient dirigés directement vers l'Espagne.

On les accompagnait de Toulouse jusqu'à un point de passage vers l'Espagne : Pau, Biarritz, Tarbes, Perpignan. Nous avions des relais, des agents locaux qui étaient en relation avec des guides qui faisaient passer les jeunes en Espagne. On faisait cela une fois tous les deux mois, puis le rythme s'est accéléré. Bien entendu, nous leur fournissions tous les documents nécessaires. Et pour que ces documents soient fiables, il fallait que leurs noms soient enregistrés ; pour cela il fallait avoir certaines complicités avec la mairie, et quelquefois avec des policiers et gendarmes.

L'entraînement des jeunes avait lieu dans les bois, aux environs de Toulouse. Un de mes chefs, Albert Cohen, surnommé « Bébé », sous-officier de l'armée française, nous donnait rendez-vous par groupes de cinq à six garçons. Et c'est dans les bois que « Bébé » sortait son revolver, et nous apprenait à monter et démonter l'arme.

Lorsque les jeunes arrivaient en Erets Israël, ils savaient donc manipuler une arme. Plus tard, nous avons été en contact avec un chef, dont je chéris la mémoire, qui s'appelait Raoul Léons. Un grand mystère planait sur sa personne. Quand il est arrivé à l'A.J., il était déjà un personnage important de la Résistance Française, dans l'Armée Secrète. Il était chef de secteur et responsable de la Résistance d'un département.

Raoul Léons était entré en contact avec Lucien Lublin, et avait mis à la disposition de l'A.J. une ferme dans les environs d'Albi. Dans cette ferme, les jeunes pouvaient effectuer un stage de préparation militaire avec un armement rudimentaire. Cela ressemblait à une mini caserne. Après le séjour dans cette ferme, les jeunes partaient en Espagne.

A partir de la mi-43, après la dissolution de l'armée de l'armistice de Vichy, des maquis ont commencé à se développer autour de cette ferme, et parmi eux le « Corps Franc de la Montagne Noire ». Ce maquis était constitué d'un groupe d'officiers du XXIᵉ Dragon qui, après la dissolution de l'armée de l'armistice, ont dissimulé leurs armes pour les soustraire aux Allemands, les ont immergées dans une rivière du Tarn, les ont récupérées plus tard et ont décidé de constituer un maquis à Lacaune.

Un jour, nous avions été prévenus que nos contacts avaient été arrêtés par la Gestapo ; Pierre Loeb et d'autres ont pris immédiatement la décision d'évacuer la ferme. Nous avons pris tous nos effets et le peu de matériel militaire que nous avions. C'était en pleine nuit et nous avons bivouaqué dans la neige fondante. De là, nous sommes partis pour une marche de

25 km vers le petit village de Lacaune. C'est ainsi que notre groupe a été incorporé dans ce maquis du «Corps Franc de la Montagne Noire». Nous sommes devenus l'un des escadrons de ce maquis, sous le commandement de Raoul Léons. Cela se passait en février 1944.

Vers la fin du mois de mars 1944, je me suis arrêté comme d'habitude à Lacaune pour prendre contact avec nos agents locaux. Ceux-ci nous ont annoncé que le «maquis du Corps Franc de la Montagne Noire» avait été attaqué trois jours auparavant, qu'il y avait eu un certain nombre de tués, mais que la majorité du maquis avait réussi à se replier sur un autre site. Cette bataille a été décrite dans le livre intitulé: «Le journal de marche du Corps Franc de la Montagne Noire», ainsi que dans un livre récemment paru, qui est un recueil de témoignages des anciens du «Corps Franc de la Montagne Noire.»

A partir de ce moment-là, l'escadron juif, commandé par Raoul Léons, s'est affirmé non seulement comme une unité de base du «Corps Franc de la Montagne Noire», mais aussi comme une unité résolument juive et résolument sioniste, au vu et au su de tous les autres camarades du Corps Franc. Tous les membres de l'escadron juif portaient un gallon bleu et blanc à l'épaulette. C'était l'escadron «Bleu Blanc», nommé plus tard «l'escadron Trumpeldor». Les cadres du Corps Franc pensaient que le terme «juif» était péjoratif (sans doute à cause de la propagande de Vichy) et ils ont préféré appeler notre escadron, «l'Escadron Israélite».

Celui qui avait négocié l'entrée de notre unité dans Corps Franc était Raoul Léons, et c'est lui qui, dès le début, est apparu comme le chef de l'escadron «Bleu Blanc». Il avait un grade élevé dans la Résistance. Il était - semble-t-il - officier de carrière de l'armée belge, et faisait partie de l'état-major du Corps Franc. Sous ses ordres, il y avait Pierre Loeb. Nous recevions souvent la visite de «Bébé», qui était sergent dans l'armée française, et qui nous apportait les instructions de l'A.J. de Toulouse.

La «Résistance Juive» était très multiforme. Le mouvement auquel j'appartenais était sioniste et traditionaliste juif. Mais de nombreux Juifs incorporés dans l'armée française avaient rejoint les unités de maquis de la Résistance générale. Il y avait aussi la Résistance communiste. La différence entre les résistants juifs communistes et la résistance juive sioniste était d'ordre sociologique, les premiers provenant plutôt de la classe ouvrière et des petits artisans, les seconds issus de milieux plus aisés.

Il faut noter que la Résistance communiste a été plus active et a beaucoup plus nui aux Allemands que les autres résistances. Il n'en demeure pas moins, que le «Corps Franc de la Montagne Noire», a combattu très vaillamment, surtout en juillet et août 1944, contre les arrière-gardes allemandes, qui tentaient de rejoindre la vallée du Rhône ou le nord pour fuir le débarquement des Alliés. Pour des raisons très complexes, l'unité «Bleu Blanc», n'était pas présente sur les lieux de combat.

À un mois de la libération de Toulouse, a eu lieu une attaque contre l'appartement où se réunissaient des agents qui organisaient les départs vers l'Espagne et vers le maquis. Sans doute n'avait-on pas pris assez de précautions. Il y avait de plus en plus d'allées et venues, qui ont sans doute été remarquées par les voisins et peut-être nous ont-ils dénoncés à la milice. Se trouvaient alors dans l'appartement, situé rue de la Pomme, Raoul Léons (qui avait obtenu un ordre de mission de son maquis pour venir organiser un nouveau départ de Toulouse vers le maquis), l'épouse de David Knut, Sarah Fixman, et plusieurs jeunes qui s'apprêtaient à rejoindre le maquis. La milice a fait irruption, les armes à la main ; Raoul Léons et Sarah Fixman ont essayé de résister en jetant sur les miliciens tout ce qu'ils pouvaient. Les miliciens ont tiré, Sarah Fixman a été tuée, un autre membre de l'A.J., Thomas Boher, a été grièvement blessé, et Raoul Léons a été blessé à la jambe. Malgré sa blessure, il a réussi à bousculer les miliciens et s'est précipité dans l'escalier. L'appartement se trouvait au cinquième étage. Il a dévalé les marches et arrivé dans la rue, pour faire diversion, il a crié : «A moi la milice!». Il a réussi à se réfugier chez un médecin ami qui l'a soigné et l'a mis en lieu sûr. Un autre blessé a été amené à la milice et a été torturé, et il est probablement mort de ses blessures et de la torture. Quelques jeunes qui se trouvaient dans l'appartement ont été arrêtés et déportés. D'autres qui avaient rendez-vous sont arrivés sur les lieux après la fusillade sans savoir ce qui s'était passé. Ils ont été pris dans l'escalier par les miliciens qui veillaient et ils ont été emmenés au siège de la milice où ils ont été battus. Ils ont été ensuite incarcérés à la prison Saint-Michel de Toulouse, et ils ont été libérés quelques semaines tard.

Quant à moi, j'avais pour mission de venir au même endroit pour apporter des vêtements et cartes d'identité destinés à des jeunes interceptés à Limoges avant leur arrivée à Toulouse, et qui avaient tout perdu. Donc, à l'heure dite, je me suis engagé dans l'escalier - il n'y avait aucun signe suspect - et lorsque je suis arrivé au dernier étage, j'ai constaté que la porte avait été fracturée et scellée avec un morceau de ficelle et un cachet de la police. J'ai tout de suite compris que quelque chose s'était passé. Je suis redescendu les étages probablement aussi vite que Raoul Léons. J'ai remarqué le long du trottoir des taches de sang qui allaient de l'angle d'une rue jusqu'à l'artère principale, la rue d'Alsace, et que par la suite j'ai identifiées comme étant les traces de sang laissées par Raoul Léons dans sa fuite.

Trois semaines après, c'était la Libération. Des hommes avaient délivré les jeunes qui étaient emprisonnés à la prison Saint-Michel. Nous sommes revenus sur les lieux et nous avons hissé les drapeaux sur les fenêtres. Nous avons cherché à retrouver les traces de ceux qui avaient été déportés, mais sans le moindre résultat, sauf celle de David Blum, qui avait était déporté avec le groupe, mais avait été ensuite rapatrié en Belgique. Nous ne l'avons appris que beaucoup plus tard.

Bruxelles, juin 2002.

❖

ORGANISATION CIVILE & MILITAIRE
O. C. M.

4543

Monsieur SPODEK Jacques est adhérent à l'**O. C. M.**

en qualité de Membre ____ **ACTIF**

Le Titulaire   Le Délégué de l'O.C.M.

M *Spodek*

MEMBRE DE L'AMICALE
DU RÉSEAU *N.A.P*

EST MEMBRE
DE LA

FÉDÉRATION DES AMICALES
DE RÉSEAUX
DE LA FRANCE COMBATTANTE

Siège Social : 30, avenue Victor-Hugo - PARIS (16°)

PARIS, le

Le Secrétaire Général
de l'Amicale

Le Secrétaire Général
de la Fédération

NOM *Spodek*

PRÉNOMS *Jacques*

ADRESSE *Av. rue de Montreuil - Paris 11°*

Le Titulaire :

CARTE N°

Spodek Jacques /
○ *N.A.P* ○ *A.S*

224

SPODEK JACQUES

Résistant, agent de liaison dans le réseau N.A.P –
Noyautage des Administrations Publiques A.S.
(Armée Secrète) (Le N.A.P.: Principale mission, le
renseignement de la France libre.)

Né le 04.06.1924 à Kazimierz-Doln, canton de Lublin (Pologne).

Je suis arrivé en France avec mes parents en 1925, à l'âge de quinze mois ; j'ai été à l'école communale de la rue Titon dans le 11e arrondissement. J'étais dans un mouvement de jeunesse de gauche, le « Jask ». Mon père, selon l'opportunité, était manœuvre chez Citroën, aux Grands Moulins de Paris, ou dans une scierie, jusqu'au jour où, blessé par la chute d'une pile de troncs, il décide de travailler à son compte, et s'établit comme vernisseur de meubles. Ma mère, finisseuse dans la confection, ouvre une petite épicerie à la veille de la guerre, en 1938.

Après la guerre, mon père s'installe dans la vente de meubles. Ma mère, trop affectée par la disparition de ma sœur déportée et non revenue, ne s'intéresse pratiquement plus à son commerce.

L'antisémitisme je l'ai ressenti particulièrement à partir de l'occupation. Pour mieux me camoufler, j'ai rejoint le mouvement « Les Chantiers de Jeunesse du Secours Catholique » ; avant la guerre, c'étaient des maisons de redressement (Pétain en avait changé le nom). Il y avait surtout des jeunes qui avaient commis des délits mineurs et que les maisons de redressement ne voulaient pas garder. En tant que Juif, je n'étais plus en sécurité dans les « Chantiers de Jeunesse ».

Une assistante sociale qui savait que j'étais Juif, m'a dit un jour : « *Ne reste pas ici, les Allemands ont demandé de leur fournir la liste des Juifs.* ».

J'ai reçu un permis et une carte de ravitaillement et en 1942, à l'âge 18 ans, je suis parti en « zone libre ». Tout seul et grâce à un contact, j'ai réussi à passer la ligne de démarcation à Monceau-les- Bains ; mes parents m'ont rejoint plus tard.

En 1943, j'ai pu rejoindre la Résistance. Je suis devenu agent de liaison dans la région de Lyon et Grenoble, j'y ai retrouvé Victor, un ancien camarade de classe. Ce réseau était très structuré, et était en liaison permanente avec Londres. J'ai ai suivi une formation (et maintenant, à 85 ans, je me souviens de tout). Par exemple, je tenais un journal, et je réussissais à écouter en même temps la radio et les personnes qui me parlaient! Aujourd'hui, lorsque je suis dans un restaurant, je vois tout ce qui se passe et j'entends tout ce qui se dit à la table voisine!

J'ai également suivi une formation pour apprendre à manier les armes. Nous étions en contact avec les maquis, et nous nous occupions des parachutages d'armes et de ravitaillement sur les hauteurs autour de Grenoble.

Un jour, j'ai reçu la mission d'aller à la rencontre des premiers éléments de la 6e Division de Génie Américaine; ils avaient débarqué sur la côte méditerranéenne, et avançaient en remontant vers le nord. Il fallait leur fournir des informations sur l'état des ponts lorsqu'ils s'approcheraient de Lyon, pour que leurs chars puissent les traverser. Je suis donc parti à leur rencontre en bicyclette. Lorsque j'ai aperçu les premiers éléments des troupes, j'ai cru que c'était des Allemands, je me suis dit: «Ça y est, je suis foutu!». En fait, c'étaient bel et bien les Américains.

Comme je ne parlais pas l'anglais, j'ai demandé s'il y avait quelqu'un qui parlait le français ou le yiddish, et voilà que l'on me présente un lieutenant qui parle le yiddish.

Je lui ai transmis tous les renseignements, et pendant qu'il transmettait les informations à l'état-major, la Division recevait l'ordre de contourner la ville de Lyon! Ils n'ont pas eu besoin de traverser les ponts, ils ont utilisé le pont du chemin de fer qui n'avait pas sauté et qui était intact. Ils se sont retrouvés à Chalon-sur-Saône, au-dessus de Lyon. C'était en août 1944.

J'ai acquis la nationalité française en 1947 pour faits de guerre. A la Libération j'ai obtenu le Grade d'Adjudant et le Livret Militaire. J'ai été décoré de la Croix de Guerre avec Etoile de Bronze, de la Médaille de Combattant Volontaire, Médaille de la Libération et la Médaille Militaire en Décembre 2000.

Paris, le 17 juillet 2009.

❖

Spodek Jacques et
Zyngfogel Germaine /

SPODEK-ZYNGFOGEL GERMAINE

(épouse de Jacques) : résistante, courrière.

Ma mère est née à Paris en 1923, mon père est né en Pologne en 1899, a émigré de Pologne vers les années 1920-25. Nous habitions dans le 11ᵉ, quartier connu pour ses immigrants juifs et italiens. Il y régnait une très bonne entente, même à l'école (les Italiens n'étaient pas du tout antisémites). Des mouvements de résistance se sont créés, j'ai fait partie du groupe de Marcel Rajman, du groupe Manouchian qui était un ami d'enfance. Mes missions consistaient à transporter des tracts, des documents, des armes également. Je suis restée à Paris durant toute la guerre. Je n'ai jamais porté l'étoile.

Sullaper Victor /
o *202e Régiment d'Artillerie Volontaire Po-*
lonaise en France - Résistance Juive - M.J.S.

SULLAPER VICTOR

(à l'origine, Szulklaper Yehouda Vigtor)

Volontaire, 202e Régiment d'Artillerie Volontaire Polonaise en France 1939. Résistance Juive, M.J.S. (Mouvement de Jeunesse Sioniste).

Je suis né le 19 janvier 1921 à Sosnoviec, prés de Cracovie en Pologne. Très jeune et avant même d'aller à l'école polonaise, j'allais au «Héder», (chambre), où on commençait à apprendre les études religieuses. Déjà à cet âge, j'ai subi des insultes antisémites de la part d'enfants polonais: «*Sale Juif!*» accompagnés de jet de pierres. Je suis arrivé en France en 1930 avec mes parents, mes sœurs Hélène et Fanny. Mon frère Rachmil qui était mobilisé dans l'armée polonaise, où il a servi pendant huit ans, et ma sœur Rachel qui était déjà mariée n'ont pu nous accompagner. J'ai obtenu mon certificat d'études en 1935, ma mère était toute fière d'avoir un fils qui parle bien le français. Ensuite, j'ai changé d'école pour être dans l'école juive, Rothschild.

Plus tard, avec des camarades de l'école et Henri Bulawko en meneur, nous avons créé une section de la «Hashomer Hatzair», (mouvement de la jeune garde socialiste sioniste). À cette époque, il y avait de nombreux Juifs communistes avec qui nous n'étions pas d'accord, sur la création d'un État juif. Il y avait à cette époque un mouvement de la jeunesse sioniste, «Aliyat Hanoar», dont le but était de préparer les jeunes à s'installer en Eretz Israël, (la Palestine, à cette époque). J'ai rejoint ce groupe et après une préparation aux travaux d'agriculture ainsi qu'une initiation à la langue hébraïque pendant une période d'un mois dans la région du Berry, nous partions vers la Palestine, c'était en 1936.

Nous avons été accueillis au Moshav (village coopératif) de Nahalal qui se trouve dans la vallée d'Yzrael, dans le nord du pays. C'est là que j'ai fait connaissance de Moshé Dayan, il avait encore ses deux yeux!

J'ai participé avec des volontaires à la fondation d'un nouveau kibboutz dans le nord de la Galilée, le kibboutz Hanita. J'y suis resté environ un an et demi.

En janvier 1939, j'ai reçu une lettre de ma mère me demandant de revenir d'urgence en France, elle avait eu un accident de voiture.

Je suis retourné à Paris où se trouvait également mon frère Rachmil revenu en 1938 de Pologne, après son long service militaire.

Après l'invasion de la Pologne par les troupes allemandes, en septembre 1939, est décrétée la mobilisation générale en France. Avec mon frère, nous nous engageons comme volontaires pour combattre. Mon frère qui ne parlait pas un mot de français est engagé dans l'armée française, moi qui ne parlais pas un mot de polonais, je suis engagé dans le régiment polonais, (j'étais trop jeune pour les Français).

C'est dans la garnison que nous avons appris l'invasion de la Belgique par les troupes allemandes, le 10 mai 1940.

Notre régiment se trouve sur le front de l'Est où nous subissons le bombardement des troupes allemandes. Une partie du régiment s'est évadée et nous avons traversé la frontière suisse pour nous y réfugier. Nous avons été désarmés et internés par l'armée suisse à Wasen, dans l'Emmenthal, en Suisse allemande.

Là, j'ai ressenti l'antisémitisme des internés polonais et souvent cela dégénérait en bagarre, j'avais toujours le caractère d'un révolté. C'est ainsi que j'ai eu l'idée de m'évader. J'ai coupé mon pantalon kaki pour en faire une culotte courte, je me suis déguisé en Suisse. J'ai changé mon nom, je m'appelais François-Victor Sorbier et avec mon camarade d'école, Norbert Kamienmoski,, nous sommes partis. Nous avons été arrêtés après quatre jours de marche, à la frontière franco-suisse, et mis en prison. Nous en sommes sortis grâce à l'intervention du Secrétaire de la Délégation Française de Berne dont j'ai oublié le nom et qui nous a dit : « *C'est de jeunes comme vous que le Général de Gaulle a besoin* ». Nous nous sommes retrouvés le lendemain matin dans sa voiture diplomatique qui nous a amenés à Annemasse. De là nous avons pris le train jusqu'à Lyon.

Arrivé à Lyon j'ai pris contact avec Joseph Fisher, un responsable du KKL, de la Communauté Juive, à qui je raconte notre évasion de la Suisse. Il réagit avec colère en nous disant qu'il faisait tout pour envoyer les enfants en Suisse, et nous, nous revenons de Suisse !

Ce que je désirais le plus, c'était revoir mes parents. Après de nombreuses péripéties et difficultés, je suis finalement arrivé à Paris où j'ai enfin pu retrouver mes parents, qui étaient extrêmement émus. J'ai constaté rapidement les conséquences des mesures antisémites imposées par les décrets de Vichy : le port de l'étoile, l'inscription du mot « Juif » sur les vitrines des magasins juifs, l'annulation du droit de commerce que mon père avait obtenu avant la guerre, l'obligation des jeunes de se présenter à la préfecture de police.

En juin 1942, je me suis présenté à la préfecture de police et après un interrogatoire où j'ai raconté mon évasion en tant que soldat vers la Suisse et mon retour en France, j'ai été transféré et interné au camp de Pithiviers.

L'idée de m'évader me revient le jour où l'on a demandé des volontaires pour aider les paysans à travailler dans les champs. J'ai refait les mêmes gestes qu'en Suisse, j'ai coupé mon pantalon en culotte courte pour avoir l'apparence d'un jeune homme scout, et je me suis évadé du camp de Pithiviers. Je suis retourné à Paris chez mes parents. Je leur ai dit qu'ils ne pouvaient plus rester à Paris et avec une l'aide d'un passeur, nous sommes partis à Lyon.

A Lyon, je rencontre Marc Jarblum, président de la Fédération Des Sociétés Juives de France, qui occupait un local de l'UGIF, (Union Générale des Israelites de France) rue Sainte-Catherine. Nous avons commencé à travailler pour l'UGIF en confectionnant des faux papiers. Les locaux de l'UGIF servaient de lieu de rencontre et de réunion pour les Juifs de Lyon. Marc Jarblum me conseilla de rejoindre les Eclaireurs Israélite de France (E.I.F) à Moissac qui avaient en charge des enfants de toutes les nationalités. J'ai appris à confectionner des faux papiers, qui seront d'un grand secours. A mon retour à Lyon je reviens au bureau de l'UGIF, c'est là que j'ai connu l'abbé Glasberg, qui était un Juif converti au christianisme, il était le secrétaire du Cardinal Gerbier à Lyon. Avec son aide, nous avons pu sauver des enfants juifs qui devaient être déportés. Nous avons caché les enfants avec l'aide des E.I.F. C'était notre première action de résistance. A cette action ont participé également mon frère, qui entre-temps nous avait rejoints, mon ami Armand Buzyn. C'est à Lyon que j'ai assisté à une rafle. Les SS arrêtent mon frère, moi je réussis à m'enfuir. Je décide alors de quitter la ville avec ma famille pour Chambéry. Je prends contact avec le M.J.S. (Mouvements de jeunesse sioniste) et les E.I.F. Je continue mon travail de transfert des enfants vers la Suisse. Plus tard, j'ai été contacté par Toto Giniewski, et avec Henri Bulawko, Marc Rozenblum, nous avons créé la 6e des E.I.F. J'ai fait la connaissance d'Emile Voiron, enseignant et secrétaire de la mairie qui m'a beaucoup aidé pour la confection des faux papiers en y apposant sa signature. J'ai obtenu pour lui la Médaille des Justes à Yad Vashem, à Jérusalem.

J'ai continué la fabrication de faux papiers, j'étais devenu un véritable expert en la matière ! Il y avait beaucoup d'Arméniens, d'Espagnols, d'Italiens.

Une anecdote que je tiens à raconter : comme nous n'avions pas beaucoup de nourriture, le rabbin Kappel est venu nous voir à Chambéry, et nous a tenu un discours sur la nécessité de trouver de la nourriture. J'ai envoyé des

233

jeunes chez les paysans des environs afin de s'en procurer. Lorsqu'un paysan a voulu donner un morceau de jambon à un jeune garçon, celui-ci lui dit : « *Non, nous ne mangeons pas de jambon parce que nous sommes des Juifs* » ; le paysan a levé les bras au ciel en disant : « *Mon Dieu, si jeune et déjà juif!* », ce qui démontre que la propagande de Vichy était terrible et mensongère. Moi qui ai connu cette époque, je peux affirmer que sans l'aide de la milice française, les Allemands n'auraient pas pu faire tant de victimes.

Lorsque j'ai été arrêté à Lyon avec mon frère, les Allemands en vérifiant nos papiers se sont mis en colère en criant : « *Quel maudit pays, on ne peut pas reconnaître qui est juif et qui ne l'est pas!* ». Mon frère a été déporté à Auschwitz, il a survécu et en est revenu.

En Savoie, nous avons surtout transféré les enfants vers la Suisse. Tant que la Savoie était sous occupation italienne, le transport des enfants était possible. A l'arrivée des Allemands, la situation était devenue beaucoup plus dangereuse. J'ai été nommé responsable de la Savoie avec Toto Giniewski, qui vit en Israël, et s'appelle actuellement Guinat. Mon yiddish me permettait de traduire l'allemand lorsque nous avions des Allemands faits prisonniers par les maquisards. Les maquisards ont arrêté deux soldats allemands qui avaient arraché leurs épaulettes, on pouvait voir l'inscription S.S, tatouée sous leurs aisselles. Lorsque les maquisards ont arrêté le commissaire aux questions juives de Chambéry, ils m'ont dit : « *Dites-leur que vous êtes juif!* ».

Ce que je n'ai pas encore raconté et qui me tient beaucoup à cœur, c'est la découverte des Français qui ne savaient pas ce qu'était un juif et qui m'ont aidé. Par exemple, je voulais offrir la médaille des Justes à un Français qui a sauvé toute une famille ; il m'a dit : « *Je ne veux rien ! Si j'ai fait cela, c'est parce que je suis un être humain, je ne veux pas de félicitations* ». Il y a eu beaucoup de Français que j'ai connus et qui ont réagi de cette façon.

Une autre chose importante pour moi. Ma sœur aînée, son mari et ses enfants étaient restés en Pologne, ils ont été cachés dans une famille qui a vu naître ma sœur ; nous avons également payé cette famille. Lorsque les Allemands sont arrivés, ils ont été dénoncés. Tous ont été fusillés, ainsi que ma grand-mère.

J'ai fait partie de la commission des souvenirs du CRIF (Conseil représentatif des Institutions Juives de France) avec Henri Bulawko. J'ai refusé d'accompagner les groupes de jeunes qui vont à Auschwitz, car je n'ai jamais voulu retourner en Pologne.

Mon cousin Arthur Bloch avait un abattoir kasher à Janov en Pologne. Il est devenu un des chefs des partisans qui ont libéré Janov. Il a été reçu comme l'enfant du pays, comme un grand libérateur. Le soir même, il a été assassiné par les Polack (les Polonais).

Mon frère Rachmil a également travaillé pour le journal de langue yiddish, «Unser Vort», (notre parole).

Nous avions beaucoup d'amis qui étaient dans les F.T.P (francs-tireurs et partisans), dans les M.O.I, qui étaient d'obédience communiste. Aujourd'hui, certains le regrettent, mais tous n'étaient pas communistes. En ce qui me concerne, j'ai toujours pensé qu'il valait mieux sauver les enfants, une famille, plutôt que de tuer des soldats allemands.

Lorsque nous avons appris que les Italiens qui occupaient Chambéry allaient partir, j'ai pris contact avec le commandant italien Donati qui a mis à notre disposition des camions, ce qui nous a permis de transporter tous les Juifs de la région, et de les emmener dans les montagnes près de la frontière italienne. Ma famille, mes parents et mes sœurs faisaient partie du voyage. Lorsque les Allemands ont appris cela, ils ont réagi avec beaucoup de colère ; ils sont arrivés à Nice en multipliant les rafles pour essayer d'arrêter les Juifs. Devant ce nouveau danger, j'étais obligé de refaire de faux papiers. Afin d'éviter que mes parents soient repérés par leur adorable accent yiddish, j'ai écrit sur leurs documents qu'ils étaient sourds et muets, et je les ai ramenés à Chambéry, ce qui les a sauvés.

Ce qui me fait également très mal, c'est que ceux avec qui j'ai combattu, des communistes, des socialistes, sont actuellement des antisionistes ; ce n'est pas de l'antisémitisme d'extrême droite. Pourtant, eux aussi, ont souffert du racisme. Un exemple malheureux est celui du jeune Ilan Halimi, qui a été assassiné parce que juif. Ils sont devenus antisémites sans aucune raison valable.

J'ai toujours été rebelle, je n'ai jamais porté l'étoile jaune, j'ai été arrête à plusieurs reprises par les miliciens qui aidaient les Allemands. Ils étaient plus féroces que les Allemands eux-mêmes.

Mon oncle qui ne voulait pas de faux papiers a été arrêté par les miliciens avec toute sa famille.

J'ai été témoin au procès de Klaus Barbie.

Lorsque j'ai été arrêté à Lyon et que j'ai pu m'évader, il fallait que je trouve une solution au danger que couraient les Juifs qui venaient chercher de l'aide au bureau de l'UGIF. C'était une véritable souricière; souvent ils ne revenaient plus. Notre astuce était d'aller au bureau de poste et d'envoyer un télégramme au bureau avec le texte suivant: Monsieur (Chorban), en hébreu: «le destructeur est venu nous rendre visite, prévenez tout le monde.» Ce qui a permis de sauver de nombreuses vies.

Victor Sullaper a été nommé: Chevalier de l'Ordre National du Mérite.

Rachmil, son frère, a reçu la Légion d'Honneur.

Jérusalem, le 19 avril 2007.

Szmidt Fella /
   ○ *M.J.S*   ○ *E.I.F*

SZMIDT FELLA (ISBOUTSKY)

Résistante, M.J.S, E.I.F - **Nom de guerre : Félicie**
Ma sœur Hanna, nom de guerre : Annie

Je suis née en 1923 à Ravamazowiezca, (Pologne).

Mes parents, mon frère et moi sommes venus en Belgique en 1927 pour des raisons économiques. Nous habitions à Anvers où j'ai fréquenté le jardin d'enfants ; en 1933, mes parents se sont installés à Tilburg en Hollande jusqu'en 1937. Nous sommes retournés en Belgique, mes parents voulaient que nous ayons une éducation religieuse.

J'ai adhéré au mouvement de jeunes, Bahad, qui était un mouvement religieux et sioniste. C'est d'ailleurs là que j'ai connu celui qui un jour deviendrait mon mari, David Isboutsky. Nous vivions ainsi une vie paisible jusqu'au 10 mai 1940, jour de l'invasion de la Belgique par les troupes allemandes. Le 18 mai 1940, mes parents décidèrent de se réfugier à Paris, où ils avaient de la famille. Le train s'est arrêté à la frontière franco-belge et les passagers ont été obligés de descendre. On nous a embarqués dans un train à bestiaux, nous ne savions pas où nous allions. Nous sommes arrivés à Béziers après dix jours de voyage ; la Croix-Rouge fournissait aux passagers de la nourriture. De Béziers, on nous a transportés en car, nous étions un groupe de 38 Juifs.

Enfin, nous sommes arrivés dans un petit village d'environ 200 personnes, qui s'appelait Margon où nous avons été très bien reçus. Après quelques semaines, le Maire nous a demandé de quitter le village car il avait de grandes difficultés pour le ravitaillement des habitants. On est reparti vers le village de Pouzzoles, où, là aussi, nous avons été très bien accueillis. J'ai commencé à fréquenter l'école technique de l'O.R.T (école technique juive) de Montpellier où j'ai appris la couture, jusqu'en juillet 1942. Une très bonne amie qui était la fille de madame Aron, la directrice du J.O.I.N.T (American Joint Distribute Committee), importante organisation juive américaine d'aide de secours et de sauvetage qui a effectué un travail très important), m'a demandé de prévenir mes parents ainsi que tous les Juifs du village que dans quelques jours auraient lieu des rafles de Juifs. «Dis leur de venir ici, je vais leur fournir de fausses cartes d'identités françaises». A mon retour au village, tous sont venus me demander: «*Que se passe-t-il?*» Nous avons ainsi pu prévenir les 38 Juifs du village que j'ai conduits au bureau du J.O.I.N.T, Ils ont reçu de faux papiers. La directrice leur a également trouvé des caches. Les filles de 16 et 17 ans ont été cachées dans un couvent, mes parents dans une famille chrétienne. Apres quelques semaines, les sœurs nous ont demandé de quitter le couvent par crainte d'être découvertes par les Allemands. Nous avons rejoint nos parents, mais nous avons dû quitter la famille qui nous hébergeait: elle avait volé notre argent. On a rejoint Agde, où nous avions été hébergés dans un hôtel grâce au J.O.I.N.T. Le 11 novembre 1942, à l'entrée des troupes allemandes dans la zone libre, il a fallu quitter d'urgence l'hôtel car les Allemands l'avaient réquisitionné. Nous sommes partis nous réfugier dans une chambre que nous partagions avec un groupe de 15 personnes!

Après quelques jours, nous sommes partis vers Lamalou-les-Bains, près de Béziers. On a pu se réfugier de nouveau dans une chambre. Un jour, lors d'une promenade, je rencontre des amies de Montpellier, où j'avais fait partie du mouvement M. J. S., (mouvement de Jeunesse Sioniste) ainsi que des E.I.F, (Eclaireurs Israélites de France). Elles nous ont proposé une cache dans un couvent, à ma sœur et moi. C'était aux environs du 30 décembre 1942.

Nous sommes partis à Saint-Étienne, au centre de l'Œuvre de l'A.M.F (l'Aide Aux Mères Françaises), rue Wilson, qui était un centre de revalidation pour mères sortant de l'hôpital après l'accouchement; l'Œuvre était dirigée par Mariette Guy et Juliette Vidal: ce sont elles qui nous ont placées au couvent. Elles ont pu cacher également mes parents dans une maison proche du couvent. Mon père travaillait comme jardinier au couvent. Nous y avons séjourné pendant 10 mois.

Juliette Vidal et Marinette Guy venaient régulièrement nous voir et un jour elles nous ont parlé de leurs activités dans la Résistance, du «Centre de repliement» de Chamonix quelles avaient créé; elles nous ont proposé de les rejoindre dans leurs activités. Elles ont réussi à cacher nos parents dans un couvent à Lyon.

Juliette Vidal et Marinette Guy avaient organisé une colonie de vacances à Chamonix, c'était le «Centre de repliement» pour des enfants chrétiens et juifs, et nous ont demandé d'être monitrices dans leur colonie. Les enfants chrétiens étaient retournés après les vacances chez leurs parents, mais les enfants juifs n'avaient pas d'endroit où aller (leurs parents étant déportés ou cachés). Juliette a pris contact avec le Maire de Chamonix, lui demandant un hôtel pour l'hébergement des enfants de Saint-Étienne qui avait été bombardée. Le Maire a accepté, il a réquisitionné un hôtel, c'était l'hôtel de La Paix. En réalité, c'était pour cacher les enfants juifs et leur procurer de faux papiers. Georges Garel, appelé le « Réseau Gare », Directeur des maisons de l'O.S.E (Organisation de Secours à l'Enfance), pour les régions Centre et Sud-Est, a demandé à l'A.M.F de prendre en charge les convois d'enfants et leur placement, la situation devenant de plus en plus dangereuse ; les maisons de l'O.S.E commençaient à fermer, il y avait urgence de cacher les enfants. Il y avait également des enfants juifs placés par la C.I.M.A.D.E (Comité Protestants d'Aide aux Etrangers).

Il y avait également, dans la colonie, une jeune Allemande chrétienne, Claire, étudiante à la Sorbonne qui ne voulait pas retourner en Allemagne nazie et rejoindre ses parents. Il y avait encore 42 enfants, également quelques couples. En dehors de mon travail de monitrice, j'étais aussi chargée d'apporter de faux papiers, documents de ravitaillement etc., au café de la gare d'Annecy, où j'avais un contact pour le maquis qui se trouvait dans les montagnes. Je portais un manteau très épais ce qui me permettait de placer les documents à l'intérieur de la doublure.

Les enfants ont pu poursuivre leur scolarité jusqu'à la fin de la guerre, sans inquiétude, nous avons eu beaucoup de chance. Après la guerre, personne ne savait qui nous étions.

La religion de chaque groupe d'enfants était respectée, que ce soient les catholiques, les protestants, ou les enfants juifs ; Juliette et Mariette ont fait en sorte qu'il n'y ait pas d'influence d'une religion sur l'autre. Il y avait un prêtre protestant, un curé catholique, et un rabbin. Chaque enfant recevait un cadeau en tenant compte de sa religion. Par exemple, les enfants juifs recevaient un cadeau pour la fête de Hanouka, les enfants chrétiens pour Noël etc. Claire tenait absolument à ce que les enfants juifs n'oublient pas leur religion. Tous les matins, nous disions les prières juives en français. Claire prenait en charge les enfants chrétiens, et moi les enfants juifs. Lors du shabbat, c'était Edmond Fleg qui nous traduisait en français les prières juives. Les documents avec les prières étaient cachés dans le charbon.

Venaient souvent nous rendre visite le rabbin Samy Klein, le rabbin Léon Kohn, l'écrivain Edmond Fleg, l'abbé Glasberg. Quelquefois, nous allions à Taluyers où « Chameau » de l'E.I.F, dirigeait une ferme agricole.

Un jour, en partant rejoindre le maquis, le rabbin Samy Klein fut arrêté à la gare de Saint-Étienne, en compagnie de ses deux cousins. Avant de partir, il nous avait demandé de prendre chez nous sa femme et ses deux enfants. Il a également laissé un testament dans lequel il demandait de poursuivre le combat contre les nazis. Il a été condamné à mort, et a été pendu.

Après la guerre, mes parents sont retournés en Belgique. Mon frère Maurice (Moshé) a été déporté de l'école agricole juive « Roche » de l'ORT dans la Haute-Garonne, il avait 16 ans. En juillet 1942, les Allemands sont venus pour arrêter les garçons de 18 ans. Le directeur de l'école les a cachés. Comme ils ne les ont pas trouvés, les Allemands ont arrêté les plus jeunes.

Ma sœur et moi avons travaillé immédiatement après la guerre comme convoyeuses pour l'OSE (Organisation de Secours pour l'Enfance). Nous devions nous rendre à Annemasse dans un hôtel pour chercher les enfants juifs rapatriés de Suisse. Plusieurs groupes effectuaient ce travail.

Après cette mission en France, nous sommes reparties en Belgique. Moi, je suis retournée au mouvement de jeunesse « Bahad » où j'ai retrouvé mon futur mari, David Isboutsky.

Comme j'avais passé 10 mois dans un couvent, et suite à mon passage dans la Résistance en France j'ai été contactée par les responsables du mouvement « MIZRACHI » mouvement religieux et sioniste, qui m'ont proposé de participer à la recherche d'enfants juifs qui avaient été cachés pendant la guerre dans des couvents en Belgique et dans des familles chrétiennes, et dont les parents n'étaient pas revenus après la guerre. J'ai immédiatement accepté. J'ai commencé à travailler avec M. Knoller qui était l'organisateur et l'initiateur de ce projet, c'est également lui qui a créé un home d'enfants à Marquain, près de Tournai en Belgique, pour l'accueil des enfants retrouvés dans les couvents et dans des familles d'accueil. Dans ce home, les enfants recevaient une éducation religieuse et sioniste. Nous avons invité à un shabbat tous les jeunes du mouvement « Bahad » à Marquain. Au cours de la réunion, il a été fait appel aux enfants pour participer aux recherches ; En leur expliquant l'importance de ce travail, il leur a été précisé que c'était une mission importante.

À cette époque il y avait également des soldats de la Brigade Juive en

Belgique, ils ont pris une part importante à ces recherches.

Certaines familles ne voulaient pas nous remettre les enfants, certaines nous menaçaient de mort. Les familles étaient très différentes les unes des autres, certains enfants ont souffert de maltraitance, il y avait même des pédophiles parmi les familles, chaque enfant avait son histoire.

Ces recherches étaient organisées par le groupe « MIZRACHI », religieux sioniste, aidé par le groupe religieux orthodoxe « Agouda ».

L'A.I.V.G (Aide aux Israélites Victimes de la Guerre) était politiquement très à gauche, il avait une autre approche du problème. Il pensait que les enfants juifs qui étaient heureux dans leur nouveau foyer devaient y rester. Il y avait également le J.OI.N.T. (Américain Joint Distribute Committee). J'ai effectué ce travail jusqu'en 1948.

De nombreux enfants juifs sont restés dans leur famille d'accueil et n'ont jamais pu être retrouvés.

Lors d'une mission en Belgique en 1971, j'ai repris la liste des enfants juifs cachés dans les familles. J'ai retrouvé un frère et une sœur, qui m'ont raconté que l'A.I.V.G les avait placés dans une maison de l'assistance sociale, et qu'il était trop tard pour eux de changer de vie. Je ne pardonnerai pas à l'A.I.V.G les difficultés que j'ai rencontrées à cause d'elle pour retrouver des enfants juifs. Elle m'interdisait de contacter les enfants cachés dans les foyers de familles chrétiennes, elle disait : « Les *gens les ont sauvés pendant la guerre, on leur doit de la reconnaissance.* »

En 1969, j'ai introduit une demande à Yad Vashem, pour Juliette Vidal et Mariette Guy qui ont été reconnues « Justes parmi les Nations ».

Il y a environ trois ans, j'ai vu un avis de recherche concernant une enfant du home de Chamonix, « Félicie ». Ainsi j'ai pu retrouver un enfant caché. Je lui ai demandé : *Pourquoi cherches-tu Félicie en particulier ?* Sa réponse : « *C'est parce que tu m'avais chargé le vendredi soir de ressortir le texte pour la prière, et pour moi qui venais d'une famille religieuse de Strasbourg, c'était une chose très importante de retrouver un peu le foyer de mes parents.* »

Ce qui m'a le plus marquée à cette époque de la guerre, c'était mon passage dans le groupe d'enfants à Chamonix. J'ai appris énormément à être un « Mensch » (un être humain). Aider et sauver les autres. Claire, l'Allemande, a publié dans une brochure les mots suivants :

« L'année la plus heureuse de ma vie était celle où j'ai appris à vivre avec des Juifs ».

J'ai déposé tous les documents concernant la recherche des enfants juifs en Belgique aux archives de Yad Vashem à Jérusalem.
J'ai effectué ce parcours avec ma sœur Hanna.

Mochav Hemed, Israël, le 11 septembre
2006.

❖

Szmulewicz Jacques /
○ U.J.J - ○ F.T.P

SZMULEWICZ JACQUES

U.J.J. (Union de la Jeunesse Juive)
- F.T.P. (Francs-Tireurs et Partisans).
Nom de guerre : « Jacquot »

Je suis né le 9 juillet 1924, dans un petit village de 200 habitants à 40 km de Lodz, en Pologne où j'ai vécu jusqu'au début de 1931. Nous avons rejoint mon père à Paris qui avait immigré deux ans avant nous. Mon père était installé dans le quatrième arrondissement à Paris, ce qu'on appelait le « Pletsel ». En Pologne, il avait été marchand de bestiaux. A Paris, il était garçon boucher, dans une boucherie juive casher. La boucherie appartenait à M. Berkowitcz, dont le fils a repris ensuite la succession. Plus tard, mon père a repris une boucherie à Belleville, et il a exercé ce métier toute sa vie.

Mes parents étaient des Juifs religieux, et jusqu'à ma Bar-mitsvah, j'ai étudié dans un centre religieux. J'étais surtout un enfant de la rue, comme la plupart des enfants de Juifs immigrés, de familles nombreuse et dont les parents travaillaient dur. J'avais cinq sœurs, j'étais le seul garçon. Ma mère n'avait pas beaucoup de temps pour s'occuper de nous, elle travaillait avec mon père, et donc nous étions livrés à nous-mêmes. Pendant cette période, nous avons subi l'antisémitisme d'une manière assez virulente, je me battais souvent, chaque fois qu'on me traitait de « youpin » ! J'étais ce qu'on appelait à l'époque : « un Lobous ». Nous n'étions pas riches. Pour avoir un franc, c'était la croix et la bannière, mais nous vivions assez agréablement, et nous étions très unis. Mes parents parlaient le yiddish.

Nous avions eu des échos de ce qui se passait en Allemagne par des immigrants juifs qui arrivaient : chez nous, les portes étaient ouvertes et c'est ainsi que nous avons établi des contacts.

En 1939, à la déclaration de la guerre, j'avais 15 ans. Deux de mes sœurs étaient déjà mariées, ma sœur aînée vivait à Bordeaux, et ma deuxième sœur vivait à Paris. Les bruits couraient que l'aviation allemande allait bombarder Paris. Mon beau-frère avait une voiture, dans laquelle toute la famille s'est entassée et nous sommes partis vers Bordeaux rejoindre ma sœur aînée.

Quelque temps après notre arrivée à Bordeaux, voyant que Paris était calme, mes parents sont repartis, et moi je suis resté à Bordeaux faisant 36 métiers.

Vers la fin de 1940, j'étais chasseur dans un cinéma et groom-boy dans un hôtel, où étaient logés des responsables du gouvernement français. J'y ai travaillé jusqu'au moment où les Allemands sont entrés à Bordeaux.

Je suis retourné à Paris vers le mois d'août 1940, et j'ai travaillé avec mon père dans la boucherie, jusqu'aux premières convocations des Juifs en 1941. Mon père a été convoqué avec son baluchon. Il a dû se rendre à la piscine des Tourelles qui se trouvait à la porte des Lilas. Il a été libéré, car à l'époque on respectait encore la loi selon laquelle on ne pouvait pas convoquer des jeunes de moins de 18 ans, ni arrêter des personnes de plus de 55 ans. Mon ami et mon beau-frère ont été internés à Pithiviers. Nous avons été convoqués à la préfecture où on a mis le tampon «Juif» sur notre carte de travailleurs étrangers.

Et puis, un jour j'ai été contrôlé sur les boulevards. Alors, je suis rentré à la maison et j'ai dit à mon père :» *Je ne reste plus ici, ils ont pris mon nom, ils ont pris mon adresse, ils vont m'arrêter!»* J'avais une troisième sœur qui s'était mariée pendant la guerre et qui habitait à Lyon. J'ai décidé d'aller la rejoindre muni de quelques conseils. A Montceau-les-Mines, il y avait un café où on pouvait trouver un passeur, qui faisait passer la ligne de démarcation. Je me suis rendu au bistrot, j'ai rencontré le passeur, il m'a demandé 5.000 F. - somme énorme pour moi - je n'ai pas accepté. J'ai attendu qu'il s'en aille et j'ai suivi quelques personnes qui passaient la ligne. J'ai pris le train, je suis arrivé à Mâcon, de là j'ai continué jusqu'à Lyon, et j'ai rejoint ma sœur. On était en septembre 1941.

Ma sœur m'a accueilli (elle venait d'avoir son premier bébé), mais je ne suis pas resté longtemps ; j'ai retrouvé deux copains de ma première école, et on a formé un petit groupe. On ne savait pas trop où aller, on a dormi à l'Armée du Salut. Un jour, la police nous a arrêtés, nous a conduits à la Sûreté, où on nous a annoncé qu'on allait nous mettre dans un camp de travailleurs étrangers. Nous avons répondu : «*Avec plaisir, on est très contents. Comme ça, on travaillera et on aura de quoi se nourrir*».

Nous avons été internés dans un camp de travailleurs étrangers en Savoie. Je suis resté six mois dans ce camp. J'abattais des arbres et creusais des canaux. J'ai trouvé là un vrai copain et nous avons beaucoup sympathisé, il avait déjà 18 ans, six mois de plus que moi. En mars 1942, je n'avais pas encore 18 ans, il y a eu un contrôle. Les anciens du camp nous ont dit : «*Ils n'ont pas le droit de vous garder, allez-vous présenter devant la commission.* » C'est ce que nous avons fait, et nous avons été libérés, avec un ordre d'hébergement à Lyon! L'hôtel se trouvait rue de La Fontaine, il y avait énormément de réfugiés d'Alsace.

Un jour, après l'été 1942, un gars est venu nous trouver, il nous a parlé de notre condition de Juif, nous disant qu'il fallait faire quelque chose contre les Allemands, que nous ne pouvions pas rester sans rien faire. Il s'appelait Maurice Kirovski, il était probablement déjà membre des jeunesses communistes, et avait une conscience politique beaucoup plus développée que la nôtre.

Il nous a proposé de distribuer des tracts dans les boîtes à lettres et nous avons accepté. Il nous a également demandé d'aller à la campagne pour amener du ravitaillement pour les gens qui se cachaient. Et c'est ce que nous avons fait.

Fin octobre 1942, alors que deux amis revenaient de la campagne avec une valise, ils ont été suivis par des inspecteurs de police dans le couloir de l'immeuble où j'habitais. Ils ont trouvé dans la valise, du poulet, du cochon, du fromage. Ils sont montés chez moi et on nous a arrêtés tous les trois et mis en prison.

Nous sommes restés en prison deux mois. Nous sommes sortis un peu avant Noël 1942. Mais entre-temps, le 11 novembre 1942, toute la zone libre avait été occupée par les Allemands, qui arrêtaient les Juifs qui sortaient de prison. Nous avons eu une chance extraordinaire, nous sommes passés en jugement immédiatement, et avons été condamnés à une amende, mais pas pour marché noir. On nous a relâchés et nous sommes sortis libres de prison.

Nous avons recommencé à aller à la brasserie Rameau, nous avons repris nos activités qui consistaient par exemple à lancer des tracts dans les autobus, à couvrir les murs d'inscriptions qui proclamaient la victoire des alliés et de l'Union soviétique. C'est alors que nous avons entendu parler des actions armées. Mon copain, Raymond Grawstein, m'a dit : « *Le travail que je fais ici ne me suffit plus, je veux entrer dans la résistance armée* ». On voulait se battre vraiment, c'est-à-dire avec une arme, pour pouvoir faire le plus de mal aux Allemands. On nous parlait déjà des rafles. Et à travers les tracts, on apprenait ce qui arrivait aux gens qui étaient déportés. On commençait à avoir conscience que ceux qui étaient arrêtés ne reviendraient pas. Les tracts nous ont appris l'existence de camps de concentration, car la presse n'en parlait pas. Raymond (nom de guerre : Antoine) a soumis sa candidature pour entrer chez les chefs des F. T.P. (à cette époque on les appelait : les sportifs). J'ai décidé de soumettre, moi aussi, ma candidature pour rentrer chez les sportifs. Cela se passait en mai 1943. Raymond Grawstein a été accepté, j'ai été refusé sans connaître les raisons. En fait, je faisais partie de l'union de la jeunesse juive (U.J.J.) sans le savoir. Je ne l'ai appris que plus tard.

J'ai donc demandé à intégrer des groupes de combats dont je connaissais l'existence. Ces groupes menaient des actions beaucoup plus musclées, comme par exemple faire sauter des transformateurs d'électricité. J'ai participé à quelques actions de ce type en 1943. J'ai vécu cette vie-là avec mon copain Antoine, jusqu'en octobre 1943 quand deux gars se sont présentés au logement d'Antoine. C'étaient Robert et André, le boulanger. Ils venaient d'être délivrés d'une voiture cellulaire qui avait été attaquée par Lucie Aubrac, pour sauver son mari, Raymond Aubrac. Ces deux garçons étaient venus se réfugier chez nous. Alors nous étions à quatre dans une chambre ; c'est moi qui sortais pour chercher la nourriture, et c'est ainsi que, petit à petit, j'ai été incorporé dans les F.T.P. Un jour, en revenant des courses, près de notre domicile, je me suis fait arrêter par un soldat allemand (je me suis trouvé devant une mitraillette braquée sur moi) qui me demande : *« Où vas-tu ? »*. Je lui réponds : *« Au premier étage »* : j'avais compris que mes copains avaient été arrêtés. Effectivement, j'ai vu mes copains descendre, les bras levés, deux types habillés en civil derrière eux. Il y avait une traction avant qui les attendait.

Mes trois copains sont montés dans la voiture, les deux hommes en civil sont remontés dans la chambre pour la fouiller. Brusquement, Robert a bondi par-dessus le siège de la voiture, a attrapé le bras du gestapiste, Antoine à son tour, a bondi et a arraché le revolver de la main du gestapiste. Le soldat allemand n'a pas osé tirer avec sa mitraillette sur les corps en lutte, car il avait peur de toucher un Allemand. Je lui ai sauté sur le dos, j'étais tellement chétif qu'il m'a envoyé en l'air, je suis tombé et j'ai entendu à ce moment-là des coups de feu ; Antoine avait arraché le revolver et descendu le soldat allemand. Ensuite, il a abattu le type de la Gestapo. Antoine et Robert ont pris la fuite avec la Gestapo à leurs trousses ; Robert a été touché par des tirs de la Gestapo, il a demandé à Antoine de le cacher dans un couloir, Antoine est parti en lui promettant : *« Je reviens te chercher »*. Il a essayé de contacter les responsables. André et moi nous sommes partis. J'ai retrouvé Antoine dans une chambre et on nous a planqués, et à partir de ce moment-là, je suis devenu F. T. P.

On nous a envoyés à Grenoble et c'est là que j'ai commencé mes premières armes de F. T. P. L'unité était composée d'un chef de groupe, d'un chef de détachement, du responsable de ville, des responsables interrégionaux. Mais on ne donnait pas de titres, ni commandant, ni lieutenant. Cela n'était pas important pour nous. Je suis resté à Grenoble en tant que membre du groupe qui s'appelait « Liberté », composé uniquement de Juifs. Nous étions neuf copains juifs et notre groupe était conduit par Raymond Saxs. Il arrivait qu'un groupe de Grenoble aille à Lyon et qu'un groupe de Lyon vienne à Grenoble. On faisait cela lorsque cela sentait le danger.

J'ai été blessé lorsque j'ai abattu mon premier milicien à Grenoble, en 1943. Avec trois autres copains, nous avons lancé des grenades sur une colonne allemande, et avons aussi fait sauter des usines. Les attaques contre les miliciens et les collaborateurs étaient chose assez courante. Au début, on touchait 2 300 francs par mois. C'était une théorie du système communiste qui consistait à ne pas trop donner pour vivre comme un ouvrier de bas niveau.

J'ai continué ainsi jusqu'au moment où j'ai eu un coup dur. On devait délivrer un copain qui avait été arrêté soi-disant pour vol de vélo, et il avait été décidé d'attaquer le Palais de Justice s'il était condamné. Nous étions trois amis, et j'étais le responsable du groupe. Nous apprenons que notre copain avait été acquitté, et qu'il fallait se disperser. A un moment donné, j'ai vu deux hommes se précipiter vers Étienne et moi qui étions devant, en nous demandant : « *Papiers !* »

J'ai sorti mes papiers et j'ai braqué mon revolver sur les inspecteurs, en leur disant : « *Résistance, haut les mains* ». J'ai vu un des inspecteurs sortir son revolver, j'ai tiré, et puis j'ai vu un deuxième inspecteur sortir aussi son revolver, et j'ai tiré à nouveau. J'ai dit aux copains : « *Sauvez-vous !* ». et je me suis sauvé aussi. Un camarade nommé Charles a été arrêté par un simple policier. Huit jours plus tard, il a été fusillé à Lyon.

On m'a envoyé à Lyon où j'ai continué mon combat. Les groupes de combat étaient plus importants à Lyon. J'ai participé avec 30 partisans à une action contre l'usine chimique de Gerland. Nous avons investi l'usine sans difficulté, nous avons placé nos bombes - c'était de la poudre noire dans des boîtes de conserves - et nous sommes partis. Plus tard, alors que nous étions loin en ville, nous avons entendu les explosions. On faisait souvent dérailler les trains pour empêcher les transports de troupes allemandes.

Notre groupe, « Carmagnole », qui était devenu beaucoup plus important avec l'arrivée d'André (Henri Kricher) a été à l'origine de l'insurrection de Villeurbanne. Nous avons été les instigateurs de l'insurrection. On s'est battu pendant trois jours à Villeurbanne. Les Allemands étaient là avec des chars et nous n'avons pas pu réussir ; nous avons essuyé beaucoup de pertes. Après, je suis parti à la Croix-Rousse. Là, toujours avec mon groupe de jeunes Juifs, nous avons dressé des barricades, sans grand effet, car cela se passait à la fin du mois d'août 1944, et Lyon a été libérée le 2 septembre.

Pour le jeune que j'étais, c'était une période exaltante qui a marqué ma vie. Nous étions pour la grande majorité des combattants, même après la guerre, parce que l'idéal que nous avons acquis à cette époque a continué à guider notre vie. Nous avons formé une amicale des combattants. Beaucoup ont rejoint les jeunesses communistes. Nous voulions transformer la société.

Paris, mai 2002.

Szpilfogiel Achille /

A.J. - O.J.C.12ᵉ - Régiment de Dragons de Reconnaissance.

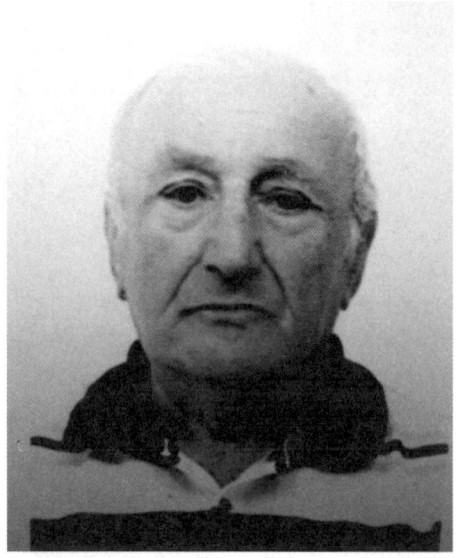

SZPILFOGIEL ACHILLE, FREDDY

A.J.- O.J.C.
Nom de guerre: « Fred » « Freddy »
12ᵉ Régiment de Dragons de Reconnaissance.

Je suis né en février 1924 à Radom, en Pologne. Mes parents ont immigré en France en 1932, à cause de l'antisémitisme et pour des raisons économiques. Je suis allé à l'école jusqu'à l'âge de 14 ans, j'ai appris le métier de tailleur. J'étais inscrit dans un patronage juif qui n'était pas particulièrement politique et qui était laïque, créé par la baronne de Rothschild.

Mon frère aîné est né en 1917, ma sœur en 1920, et mon petit frère en 1929. Mon frère aîné, Israël, s'est engagé en 1939 dans l'armée française, et a été tué le 10 juin 1940 à Soissons, il avait 23 ans (les volontaires étrangers pouvaient s'enrôler dans le régiment des étrangers).

En 1941, avec mon camarade d'école, Henri Krasucki, qui était déjà très engagé, nous allions coller des affiches, mais il a été arrêté en février 1942. Jusqu'au 15 juillet 1942, nous avons vécu là, portant l'étoile jaune et subissant toutes les interdictions à l'encontre des Juifs. Henri Krasucki nous avait donné une adresse à contacter, en cas de besoin.

Ma mère et mon petit frère ont été arrêtés le 16 juillet 1942 dans la grande rafle du Vél'd'Hiv, et déportés à Auschwitz d'où ils ne sont jamais revenus.

Le 7 juillet 1942, nous nous sommes donc rendus à l'adresse indiquée par Krasucki et nous avons reçu de fausses pièces d'identité. Nous avons été conduits en zone libre, à Toulouse, au mois d'août 1942.

Ensuite, avec mon ami nous avons rejoint Lyon. De là, nous avons essayé de passer vers la Suisse (c'était en novembre 1942), nous avons été arrêtés par les douaniers qui nous ont ensuite relâchés. Le 10 novembre 1942, les Allemands ont occupé Lyon et la zone libre. Alors, j'ai quitté la ville, je suis reparti à Toulouse le 11 novembre, mais les Allemands occupaient aussi Toulouse.

C'est à Toulouse que je suis entré en contact avec le réseau de l'Organisation Juive de Combat » (Armée Juive). Je fréquentais le milieu des jeunes Juifs de Toulouse, et j'ai fait la connaissance de Léon Neugewurtz (Nissand), qui était aumônier israélite des camps et c'est lui m'a introduit dans le réseau. Ma mission, à ce moment-là, était d'apporter des cartes d'identité aux adresses que l'on m'avait indiquées. Au mois de juin 1943, la police française m'a arrêté, c'était la huitième brigade du commissaire Schmid.

J'ai été incarcéré à la prison Saint-Michel de Toulouse, j'y suis resté cinq mois, j'ai été jugé et condamné à la déportation au camp de Noé. J'y suis resté quatre mois. J'étais avec un autre camarade, David Blum, et l'ordre avait été donné de le faire évader. Il a refusé de s'évader sans moi, et c'est grâce à lui que nous avons pu nous évader ensemble, le 29 décembre 1943. C'était le dernier jour de Hanouka.

Léon Neugewurtz (Nissand) raconte: «*A Noé, tout près de Toulouse, nous avons organisé pour Hanouka une fête à la baraque qui servait de synagogue. Pour la cérémonie, nous avons fait une Menorah vivante, c'est-à-dire que sept internés tenaient chacun une lumière. Parmi eux se trouvaient les deux personnes dont j'avais reçu mission d'organiser l'évasion. Au milieu de la cérémonie, c'était là l'astuce, deux autres internés étaient chargés de se substituer à eux. Une fois remplacés, ils ont franchi les barbelés à l'endroit propice que nous avions repéré, et ils ont attendu que je les rejoigne à l'extérieur du camp…*»

Une amie m'a apporté de fausses cartes d'identité, lors d'un rendez-vous dans une église. Le 30 décembre 1943, je suis monté à la Montagne Noire, à Lautrec, où j'ai rejoint les Éclaireurs Israélites de France, qui étaient dirigés par le Capitaine Gamzon, «Castor». Je suis resté là deux mois, puis il a fallu évacuer Lautrec, nous sommes remontés à la Montagne Noire en mars 1944, et nous avons formé le maquis juif, «Lacado» du maquis de Vabres. Ce maquis était dirigé par Dunoyer de Segonzac, et par le colonel de Rouville.

Nous étions un centre de parachutage aussi bien pour des hommes qui venaient de Londres pour la résistance, que pour des armes. Nous avons reçu beaucoup de matériel à distribuer. Comme nous étions un maquis composé uniquement de Juifs, personne n'aurait pu nous infiltrer.

Au mois d'août 1944, entre Castres et Mazamet, nous avons attaqué un train blindé de S S, qui devait se rendre en Normandie. Nous avons participé à la libération de Castres. Il y avait également avec nous le commando américain du capitaine Legueux qui avait été parachuté dans la région, et qui devait nous aider pour les sabotages. Nous avons fait sauter les voies devant et derrière le train, et nous avons combattu toute la nuit. Le lendemain matin, les 38 S.S se sont rendus. Nous avons été fiers de pouvoir leur dire : «*Nous sommes des Juifs!*». Ils en sont devenus blancs comme linge! Dans tous les manuels de la Résistance il est mentionné que cette action a été accomplie par un maquis juif. C'était un maquis extraordinaire, il y avait beaucoup de camaraderie, et cette camaraderie existe toujours entre les anciens après 60 ans!

Notre Compagnie Marc-Haguenau a été incorporée dans le 12ᵉ Régiment de Dragons de Reconnaissance, nous avons continué à participer à la libération de la France. J'ai été démobilisé en octobre 1944 puisque je n'étais pas de nationalité française.

Après avoir été, comme beaucoup d'autres, incarcérés, interné en prison et dans un camp, je me sentais enfin libre, avec un fusil à la main. C'était une grande fierté pour moi. J'ai porté l'étoile jaune, j'avais l'interdiction de monter dans le métro, sauf dans le dernier wagon, de me promener dans les jardins, des pancartes signalaient : «Interdit aux Juifs et aux chiens». Et voilà que nous nous retrouvions libres et égaux aux autres!

N'oublions jamais les victimes de la Shoah! Mes parents ont été déportés avec mon frère de 12 ans. Mon frère aîné Israël, né en 1917 à Radom (Pologne), arrivé en France en 1932 (Paris), engagé volontaire en 1939 dans le 23ᵉ R.M.V.E. a été tué au front, mort pour la France le 10 juin 1940 à Soissons. Je l'ai ramené et enterré au cimetière de Bagneux à Paris. Ma sœur est revenue de Bergen-Belsen, elle avait été déportée en 1944.
Après la Libération, en 1945, je me suis retrouvé tout seul.

Médaille des internés, Médaille des évadés, Croix du Combattant.

Toulouse, le 19 juin 2004.

Urman Claude /
F.T.P. 35ème Brigade

URMAN CLAUDE

F.T.P. 35ème Brigade
Nom de guerre : Marcel Langer.

Je suis né le 21 octobre 1921 en Pologne, à Varsovie, et je suis arrivé à l'âge de deux ans à Paris. J'ai été à l'école jusqu'à la guerre. J'ai très vite été entraîné dans l'activisme politique. Sans doute, parce que mon père lui-même était un militant politique. Tout petit, je l'accompagnais dans de nombreux meetings de la gauche. Il était socialiste, membre de la SFIO, et comme Juif, il faisait partie d'une section française dans le 12e arrondissement. J'ai donc baigné très jeune dans l'atmosphère des meetings, des manifestations, des confrontations parfois musclées.

Dès 1937, je suis allé faire une incursion dans l'Espagne républicaine qui se battait contre Franco jusqu'à ce que le gouvernement de la république espagnole décide par un décret de sortir d'Espagne tous les enfants âgés de moins de 18 ans et qui n'étaient pas Espagnols. Je suis revenu en France. Je possède plusieurs documents photographiques de cette époque. Par exemple, sur une photo, on me voit en train de vendre le journal « Fronte Popular », le poing dressé à l'espagnole. Très rapidement, j'ai pris conscience du danger du fascisme qui déferlait alors en Europe. A la déclaration de la guerre, j'avais déjà une conscience politique très développée, ayant milité très jeune dans des mouvements de jeunesse. Par exemple, le mouvement lancé par les Autrichiens et qui s'appelait « Les Auberges de Jeunesse ». Dans le cadre des « Auberges de Jeunesse », j'avais côtoyé des jeunes de gauche, ou de l'extrême gauche, des socialistes, des anarchistes, des trotskistes et les faucons rouges, qui étaient d'origine socialiste. Nous étions très bien organisés. Je savais ce qui se passait en Allemagne, et ce qui se passait en URSS. J'ai pu, à l'époque déjà, connaître les différentes structures d'opposition mises en place en Allemagne et en URSS, et j'étais parfaitement au courant de l'avènement du pétainisme. Dès le début, j'ai su ce que devrait être mon combat individuel.

Il est évident que j'avais une difficulté, qui pour moi était une richesse : je pensais en termes de combat individuel uniquement. C'est dans ce sens que m'avaient guidé mes lectures de l'époque, j'avais pour modèles des combats menés dans le passé, la Commune, par exemple. Je savais qu'au bout du compte, c'était de l'engagement individuel que sortirait la richesse du collectif.

Dès le début de l'occupation allemande, j'ai été confronté à des difficultés avec la police. J'avais été embrigadé dans les «Auberges de Jeunesse» par un de mes amis bordelais, dont je ne connais ni l'origine ni le nom, suite très certainement au premier réseau que j'avais fréquenté, à mon avis ce devait être un réseau gaulliste qui devait répondre à l'appel du général de Gaulle pour sortir des aviateurs français, et les emmener en Angleterre. À l'époque, je ne vivais pas à Paris, je vivais dans les Cévennes, et l'endroit où je vivais, avait été choisi comme un lieu de passage, pour les premiers aviateurs déserteurs qui partiraient de chez moi en laissant leurs uniformes, pour aller à Marseille et de là, être embarqués pour l'Angleterre.

J'ai cherché par la suite une ligne de protection plus importante que celle occupée par les Allemands et vers la fin de 1942, j'ai rejoint la zone italienne à Grenoble. Lorsque je suis arrivé à Grenoble, en me promenant sur la place principale, tout de suite j'ai rencontré des camarades de jeunesse, des auberges de jeunesse, des faucons rouges, des groupes de jeunes que je connaissais. Ils m'ont directement dirigé vers les premières structures de la Résistance, qui n'était pas encore une résistance armée et qui consistait en peu de choses ; il s'agissait de coller des affiches sur les murs, de distribuer des tracts. Ce travail ne me plaisait pas beaucoup. D'autant que j'avais un passé de combattant. J'avais déjà travaillé comme mineur et je connaissais le maniement des explosifs. J'étais le seul parmi mes camarades à avoir eu cette expérience et à avoir appris à dominer la peur. Cet avantage m'a permis d'être incorporé, dès mon arrivée à Grenoble, dans les premiers groupes de Francs-Tireurs et Partisans, (F.T.P.) et de la main-d'œuvre immigrée (M.O.I), et de mener des actions de sabotage de rails et d'usines à la fois sur Grenoble et sur Lyon où j'ai été muté plus tard. J'étais donc saboteur et je maniais l'explosif avec une dextérité certaine. Je n'étais pas seul, évidemment. J'étais à la tête d'un groupe, ensuite d'un détachement. La direction opérationnelle était assumée par un Juif allemand qui s'appelait Otto Kuchler, qui avait été capitaine dans les Brigades Internationales en Espagne. Il faut rappeler que cet appareil d'état-major, tout comme les Gaullistes, et les Services Français, a été cassé par la suite par les services de répression allemande et la Gestapo, et que l'ensemble de la direction française a été prise et fusillée.

A Grenoble, j'ai aussi mené des actions avec un revolver. C'était au début de1943. Le premier chef du deuxième bureau de la milice de Grenoble a été exécuté par moi en plein jour. Une fois, j'ai aussi tiré sur un groupe de miliciens qui revenaient d'une réunion de toute la zone sud, des chefs de la milice commandée par Philippe Henriot. Je me suis permis de tirer en plein jour sur eux avec juste un jeune garçon de 15 ans pour ma protection. Les miliciens se sont tous couchés par terre, mais quelques secondes après, ils me tiraient tous à vue et j'ai eu un mal de chien à m'en sortir. C'était une action improvisée et plutôt irréfléchie, mais enfin j'avais réussi à m'en sortir.

A Grenoble, j'ai aussi été arrêté, j'ai fait un court séjour en prison et je me suis évadé. J'ai été repris en main par l'appareil de sécurité des services F.T.P.-M.O.I qui m'ont fait confiance, et m'ont muté sur Lyon. J'y suis arrivé le 10 novembre 1943, et le soir même, j'étais envoyé dans une opération de sabotage sur Lyon ayant pour but la destruction des appareils de contrôle d'une grande usine, de manière à ce que le lendemain, tous les ouvriers de l'usine soient obligés de faire la grève.

Sans vouloir exagérer, j'ai saboté une vingtaine d'usines travaillant pour l'économie de guerre allemande, par exemple l'usine « Bonsavia » qui fabriquait des moteurs d'avions pour la Luftwaffe (aviation militaire allemande) et qui possédait à l'intérieur de ces usines, très strictement gardées, un centre où des ingénieurs allemands travaillaient sur un prototype de moteur allemand pour la Luftwaffe. Nous avons tout saboté et fait brûler.

À la suite d'une opération au revolver - nous avons opéré après le couvre-feu et nous étions seuls dans les rues avec uniquement des soldats allemands ou des miliciens - nous nous sommes retrouvés devant un barrage qui avait été averti certainement par les services allemands. Le gars qui avait dirigé notre groupe a été blessé à la gorge. Nous avons effectué une retraite et amené ce garçon chez un médecin français, qui l'a livré aux Allemands. Finalement, il s'en est sorti grâce à un infirmier et il a réussi à s'évader de l'hôpital militaire avant la Libération. C'était un type d'un très grand courage.

A la suite de cette opération malheureuse, j'ai été muté sur Toulouse. Je suis parti avec une femme dont le vrai nom est Kogan. C'était une courrière interrégionale, elle m'a permis d'entrer en contact avec les personnes que je devais rencontrer.

En arrivant à Toulouse, sur le quai de la gare, trois responsables de la 35ème Brigade m'attendaient. Ils m'ont dit de ne pas entrer en ville parce qu'ils avaient été avertis (par des policiers liés à la Résistance et à la Défense Nationale) que le lendemain et le surlendemain, il y aurait des opérations contre des membres de la Résistance de Toulouse. Donc j'ai été immédiatement envoyé sur Gaillac, où opérait un de nos centres. Mais Kogan est restée, et effectivement le lendemain elle a été prise avec plusieurs autres garçons et filles de la 35ème Brigade, et elle a été déportée. Cela s'est passé le 4 avril 1944.

A Gaillac, je suis resté caché chez une directrice d'école qui était liée au Front National, puis j'ai rejoint un petit maquis où je pensais que je terminerais ma vie tranquillement. Jusqu'au jour où un courrier est venu me chercher pour me ramener à Toulouse, et reprendre en main, après de nombreuses arrestations, les structures de la 35e Brigade.

La Libération est arrivée. Je rentre à Paris, je suis démobilisé mais voilà que je me trouve confronté à de nouvelles difficultés. A la Libération, nous devions rendre les armes et ne plus procéder à des exécutions sommaires. Mais comme j'ai continué avec un petit groupe à opérer sur la base des listes que j'avais eues pendant la guerre, j'ai été rapidement recherché. Or, en fait, j'avais été un des premiers résistants à avoir été décoré de la Légion d'Honneur dans la grande cour des Invalides. Il y avait des gens très haut placés dans les structures de la Résistance, et puis il y avait moi.

J'ai quand même été obligé de me cacher avec mon épouse Paulette pendant deux ans. Mais ils ont fini par me trouver. Une délégation du général Koenig, qui n'était pas encore maréchal à l'époque, nous a gentiment amenés devant le juge militaire, un procureur, qui s'est levé, m'a salué, et m'a dit : *« Monsieur, pour les mêmes raisons qu'on cherche à vous faire un procès maintenant, vous avez été décoré de la Légion d'honneur. Donc tout ce procès est nul et non avenu. Et je vous salue respectueusement ! »* Puis, je suis sorti, et je n'ai plus jamais eu de nouvelles. Quelque temps après, j'ai été nommé juré par la Cour de justice pour juger les collaborateurs.

Lorsque je parle de cette période, je me sens souvent en porte-à-faux parce que ce que nous considérions comme exceptionnel - sortir un revolver, pointer, tirer contre un ennemi X - est devenu, au fil du temps, assez banal. Pensez à la télévision, au cinéma d'aujourd'hui. Mais en fait, nous avons été parmi les premiers à développer ce qu'on appelle la guérilla urbaine. N'oublions pas que nos actions avaient lieu surtout dans les villes.

Que pensez-vous de l'importance des témoignages d'anciens résistants ?

Il y a un énorme problème. Nous sommes en fait, en un sens, dépossédés de nos témoignages. Ils ne sont plus entre nos mains. Nous avons passé le flambeau, qu'on le veuille ou pas. Aujourd'hui, c'est devenu une affaire d'historiens qui n'ont pas vécu cette période et qui projettent leurs états d'âme ou leurs préjugés politiques, philosophiques ou autres sur une situation qu'ils ne connaissent pas. Or la Résistance a mille et une facettes. Mais c'est avant tout la culture de la contre–violence. Moi je ne peux parler que de cela.

Paris, le 1er mars 1999

❖

Veliounsky Robert /
A.J

OFFICE NATIONAL
DES ANCIENS COMBATTANTS
ET VICTIMES DE LA GUERRE

RÉPUBLIQUE FRANÇAISE

N° 66676

CARTE DU COMBATTANT

Valable du 17 10 19 58 au 16 10 19 63

Délivrée à

Office d d'HAUTE-GARONNE

M eur VELIOUNSKY

Prénoms ...... Robert
Domicile Toulouse 3 rue Coq d'Inde
Né le 27-11-1924
A Paris Départ Seine
à Toulouse, le 17-10-1958

Le Président de l'Office
Le Préfet :

Le Secrétaire Général de l'Office,

Le Titulaire,

VELIOUNSKY ROBERT

A.J -
Nom de guerre : Serge Bailly

Je suis né le 27 avril 1924 à Paris. Mes parents avaient immigré de Pologne vers 1910.

J'ai commencé l'école primaire à Paris, puis nous avons déménagé à Toulouse en 1937. Mon père étant chapelier, il pouvait trouver plus facilement du travail à Toulouse où il y a plus de soleil qu'à Paris ! J'ai continué mes études à Toulouse jusqu'en 1940.

Je fréquentais la synagogue, rue Palaprat, et je m'y étais fait des camarades, dont Raphaël Lahana, un très bon ami, qui menait l'Office de la prière. Je n'avais que de vagues idées sur le sionisme à cette époque. La ville de Toulouse n'était pas aussi raciste que Paris, on n'entendait pas : « *Sale Juif* », comme c'était le cas à Paris.

Comme j'étais naturalisé par mes parents, j'ai donc été déchu de la nationalité française en 1940, avec le décret Crémieux de Pétain. Je me suis retrouvé apatride, sans possibilité de poursuivre mes études d'ingénieur électricien.

Jusqu'en 1942, mes parents ont pu vivre normalement. Mais en 1942, les Allemands ont occupé la zone libre et à partir de ce moment-là, nous avons dû prendre des précautions. J'ai caché mes parents dans la banlieue de Toulouse, dans un petit village, à Aurillac sur Vendinal. Moi, je suis revenu à Toulouse où j'ai rejoint la Résistance.

J'avais comme principe de respecter la vie, c'est-à-dire que je ne voulais pas utiliser des armes. Je voulais faire de la propagande, distribuer des tracts, etc. Je suis entré en contact avec la Résistance, à travers mes liens avec les Eclaireurs Israélites de France, que j'avais connus à la synagogue.

J'ai été obligé de me cacher à l'école d'agriculture d'Ondes, située dans la banlieue de Toulouse, avec l'aide de mes camarades Éclaireurs Israélites. Là, j'avais pour mission d'apprendre le métier de tractoriste, et j'ai appris également la mécanique ; j'ai obtenu un diplôme. J'ai commencé à travailler comme magasinier. J'avais à ce moment-là 18 ans.

J'aimerais raconter une anecdote. J'étais affecté au guichet pour vendre des pièces automobiles (le magasin se trouvait rue Castellane). Lorsque les Allemands sont entrés à Toulouse en 1942, un motocycliste est entré au magasin, il a déposé un papier demandant une pièce pour sa moto. J'ai regardé le papier et je lui ai dit : « *Vous avez de la chance, aujourd'hui on a du Boch* ». Cela ne lui a pas plu, et il m'a menacé avec son revolver. Je lui ai donné la pièce, il a vu que c'était la firme « Bosch », a peut-être compris l'ironie et il est parti. Après cet épisode, mon patron m'a appelé et m'a dit : « *Toi, tu es trop dangereux* » et il m'a muté à la Poudrerie Nationale de Toulouse.

J'ai été affecté dans le service de l'électricité, où j'ai rencontré un ancien qui avait fait la guerre de 1914. Il a très vite compris la situation et m'a planqué. Grâce à lui, je pouvais assister au départ des trains en direction de l'Allemagne, chargés de poudre.

C'est ainsi que j'ai pu fournir au réseau de la Résistance les informations sur le départ des trains vers l'Allemagne. À la veille du bombardement de Toulouse par les avions anglais, j'ai été prévenu qu'il ne fallait pas rester dans l'usine. Je pense que j'étais peut-être à l'origine de ce bombardement. Malheureusement, ils ont mal visé et ils ont tué pas mal d'innocents dans le quartier à côté de l'usine.

Une autre anecdote : au cinéma, nous nous asseyions tout en haut dans le pigeonnier, et avec une camarade, juste avant la fin du film, nous laissions tomber les tracts sur le public. J'ai été arrêté en janvier 1944 en train de distribuer des tracts. J'ai été emmené au bureau de la police rue du Rempart Saint-Étienne un vendredi soir, et lundi matin je me suis retrouvé en direction du camp de Noé. Les camarades sont venus me chercher, ils m'ont amené directement dans le maquis de Saint-Lys dans la banlieue de Toulouse. Je suis resté sur place jusqu'au mois de mai, lorsqu'est arrivé un monsieur qui n'aimait pas les Juifs, et qui m'a prié gentiment de quitter les lieux. C'était probablement une personnalité du village. Le 12 juin, la division allemande « Das Reich » est passée par ce village, en remontant vers la Normandie, elle a attaqué le village, Boropo-sur-Ressonel, ils ont incendié les fermes, et il y a eu de nombreux morts.

Je suis revenu à Toulouse et j'ai été dirigé par mes camarades vers un réseau juif « l'Armée Juive ». J'ai prêté serment pour la « Haganah » devant Sarah Fixman et Raoul Léons. Une troisième personne était dans l'ombre et je ne pouvais pas la distinguer. C'était dans la rue de la Pomme, je suis monté au maquis du « Corps Franc de la Montagne Noire » (C.F.M.N). Notre escadron s'appelait le « Bleu Blanc », et était composé de Juifs sionistes.

Les responsables du réseau ont été dénoncés dans la rue de la Pomme, ils ont été attaqués par la milice, il y a eu des blessés : Sarah Fixman, Raoul Léons, Thomas Bauer. Le 20 juillet 1944, le jour de l'attentat contre Hitler, nous avons eu droit à une attaque allemande avec l'aviation et les automitrailleuses. Ma mère a été arrêtée, parce qu'on me recherchait, et de juillet 1944 jusqu'au mois d'avril 1945, elle a été internée au camp de Ravensbrück. Elle était heureusement affectée au repassage des vêtements militaires, ce qui lui a permis d'être au chaud pendant tout l'hiver et de temps en temps de pouvoir se faire cuire une pomme de terre sur son fer à repasser. Elle a été déportée vers le camp de Ravensbrück sur ce fameux train dirigé par Papon. Le voyage a duré deux mois. Elle était avec Geneviève de Gaulle.

Abraham Polonski, le fondateur de l'Armée Juive, m'a demandé de venir à Paris. Comme j'avais fait de la mécanique et que je savais conduire, il m'a engagé et avec lui nous avons fait quelques petites sorties. Je l'ai accompagné au congrès sioniste de Bâle, c'était en 1947. J'ai même eu l'honneur de figurer sur le livre blanc britannique. Lorsque je voulais rendre visite à ma famille à Londres, on me refoulait à Douvres. C'est ainsi que j'ai appris que mon nom figurait sur le livre blanc britannique, en tant que « terroriste sioniste » !

J'ai travaillé quelque temps avec Polonski à Paris, j'ai eu le privilège de faire une partie du travail du service secret et de la comptabilité du Mossad. Par la suite, j'ai fait le transport d'armes vers Marseille, armes qui étaient destinées à la Palestine. J'allais également en Espagne pour y chercher des armes.

J'ai eu beaucoup de chance dans ma vie, à commencer par l'antisémite qui m'avait chassé du village, et celui qui m'a sauvé la vie au mois de juillet 1944.

Lorsque le 20 juillet 1944, les Allemands nous ont attaqués au Corps Franc de la Montagne Noire, un de mes camarades d'école a voulu que je parte avec lui. Il m'a dit : « Viens *avec nous* », et l'un de ses camarades a dit : « *Pas de Juif avec nous* ! ». Mon camarade n'a pas eu de chance, il est tombé. Pour la deuxième fois, un antisémite m'avait sauvé la vie !

On élevait également de nombreux barrages sur les routes. Autre petite anecdote : comme nous n'avions rien à manger, nous avons arrêté un convoi espérant y trouver de la nourriture mais il n'y avait que du tabac ! C'est ainsi que j'ai appris à fumer !

Lorsqu'on s'est repliés le 20 juillet, on a marché toute la nuit dans la montagne sur de petits sentiers, j'ai eu la bonne idée de ramasser un ver luisant, je l'ai mis sur mon sac, et quand je voyais le ver luisant descendre, j'arrêtais la colonne afin que les gens ne tombent pas les uns sur les autres. J'ai même appris à dormir debout!

Notre chef, qui était un capitaine dans l'armée et qui a été tué par la milice, nous a sauvés la vie. Son nom était monsieur Lebond. Il s'appelait en fait Levy Sokel, c'était un ingénieur en textile. C'est grâce à lui que nous avons pu marcher dans la montagne. Etant un ancien officier, il avait une grande expérience militaire, c'est lui qui m'a appris à dormir debout, appuyé sur le fusil.

Le 6 juin, le jour où nous avons appris le débarquement en Normandie, j'étais de garde, perché sur un arbre et lorsque les copains sont venus m'annoncer que le débarquement avait eu lieu, je suis descendu de l'arbre sans parachute!

En janvier 1944, lorsque j'ai été arrêté par un policier français, nous sommes passés à côté du bureau où Lublin avait été arrêté. J'ai cru qu'on allait m'y emmener. J'avais encore des preuves dans la poche, j'ai les ai mangées! J'avoue que l'encre n'est pas bonne à manger. J'ai passé plusieurs jours et nuits, de vendredi à lundi matin au poste de police avec, entre autres, des ivrognes.

J'aimerais rappeler le souvenir de David Blum : il a eu une activité très importante dans la Résistance, il a fait passer des enfants en Suisse et il a sauvé beaucoup de personnes.

Je vais souvent donner des conférences dans les écoles. Les jeunes d'aujourd'hui sont insouciants, ne pensent pas que ce que nous avons vécu pourrait se reproduire, ne sont pas intéressés par ce que leurs ancêtres ont vécu, et manquent de respect envers l'ancienne génération

Toulouse, le 18 juin 2004.

❖

Les cousins de Wattenberg Frida

Wattenberg Frida /
«M.J.S»

270

WATTENBERG FRIDA

« M.J.S » *(Mouvement de Jeunesses Sionistes)*

Je suis née en 1924 à Paris. Mes parents avaient émigré de Pologne, ils se sont connus en France. J'avais un frère. J'ai suivi une scolarité normale et puis je suis entrée au lycée Victor Hugo en 1936. C'était, pour moi, une année importante car j'ai fait également ma « Bat-mitzvah » à la synagogue de la rue des Tournelles.

Je suis entrée aux Eclaireuses Israélites de France à la section « Tournelle ». On se réunissait dans les locaux de la synagogue. J'habitais dans le Marais juif.

En sixième, je suis passée en conseil de discipline parce qu'une camarade de classe m'avait demandé de ne pas répondre à une question posée par une autre camarade en disant : « *Surtout ne réponds pas, c'est une Juive*! ». Je n'ai pas réfléchi une seule minute et je l'ai giflée ! Suite à cet incident, le conseil de discipline nous a mis toutes les deux à la porte pendant huit jours. C'était une de mes premières expériences d'antisémitisme.

À la déclaration de la guerre, nous sommes partis nous réfugier à Villers-sur-mer. Nous y avons rejoint nos cousins qui avaient loué une maison, sans supposer que, quelques années plus tard, ce serait un lieu de bataille au bord de la Manche. J'avais un oncle qui venait juste d'arriver de Pologne, je me souviens comment il a dit en yiddish : « a Yam mit Waser », (une mer remplie d'eau).

 Peu de temps après, nous sommes retournés à Paris et ma mère a décidé que je devais quitter la capitale. Je suis partie comme pensionnaire au lycée à Poitiers. Paris a été occupé, Poitiers a été bombardé par les Allemands et les Italiens. J'ai été recueillie par une famille dans une cave, et c'est là que j'ai entendu l'appel du général de Gaulle. La famille dans laquelle j'étais réfugiée n'était pas juive. Ils m'ont demandé d'ôter la chaîne que m'avait offerte mon oncle pour ma Bat-mitzvah et qui portait l'inscription hébraïque : « Shadaï ». Ils l'ont mise dans une petite boîte en fer, et ont enterré la boîte dans leur jardin.

 Je suis retournée quelques jours après à Paris. La police avait décidé que la

271

jeunesse ne devait pas traîner dans les rues, et en juillet 1940 les lycées ont rouvert. En octobre 1940, je suis retournée au lycée. Une fille est venue me voir pour me demander si je voulais rejoindre un groupe de résistants gaullistes, j'ai immédiatement accepté. Notre première action consistait à mettre des tracts dans les poches des manteaux.

Le 11 novembre 1940, on m'a demandé de venir au lycée une heure plus tôt. Un professeur qui était sur place nous a donné d'immenses affiches que nous avons collées dans chaque classe où on appelait les gens à rejoindre la Résistance. Il y était écrit que Pétain était un menteur, et que de Gaulle et les alliés britanniques gagneraient la guerre. C'était mon premier acte important comme résistante.

C'est également à cette époque qu'ont été promulguées les lois antijuives. J'en ai parlé au groupe et ils m'ont répondu : « *Il faut qu'on gagne vite la guerre, tu verras, il n'arrivera rien aux Juifs* ». Ma tante avait quitté la Pologne pour Berlin où vivait son frère et en 1936, ils sont arrivés en France. Je savais que le danger pour les Juifs était plus immédiat et grave que ce qu'imaginaient mes camarades de classe.

C'est alors que j'ai décidé de rejoindre la Résistance juive. Lorsque j'étais plus jeune, j'allais souvent au patronage de « l'O.S.E », (Œuvre de Secours aux Enfants) et de temps en temps, j'y rencontrais madame Averbouch, qui était devenue directrice pédagogique de l'O.S.E., sous la direction du professeur Eugène Minkowski, le père d'Alexandre Minkowski. Je suis donc allée la voir et je lui ai demandé ce que je pouvais faire. Elle m'a proposé de travailler avec l'O.S.E.

Nous avons organisé un patronage pour les enfants. Moi, je m'occupais de celui de la rue des Rosiers. A cette époque, les enfants étaient interdits de piscine, interdits de musée, interdits de tout, ils devaient rentrer chez eux à huit heures du soir, ils n'avaient pas le droit de sortir avant six heures du matin, et c'est précisément pour qu'ils ne traînent pas dans les rues, que nous avons organisé des activités au patronage. Comme nous appartenions à l'E.G.I.F, nous avions une carte de légitimation : c'était un laissez-passer qui nous permettait d'emmener les enfants dans la banlieue parisienne, en Seine et Seine et Oise. La nouvelle s'est vite propagée, il y avait des jours où nous arrivions à sortir 500 enfants.

Je me souviens que les enfants portaient l'étoile. Les seuls qui ne l'arboraient pas étaient les enfants turcs et les enfants grecs qui venaient à la rue des

Rosiers. Pendant ce temps-là, je continuais toujours mes études, et le 15 juillet 1942, je devais passer l'oral de la première partie du bac. En revenant de l'école, ma mère me dit : « *On ne parle pas du bac, il paraît que demain, il y aura des rafles !* »

Je demande ce qu'on doit faire, et elle me répond qu'elle a envoyé Maurice, mon frère, chez madame Gilles (c'était notre nourrice pendant les vacances) On savait déjà qu'il y avait eu des rafles dans d'autres quartiers, mais cette fois-ci c'était dans notre quartier. Le lendemain matin, le 16 juillet 1942, vers cinq heures du matin, on frappe à la porte. Deux policiers en civil et un policier en uniforme demandent à voir madame Alta Wattenberg, ma mère. Ils lui disent qu'elle doit préparer un paquet, et qu'ils vont revenir la chercher dans une heure. Je propose à maman de fuir. Comme elle était optimiste, elle me dit que comme elle n'avait rien fait de mal, ils allaient sûrement la relâcher. Ils sont venus la chercher et elle est partie vers midi à Drancy.

Quelque temps plus tard, je rencontre un homme qui revenait de Drancy. Il avait un laissez-passer, parce qu'il avait été réquisitionné par les Allemands pour travailler dans un atelier de fourrure pour l'économie allemande. Or, ma mère travaillait également dans une société de vêtements en fourrure. Nous avons demandé au directeur de cette société, qui était juif et avait aussi été réquisitionné par l'armée allemande, un document affirmant que ma mère travaillait pour lui.

Nous sommes partis, mon frère et moi à Drancy et nous avons déposé le document au bureau. Le soir même, ma mère est revenue à la maison. Quelques jours plus tard, le père de famille, Roger Germon, dont j'étais la marraine de prisonniers de guerre lorsque j'étais au lycée, m'envoie une carte où il m'écrit qu'il est libéré. Quelque temps plus tard, un homme, envoyé par Roger Germon, arrive chez nous pour chercher maman et l'amener dans un lieu sûr (il travaillait dans les chemins de fer). Maman a passé toute la guerre là-bas. Je pense que beaucoup des Juifs qui étaient arrêtés avaient confiance dans la France des droits de l'homme, raison pour laquelle ils n'avaient pas peur et ne réalisaient pas le danger.

Le 16 juillet, mon cousin a été arrêté et amené à Pithiviers. Il est parti le lendemain avec le convoi numéro six vers Auschwitz. Mon oncle et ma cousine ont été déportés en septembre de Drancy. Mon père a été déporté en 1943 avec le convoi 46, il n'est pas revenu.

Entre-temps, je continuais mon travail dans le patronage. Beaucoup d'enfants avaient été arrêtés, mais restaient les enfants dont les parents avaient été naturalisés, ou dont le père était prisonnier de guerre. Il en restait d'autres aussi. Un jour, la mère d'un enfant est venue me voir et m'a dit en yiddish qu'elle voulait partir en zone sud et que, pour cela, elle avait besoin de fausses pièces d'identité. Elle m'apprend également que le directeur de l'école des Hospitalières Saint-Gervais, établissait de fausses cartes, et comme elle ne parlait pas le français, elle souhaitait que je lui serve d'intermédiaire auprès du directeur pour obtenir des papiers.

J'ai contacté le directeur, monsieur Mignerais, qui m'a très bien reçue. Il a fait les fausses cartes, et m'a demandé de travailler avec lui. C'est ainsi que j'ai appris à faire des fausses cartes d'identité. De temps en temps, j'accompagnais des gens à la gare pour les encourager à ôter l'étoile et arriver jusqu'à la gare pour prendre un train. Sortir de chez soi n'était pas une simple affaire.

Comme je cherchais du travail, j'ai répondu à une annonce où l'on cherchait une monitrice d'enfants, dans une maison d'enfants à Megève. J'ai été engagée pour le mois des vacances. Monsieur Mignerais nous a fait, à mon frère et moi, de fausses cartes d'identité avec un faux nom. Je suis partie à Megève pour rejoindre la maison d'enfants. C'étaient les enfants de notables de l'empire colonial français, notamment beaucoup d'enfants d'Indochine. Un jour, en me promenant, j'entends chanter en hébreu dans un chalet. J'entre et je vois de nombreux enfants. Les responsables du groupe M.J.S, «Mouvement de Jeunesse Sioniste», me proposent de quitter mon travail de monitrice pour aller à Grenoble où se trouvaient encore les Italiens ; au lieu du rendez-vous, je trouve René Klein, le frère de Théo Klein, que je connaissais depuis longtemps.

Le «Mouvement de Jeunesse Sioniste», qui était sous la direction de «Toto» Giniewski, avait loué un chalet dans la montagne, au Michalon. Le lendemain, nous y sommes allés et j'ai revu une camarade de classe, Sarah Deutsch, (aujourd'hui elle est l'épouse de Georges Schnek). En septembre 1943, on me demande d'amener un groupe d'enfants à la frontière suisse. Par la suite, j'ai accompagné ainsi plusieurs autres enfants à la frontière. Nous avions une vie culturelle très active. Il y avait Paul Roithman qui donnait des cours, et René Capel était rabbin dans les camps. Il avait réussi à libérer plus de 1000 personnes. Il était recherché, alors il est venu à Grenoble.

J'allais de village en village afin de trouver des adresses pour cacher des gens. Un jour, je reçois l'instruction de la part de «Toto» de me rendre à Nice avec une valise contenant de l'argent. C'était au moment où les Allemands étaient arrivés dans la zone après la signature de l'armistice entre les Italiens et les Alliés. Je devais remettre la valise à Jacques Weintrob, au boulevard du Bouchage, là où était située la synagogue, et où les copains faisaient les fausses cartes identité. Lorsque je suis arrivée, les Allemands étaient déjà là. J'avais une autre adresse pour rejoindre Henri Brules.

Un jour, lors d'une réunion, une des assistantes de l'O.S.E nous dit avoir caché un bébé dans une crèche. Les parents de cet enfant avaient été arrêtés et ils avaient sur eux l'adresse où se trouvait l'enfant. Les Allemands sont allés chercher le bébé, une petite fille de 11 mois, ils ont dit que la nurse allait venir chercher le bébé. Madeleine Meir Kahn demande alors : « *Qu'est-ce qu'on peut faire pour sauver cet enfant ?* » Georges Schnek remplaçait alors Toto qui était parti. Ruth, qui était berlinoise et parlait très bien l'allemand est partie avec un compagnon chercher le bébé. Elle a tellement insisté et hurlé, que finalement on lui a donné le bébé. Elle est montée dans un bus, et Georges Schnek ainsi que Théa Epstein ont suivi en vélo. Ils ont amené l'enfant chez celle qu'on appelait la reine mère, Jeanne Latchiver. Par la suite, ce bébé a été adopté par un couple. Ils sont partis aux Etats-Unis et sont devenus très religieux. Plus tard, ils sont partis en Israël avec l'enfant qui était déjà une jeune femme. Ses parents adoptifs lui ont raconté son histoire. Un jour, elle a lu dans un journal que Paul Roithman allait recevoir le titre de « grand rabbin de la Résistance juive de France ». Elle est partie le rencontrer et lui a dit : « *Moi je suis ce bébé qu'on a volé, est-ce que vous pouvez m'aider à retrouver la personne qui m'a sauvée ?* » On lui a donné l'adresse du kibboutz où habitait Ruth et c'est ainsi qu'elles se sont revues. Pour elle, c'est sa deuxième mère.

Peu après, j'ai été mutée à Toulouse où je suis restée jusqu'à la fin de la guerre et où je continuais à chercher des caches pour les enfants. C'est alors que j'apprends que mon cousin Charles, dont les deux frères avaient été faits prisonniers de guerre, avait lui aussi été arrêté et conduit dans un camp à Bordeaux, où il devait construire un hangar. Nous avons alors préparé des colis, et avec une amie nous sommes allées porter ces colis à plusieurs reprises. A notre dernière visite, mon cousin et les autres prisonniers se sont mis à chanter en nous faisant comprendre de ne pas nous approcher car nous avions été repérées. Nous sommes immédiatement reparties. Autre action que j'aimerais raconter : deux enfants avaient été cachés dans un lycée près de Limoges. Or la directrice du lycée venait d'être arrêtée et la concierge avait recueilli les enfants. Il fallait aller les chercher. Je prends le car, et je reviens avec eux à Limoges. Nous prenons le train, mais une cinquantaine de kilomètres plus loin il n'y avait plus de voie ferrée. Avec plusieurs personnes, nous décidons de continuer le voyage en stop Après une carriole, nous avons fini par trouver une camionnette qui nous a amenés à Angoulême. De là, nous avons pris l'autocar pour Bordeaux, où nous sommes arrivés vers huit heures du soir, l'heure du couvre-feu. Nous avons cherché un lieu pour nous loger et avons trouvé un hôtel qui, en réalité, était un bordel ! Le lendemain, nous avons pris l'autocar pour Agen, et de là nous avons trouvé un train pour Toulouse. Nous avions fait tout ce périple pour sauver deux enfants.

Après la Libération, nous avons créé le « S.E.R.E » (Services d'Évacuation et de Regroupement d'Enfants). Le lendemain de la libération de Toulouse, Jean Brauman, qui était officier dans l' « A.J » (Armée Juive) a fait nettoyer la Kommandantur par des prisonniers allemands, et c'est ainsi qu'elle est devenue une maison d'enfants, la première ouverte après la guerre. De Toulouse, je suis partie vers Paris, où j'ai commencé à chercher les enfants. Beaucoup de gens ne voulaient pas rendre les enfants, parce qu'ils s'y étaient attachés, d'autres voulaient attendre que les parents reviennent, d'autres voulaient s'en débarrasser, et certains disaient vouloir s'en débarrasser car ils n'avaient pas touché l'argent qui leur avait été promis.

En août 1939, les mouvements de jeunesse sioniste de Pologne étaient en camping. Il y avait un groupe de jeunes de « l'Hashomer » qui campaient près de la frontière russe. Lorsque les Allemands sont arrivés, ils ont fui et sont arrivés jusqu'à Samarkand. À la fin de la guerre, on nous a annoncé que ces enfants allaient arriver à Paris. Comme je parlais le yiddish, j'ai pu parler avec les moniteurs. Léa Weintraub a trouvé dans le Loiret un pavillon de chasse à louer où les enfants ont été hébergés. Plusieurs sont partis vers la Palestine sur des bateaux illégaux, dont l'Exodus.

En novembre 1947, je suis partie en Palestine avec « Alya Dalet », cette fois avec mon vrai passeport et avec un faux visa. J'étais responsable d'un groupe d'une trentaine de personnes, tous les documents étaient chez moi, il y avait les documents officiels, et ceux qui ne l'étaient pas. Lorsque nous sommes arrivés à Haïfa, en regardant par-dessus bord, j'ai aperçu sur le quai, Yeshayaou Wajnberg, qui allait devenir le muséologue de « Beit Hatefousot », puis le premier directeur du musée de l'holocauste de Washington.

J'ai reçu une carte d'identité palestinienne et un ticket d'autobus pour me rendre dans le kibboutz « Nachshonim ». Je suis allée à « Maabarot » pour y rencontrer Chaïm Egozi qui avait été notre délégué en France, et brusquement la radio annonce le vote de l'ONU en faveur de la création de l'État d'Israël. La joie a éclaté, suivie d'une grande fête qui a duré toute la nuit. Suite au vote de l'ONU, les Arabes ont décrété trois jours de grève. L'agence juive a alors décidé d'envoyer un convoi de camions avec des vivres pour une durée de six mois, dans les différents kibboutzim situés dans le désert du Néguev. On m'a proposé de participer à l'opération, ce que j'ai accepté. Le soir, nous sommes arrivés au kibboutz «Haloutza», je me souviendrai toujours de l'eau sulfureuse que j'ai bue, et qui m'était insupportable! J'ai participé à la prise de «Bir Aslouj «comme infirmière. Il y a eu de nombreux morts, car les portes des maisons étaient minées. Une caravane de camions venant d'Égypte a été surprise de voir que Bir Aslouj était déjà entre nos mains, et c'est ainsi qu'on a pu profiter de la bonne pâtisserie venant du Caire et d'Alexandrie!

Mes cousins.

Trois de mes cousins ont été mobilisés, Bernard, Maurice et Charles Wattenberg. Lorsque la guerre a éclaté, ils avaient déjà fait trois ans de service. Maurice a été mobilisé un an avant la guerre. Bernard et Maurice ont été faits prisonniers au moment où les ponts de la Loire ont sauté. Lorsque nous avons reçu leur première lettre via la Croix-Rouge, nous avons appris qu'ils étaient prisonniers dans le stalag VII A, en Allemagne. Plus tard, les soldats juifs ont été séparés des autres.

Après la guerre, j'ai fait partie du cercle Bernard Lazard. Je suis la Secrétaire générale de la Mémoire Juive de Paris. Nous avons rassemblé quelques milliers de photos et nous avons écrit un livre. Nous avons décidé, avec les anciens de la Résistance juive, de faire un livre de témoignages. Ce livre a été publié.

Je pense qu'il faut témoigner le plus possible. Moi-même, j'ai témoigné dans les collèges, dans les lycées, dans les universités. Le plus difficile, c'est de parler aux enfants juifs, parce que, souvent, ils ne savent pas grand-chose de cette période. On leur apprend que la Shoah a été une punition divine! J'explique également aux enfants que si nous avons envoyé pendant la guerre des enfants juifs se réfugier en Suisse, c'était surtout à cause des enfants religieux qui ne voulaient pas manger autrement que de la nourriture casher.

On avait également des problèmes avec les enfants immigrés d'Allemagne, d'Autriche et de Tchécoslovaquie qui étaient venus se réfugier en France, parce qu'ils ne parlaient pas bien le français. D'autres enfants ne voulaient pas changer de nom, car ils pensaient que leurs parents ne pourraient plus les retrouver. Il y avait des enfants traumatisés qu'il était difficile de placer dans des familles. J'ai ici un livre où des anciens enfants cachés témoignent. L'un d'eux raconte, par exemple, qu'on le battait avec des orties parce qu'il faisait pipi au lit. Moi-même, je continue à travailler car il faut transmettre.

Paris, le 8 juillet 2004.

❖

Weinstein Max /
U.J.J.

WEINSTEIN MAX

« *Union de la Jeunesse Juive* » (U.J.J.)
Nom de guerre : « Gustave »,

Je suis fils de parents juifs polonais qui se sont installés à Nancy, au début des années 1920. Nous étions trois frères. Mes parents étaient commerçants sur la place du marché de Nancy. Je suis né à Nancy, ainsi que mon jeune frère. Par contre, mon frère aîné, qui a été un grand responsable de la Résistance de la région lyonnaise, est né en Pologne chez les parents de ma mère.

Mes parents ont été naturalisés et au moment de la déclaration de guerre, mon père a été mobilisé à l'arsenal de Roanne. Il ne pouvait plus être dans une formation active car il était déjà père de trois enfants, et âgé de 40 ans. Ma mère, elle, a été traumatisée par le premier bombardement qui a eu lieu à Nancy au mois de mai 1940, et a sombré dans la démence. On a dû l'enfermer dans un asile, et elle a fini ses jours ainsi, en passant d'un asile à l'autre.

Nous avons rejoint notre père à Roanne, quelques jours avant l'arrivée des Allemands. Ma mère a été immédiatement enfermée dans un asile, comme cela se faisait à l'époque. Mon père s'est efforcé de continuer à tenir son commerce, il a obtenu des banquiers de Roanne, qui étaient juifs pour la plupart, des prêts sur des marchandises et il a recommencé à faire les marchés. Cela nous a permis de vivre. J'ai suivi des études dans un collège technique à Roanne jusqu'à l'âge de 15 ans. Plus la propagande antisémite s'intensifiait, plus je subissais l'antisémitisme en classe. Je n'avais jamais caché que j'étais juif, mais nous n'avons jamais porté l'étoile.

J'avais tellement d'ennuis à l'école, que mon professeur principal, un brave homme, âgé, républicain, m'a envoyé dans l'Ardèche pour garder les moutons. Je me suis retrouvé dans une famille française bien-pensante qui m'exploitait au maximum. C'est tout juste s'ils me nourrissaient, alors que je passais toute la journée en plein air, à garder le petit troupeau de moutons.

Au mois d'août de cette année-là, mon père est venu nous chercher, car j'étais avec mon petit frère, mais il ne savait que faire avec moi. J'avais alors 16 ans. Notre frère aîné était déjà parti en automne 1942 à Lyon. Nous

281

pensions qu'il travaillait ; en réalité il était dirigeant clandestin du mouvement de la jeunesse juive qui venait de se créer. Dans la M.O.I (Main-d'œuvre Immigrée), les immigrés se regroupaient par langues : il y avait les groupes des Italiens, des Polonais, des Arméniens, des Hongrois, et puis le groupe de langue yiddish, qui réunissait les Juifs des différents pays de l'Europe de l'Est.

Ce groupe-là avait été très actif aussi avant la guerre. Ils publiaient un journal, « Die Neue Presse » (la nouvelle presse), largement diffusé dans la communauté juive, communiste ou non. Lorsque le parti communiste a été interdit en 1939, le groupe de langue yiddish s'est appelé « Solidarité ». Sa première action a été d'apporter soutien et aide aux familles qui se trouvaient en difficulté, sur les plans économique et social. Puis au printemps 1942, ce groupe « Solidarité » a mis sur pied des structures pour lutter contre les nazis. L'une de ces structures, l'U.J.R.E (Union des Juifs pour la Résistance et l'Entraide), se voulait être un mouvement de masse où seraient regroupés tous les Juifs désirant agir contre les nazis. Parallèlement, a été constitué pour la jeunesse le mouvement auquel j'appartenais, « Union de la Jeunesse Juive » (U.J.J.) qui avait la même vocation, à savoir regrouper la jeunesse juive qui voulait agir contre les nazis. Il s'agissait surtout, à l'époque, de distribuer des tracts, de coller des inscriptions, etc. Dans la foulée de ces groupements, ont été créés des groupes de combats, de petits groupes chargés de mener des actions plus « musclées ». Et puis ont été constitués les F.T.P-M.O.I, dont certains groupes sont devenus célèbres, par exemple « Carmagnole » à Lyon, et « Liberté » à Grenoble. Au début, « Carmagnole » était constitué de jeunes venant des rangs de l'U.J.J.

Donc, j'avais à l'époque 16 ans et j'ai fait comprendre à mon frère aîné que j'aimerais le rejoindre à Lyon. Car je sentais confusément qu'il fallait faire autre chose que de simplement travailler. Mon frère a finalement accepté et je l'ai rejoint à Lyon sous le nom de Max Chevalier, alors que mon véritable nom était Max Weinstein.

Le responsable local de l'U.J.J clandestine m'a demandé si je voulais être membre de la Résistance, je lui ai dit que j'étais venu pour ça. Il m'a demandé aussi si cela m'ennuyait d'être membre du parti communiste. A l'époque, j'étais plutôt effrayé par ce mot "communiste" car j'étais complètement influencé par la propagande qui montrait les communistes comme des hommes avec un couteau entre les dents. Mais j'ai pensé que si mon frère en faisait partie, alors ce devait être bien. J'ai donc dit que j'étais d'accord. Mon adhésion au parti communiste date de septembre 1943.

Petit à petit, l'organisation s'est étoffée. Nous étions organisés par triangles, c'est-à-dire qu'un seul membre connaissait les deux autres. Cela nous a particulièrement réussi lorsqu'il y a eu les grandes rafles des mouvements de résistance à Lyon au printemps 1944. Nous n'avons pratiquement pas été touchés. Certes, on a subi des pertes, certains ont été arrêtés et déportés, mais enfin, ces pertes étaient minimes.

J'estime que nous avions entre 500 à 600 membres dans la zone sud. Il y avait des groupes partout, à Lyon, Grenoble, Toulouse, Megève, Saint-Etienne, Avignon, Limoges, Clermont-Ferrand, Montpellier, Nice, Marseille. Nous avions tissé des liens avec d'autres Organisations de Jeunesse Juive telles que les E.I.F. (Eclaireurs Israélites de France), le M.J.S (Mouvement de Jeunesse Sioniste).

Je faisais partie d'un triangle dont la responsable était une jeune femme qui s'appelait «Catherine», qui était son nom de guerre. Moi-même, j'avais un sobriquet,

«Gustave», et l'on me connaissait uniquement sous ce nom. Je faisais partie des Groupes de Combats et j'ai participé à des actions armées qui, au fur et à mesure, devenaient de plus en plus violentes.

J'allais souvent chez mon copain «Ivan», (en réalité Salomon Kornitsky). J'aimais aller chez lui, car il avait encore une famille et j'avais ce bonheur de pouvoir manger un repas à une table, ce qui était plutôt rare pour nous.

À partir de septembre 1943, jusqu'à l'insurrection de Villeurbanne, j'ai travaillé dans une usine d'ascenseurs. C'était une entreprise suisse qui, en réalité, était chargée de réparer les tourelles de chars. Et puis est arrivé le jour de l'insurrection de Villeurbanne, au mois d'août. Ce fut, avec celle de Paris, la seule insurrection populaire de France. Malheureusement, elle n'a pas réussi

Au fur et à mesure que tous nos copains arrivaient à l'hôtel de ville, la population sortait dans les rues, les drapeaux français apparaissaient aux fenêtres, mon ami Henri Kricher, qui dirigeait le groupe des F. T. P., a chassé le Conseil Municipal de Pétain et puis il a géré la ville pendant deux à trois jours. Les foules des jeunes nous demandaient des armes, mais hélas nous n'en avions pas! Au bout de trois jours, on a dû se replier car les Allemands revenaient, et nous n'avions pas suffisamment de forces pour résister. On ne pouvait pas arrêter les chars allemands avec des mitraillettes!

Nous nous sommes donc repliés. Moi, je suis parti en camion dans l'Isère où j'ai retrouvé quelques camarades de «Carmagnole», en particulier une femme lieutenant, Simone, qui était une femme extraordinaire. Deux jours plus tard, nous sommes revenus à Lyon, où nous avons été attaqués violemment et nous avons eu plusieurs morts : c'était la bataille de Puzinian. Le lendemain, les Allemands avaient disparu, ils s'étaient repliés ; nous étions environ 150 hommes avec une mitrailleuse, et eux étaient environ 2000 ! Le contexte nous était favorable à l'époque, puisque ils ne savaient pas combien nous étions vraiment. Ils se sont retirés et le chemin a été libre jusqu'à Lyon. Nous sommes revenus à Lyon, où nous avons retrouvé tous nos copains, d'abord à l'hôpital de Villeurbanne, puis après, à la caserne de la Part-Dieu.

La caserne de la Part-Dieu est une expérience tout à fait exceptionnelle car dans les groupes de résistants qui l'avaient investie, il y avait énormément de Juifs, presque tous des Polonais, qui savaient à peine parler et écrire le français. Nous y avons formé le premier régiment du Rhône, et je suis devenu le secrétaire de la compagnie juive pour la simple raison que j'étais le seul à savoir écrire correctement le français et taper à la machine (j'avais appris cela au collège de Roanne). Cela a duré quelques jours, et puis le premier régiment du Rhône est devenu la 127e F. T. A. (Forces Terrestres Alpines).

Il faut dire pour l'histoire que la présence de ce premier Régiment du Rhône, composé d'un grand nombre d'étrangers et de résistants, ne plaisait pas aux autorités, et aux militaires de carrière, c'est-à-dire des gens qui étaient souvent restés à l'abri, ceux que nous appelions «les culottes de peaux». Dès que nos copains sont partis, ils ont investi la caserne et ce n'était plus pareil.

Un texte de loi a paru stipulant que les jeunes qui n'avaient pas 18 ans pourraient être libérés sans condition. Comme je n'avais pas encore 18 ans j'ai quitté l'armée. Après la Libération, je suis revenu à l'usine. Je portais l'uniforme de l'Armée Française et j'ai été très bien reçu. L'ingénieur en chef de l'atelier était un communiste qui avait dirigé un maquis sur le mont du Lyonnais. Ils ont arrêté les machines pour pouvoir me parler, la direction m'a convoqué au bureau et le patron m'a dit :

« Nous ne savions pas que vous étiez résistant. Si on l'avait su, on vous aurait aidé ». En réalité, ils étaient plutôt plus proches de la collaboration. Et ils m'ont offert une prime de 5 000 F, ce qui était énorme pour l'époque et qui représentait en 1945, cinq mois de salaire ! J'ai été tellement surpris, que, le soir même, j'ai tout dépensé avec les copains dans un restaurant au marché noir !

Nous nous sommes retrouvés avec les camarades en 1995, et nous avons constitué un groupe de travail pour conserver la mémoire des Juifs dans la Résistance. Cette participation des Juifs dans la Résistance a été très variée. Certains ont combattu les armes à la main, d'autres pour la propagande, d'autres se sont consacrés au sauvetage des enfants, d'autres encore ont constitué des maquis. Tout cela fait partie de la Résistance. Nous avons publié un recueil, qui comprend tous les documents clandestins de notre mouvement.

Mon frère, qui s'appelait Salomon Weinstein, avait comme faux nom Maurice Chevalier, son nom de guerre était Luc. Très rapidement, quand il est arrivé à Lyon de Roanne avec celle qui allait devenir sa femme et d'autres camarades, il est devenu responsable sur le plan régional. Le mouvement de la jeunesse communiste juive n'a pas perduré car l'objectif premier à l'époque était d'entraîner les jeunes Juifs pour la Résistance. Mon frère était chargé de diriger les nouveaux jeunes vers leurs fonctions et activités futures. Pour citer deux exemples : Jacob Shmulewitz qui s'appelait "Jacquot" a été dirigé vers les F. T. P. par mon frère. Un autre grand ami qui vient de disparaître, Henri Kricher, a également été dirigé de l'U.J.J. vers les F.T.P par mon frère. Pour le reste, mon frère était d'une très grande modestie et discrétion. Il n'a jamais parlé de ses tâches en détail. Il est mort avant de pouvoir tout nous raconter.

Quelques réflexions.

Au départ, tous les membres de ces différentes structures faisaient tous partie du Parti Communiste, soit avant la guerre pour l'UJRE, soit pendant la guerre pour les plus jeunes. Aujourd'hui, la plupart de ceux qui sont encore en vie ne sont plus au Parti Communiste. Moi, je suis resté membre, même si cela est parfois éprouvant, car je suis attaché à l'existence et à la pérennité de l'État d'Israël. Car comme beaucoup de familles juives, nous avons de la famille en Israël.

Mon ami Henri Kricher disait : « *Nous ne renions rien* ». A cette époque, nous étions engagés dans un combat qui était aussi un combat politique. C'était une période exaltante.

Curieusement, nos enfants ne se sont pas intéressés à cette époque de notre histoire, ce sont surtout nos petits-enfants qui s'intéressent à l'histoire que nous avons vécue, et qui commencent à se rendre compte que c'était une période tout à fait particulière. Ils considèrent qu'ils ont de la chance d'avoir des grands-parents qui ont mené une vie de combat, quelles que soient leurs opinions politiques aujourd'hui. Ma petite-fille qui a 21 ans, a réalisé un travail de mémoire à la Faculté d'Histoire sur la Résistance des Juifs pendant la deuxième Guerre Mondiale, sur la base des renseignements que je lui ai fournis.

Paris, mai 2002.

❖

Westreich Netty /
Bataillon « Serge » F.F.I.

WESTREICH NETTY

Bataillon « Serge » F.F.I.
Nom de guerre : Georgette Proudhon.

Ma sœur Mina, nom de guerre : Madeleine Proudhon, a effectué le même parcours que moi, car nous étions ensemble pendant tout ce temps.

Je suis née le 14 février 1929 à Metz. Mon père est né le 29 avril 1889 à Wialowice en Pologne. Ma mère est née le 22 août 1898 à Chivatowicah en Pologne.

J'allais à l'école à Metz, et là-bas je n'ai pas souffert de l'antisémitisme. Par contre, dans la rue, les gens nous traitaient de sales Juifs, et je ne comprenais pas pourquoi, vu que nous étions toujours habillés proprement. C'était encore avant l'arrivée des Allemands.

En 1939, nous avons été évacués, suite aux bombardements et nous nous sommes réfugiés à Montceau-les-Mines, car ma tante et des cousins y habitaient.

Nous y sommes restés jusqu'en 1942 et j'ai continué à aller à l'école à Montceau-les-Mines. Mes parents étaient très religieux, mon grand-père avait été rabbin en Pologne. Maman et ma grande sœur ont été arrêtées le 14 juillet 1942. Ma mère a été internée à Pithiviers, puis déportée le 17 juillet à Auschwitz. Mon père a été arrêté à Monceau les Mines le 9 octobre 1942, transféré au camp de Drancy, et déporté le 25 octobre 1942 au camp d'Auschwitz. Aucun n'en est revenu. Toute la famille a disparu à Auschwitz, sauf ma sœur et moi qui avons survécu.

Après l'arrestation de mes parents, ma sœur et moi nous nous sommes retrouvées seules. Heureusement pour nous, un jeune homme, André Proudhon, qui était amoureux de ma sœur aînée, a quitté son travail et nous a fait passer en zone libre, du côté de Mont-Saint-Vincent. Pendant toute la guerre, il a travaillé pour nous nourrir, il devait avoir environ 25 ans et ma sœur avait 20 ans.

Il nous a amenées chez des membres de sa famille, monsieur et madame Trombone, qui habitaient près de Bellegarde et qui nous ont hébergées. Notre hôte faisait partie des F. F. I, André Proudhon également, et c'est ainsi que nous avons été incorporées dans le maquis.

Mon nom de guerre était Georgette Proudhon, je passais pour la sœur d'André Proudhon. J'étais agent de liaison et j'ai fait plusieurs missions de liaison avec le camp de Retord, entre janvier 1943 et février 1944. Les missions consistaient à transmettre des messages. Un jour, j'ai même apporté un poste à galène afin que les maquisards puissent écouter la radio dans les bois et les forêts. Je faisais passer également des mitraillettes. Nous étions très jeunes et inconscients du danger. Je pense que, plus tard, je n'aurais pas pris ces risques. J'estime que je n'ai aucun mérite. Je pense qu'André Proudhon a été un véritable héros pour tout le travail admirable qu'il a accompli.

Après, nous avons rejoint le maquis «Serge» à Plancher, dans la Nièvre où j'ai aussi effectué des missions d'agent de liaison, puis le maquis de Saône-et-Loire, jusqu'en juin 1944, où ont eu lieu plusieurs opérations de parachutage. Ensuite, nous avons été dirigés sur le maquis de Rigny sur Arroux, et affectés au régiment du Charolais, «Compagnie de Geunion», sous les ordres du lieutenant «Lucien». Nous étions constamment en mouvement et nous changions souvent de lieu de séjour.

En 1944, notre sauveur, André Proudhon, a été tué à Epinac-les-Mines, juste avant la fin de la guerre, après avoir fait sauter des voies ferrées. Il s'est fait arrêter par les Allemands, et pour ne pas trahir ses amis il s'est sauvé et il a été abattu.

À la Libération, j'ai été hébergée par Monsieur et Madame Veillaud, l'oncle et la tante d'André Proudhon. Ils ont effectué toutes les démarches nécessaires pour que je puisse reprendre mes études.

Il y avait un tel besoin de liberté, un tel enthousiasme, que les différences religieuses ou autres étaient abolies. Que je sois juive n'avait plus aucune importance. Monsieur et Madame Veillaud m'ont adoptée en 1946.

Lorsque je repense à cette période, aujourd'hui, je me dis que la guerre a été affreuse, certainement, mais elle nous a permis de rencontrer des gens absolument formidables. Des gens qui, au risque de leur vie, nous ont protégés et nous ont permis d'être sauvés.

André Proudhon est chevalier de la Légion d'honneur, médaille militaire. Un monument a été érigé pour ses faits de guerre. Il va recevoir le titre de Juste parmi les Nations octroyé par Yad Vashem à Jérusalem.

Edmond Fenestraz était le capitaine, commandant des maquis du secteur C4 à Bellegarde. Je me dois de citer tous ceux qui ont combattu dans le maquis: «Serge» en Saône et Loire: le capitaine Barrault, Jean Roche, le capitaine Mercier, qui s'appelait Benoît, la boîte aux lettres de Monceau , mademoiselle Forest, le commandant Mazuez, le Capitaine Drouin, Chef du bataillon SERGE.

Netty Westreich, liaison-estafette a reçu une citation à l'ordre de la Brigade.

Lorient, Bretagne, le 10 juin 2004.

PARTIE
3

....

RÉSISTANTS JUIFS DE BELGIQUE :

TÉMOIGNAGES

Bursztejn Sarah /
A.S Belgique.

BURSZTEJN SARAH

A.S Belgique.
Nom de guerre : « Marguerite »

Je suis née à Anvers le 5 février 1923. Mes parents avaient immigré en Belgique vers 1922, venant de Lodz, en Pologne. Mon père était représentant de commerce en textiles. Après la guerre, il a été courtier en diamants.

J'allais à l'école communale à Anvers. En général je n'ai pas rencontré de l'antisémitisme à l'école, excepté une seule fois, quand la directrice a parlé des Juifs en disant : « eux ».

Très jeune, à l'âge de neuf ans, j'ai rejoint un mouvement de jeunesse qui s'appelait : « Hanoar Hatsioni » (La Jeunesse Sioniste), et pendant une courte période j'ai aussi été au mouvement « Betar », car mon père voulait que je connaisse les idées de tous les mouvements. La vie à cette époque était très dure pour mes parents comme pour la plupart des Juifs immigrés de Pologne.

Le 10 mai 1940, je m'en souviens comme si c'était hier, j'avais 17 ans, j'ai entendu des bruits, j'ai cru que c'était le tonnerre et puis j'ai compris que c'étaient des bombardements. J'avais une sœur et deux frères, mon père avait recueilli chez lui un immigrant clandestin originaire aussi de Pologne, et nous nous sommes mis en route vers la frontière française. Mon oncle avait pris dans sa voiture mes deux frères. Ma sœur et moi sommes parties avec ce jeune homme clandestin, mes parents sont partis de leur côté.

Lorsque nous sommes arrivés près de Dixmude (Belgique), nous avons rencontré les premiers Allemands. Déjà, ils nous disaient : *« Nous allons sûrement gagner la guerre, mais si nous ne la gagnons pas, nous avons une arme qui va tout détruire »*. Je suppose qu'ils parlaient de la bombe atomique, puisqu'à l'époque, ils menaient des recherches sur la bombe atomique. Peu après, heureusement, nous sommes tous rentrés à la maison.

Au début, les Allemands étaient très « convenables ». On ne soupçonnait rien, mais petit-à-petit, les règlements et les interdictions de toutes sortes se sont accumulés. Je travaillais comme vendeuse dans un magasin de bas en soie naturelle et de sous-vêtements. L'entreprise était juive, ce qui n'empêchait pas les Allemands de venir y acheter et nous discutions souvent avec eux. Ils nous racontaient en rigolant, par exemple, qu'en Pologne, ils faisaient des « choses ». Je ne croyais pas à ce qu'ils disaient. Il y avait également un Allemand, un jeune homme très cultivé qui voulait absolument sortir avec moi, et un jour, comme il insistait, je lui ai dit que j'étais juive. Il en était abasourdi et il m'a dit: « *Je pensais bien que vous n'étiez pas comme tout le monde* », et il ajouta: « *Je vais vous donner un bon conseil, Mademoiselle, allez là où nous ne sommes pas, car vous ne savez pas ce qui vous attend!* ». Je ne l'ai plus jamais revu.

En 1942, on a dû porter l'étoile et on ne pouvait plus sortir après sept heures du soir. Je ne comprends toujours pas comment on a pu croire que si on faisait ce que les Allemands voulaient, on n'aurait plus d'ennuis! Certains ont refusé de porter l'étoile.

Cette année-là, ma sœur avait reçu une convocation pour se rendre à Malines (Belgique). Elle a réagi comme la plupart des jeunes, pensant que c'était pour aller y travailler, un peu comme on part pour aller en camping! Moi, j'avais un terrible pressentiment, je me souviens que ce jour-là, mon petit frère avait énormément pleuré. Mon oncle qui était caché dans les Ardennes, a envoyé quelqu'un pour venir nous chercher, mon jeune frère et moi. Mes parents et mon frère aîné sont restés à Anvers, avec l'espoir que ma sœur allait les contacter. Mes deux frères allaient toujours à l'école juive d'Anvers (Tachkemoni), et un jour, mon père leur a dit : « *Ecoutez, je ne veux pas que vous alliez aujourd'hui à l'école* ». Et ce jour-là, les Allemands ont effectué une rafle à l'école et ont pris tous les enfants juifs.

J'ai donc rejoint mon oncle dans les Ardennes et nous nous sommes cachés dans un petit village des environs de Durbuy, qui s'appelait alors Palange. J'ai raconté à la fermière que nous étions venus nous cacher à cause des bombardements. Dans cette ferme, je servais de bonne à tout faire, j'avais une bonne réputation, j'étais une fille de la ville qui travaillait aussi bien qu'une fille de la campagne. Je partageais le lit avec mon petit frère, âgé de huit ans ; moi, j'en avais 19.

Il y avait dans ce village une coutume : tous les jeudis, les jeunes gens venaient rendre visite aux jeunes filles. Il y avait un jeune homme qu'on appelait « le notaire » et qui, en fait, était un clerc de notaire, qui était bien plus cultivé que les autres. Un jour, il s'est approché de moi et il m'a dit : « *J'ai à vous parler, je sais très bien que vous êtes juive, je ne dis pas ça vous pour vous ennuyer, mais pour vous aider. Vous ne devez pas craindre que je vous dénonce car je fais partie de la Résistance* ». Alors je l'ai présenté à mon oncle qui n'habitait pas loin de là, et je lui ai dit « *Voilà, c'est un monsieur qui est prêt à nous aider, j'aimerais bien qu'il aille chercher mes parents et mon autre frère.* » Et effectivement, il est allé chercher mes parents et mon frère aîné à Anvers, il les a ramenés au village et les a installés dans une autre ferme. Mes frères sont allés à l'école du village. L'instituteur et le curé savaient qu'ils étaient juifs, et pour ne pas éveiller l'attention, le curé leur a demandé de se comporter comme les autres enfants de la classe.

Ce jeune homme, qui s'appelait Joseph Lebout, s'était donné pour tâche de sauver des Juifs. Il a voulu me présenter à son patron, qui était notaire, et aussi au bourgmestre de la petite ville de Durbuy. Il nous a obtenu des fausses cartes d'identité. Je m'appelais désormais, Marguerite Bechet, ouvrière agricole. Mon père s'appelait Edmond Janssens, et se faisait passer pour un muet, pour ne pas trahir son accent polonais. D'ailleurs, tout le village savait que nous étions juifs.

Un jour, mon frère qui avait huit ans a raconté à un élève : « *Tu sais, ne le dis à personne, je suis juif* ». Alors il s'est fait tabasser puisqu'il était le descendant de ceux qui avaient crucifié Jésus-Christ.

Mes frères avaient été placés chacun dans une ferme différente pour ne pas éveiller de soupçons. Mon frère Simon, le plus jeune, était dans une ferme où les gens le gâtaient beaucoup, et mon frère Michel dans une ferme des environs.

 J'avais des amis juifs qui étaient restés à Anvers, je voulais les faire venir dans le village, dans les Ardennes. Joseph Lebout était également allé chercher ma petite cousine qui était cachée chez des amis flamands dans la Campine anversoise, et qu'on avait placée dans un orphelinat pour que tout le monde soit dispersé. Mes deux amies, qui étaient restées à Anvers et dont les parents avaient été déportés, étaient cachées quelque part chez des amis. On est allé les chercher aussi. (Elles sont actuellement en Israël, elles ont des petits-enfants et des arrière-petits-enfants). Et c'est ainsi que l'on procédait, on allait chercher des familles juives, on les plaçait chez des fermiers de confiance, et on gardait le contact.

J'allais avec Joseph Lebout en bicyclette pour prendre contact avec tous les Juifs qui étaient cachés dans les différentes fermes. Un jour, nous étions en route, et j'avais sur moi de fausses cartes d'identité. Nous transportions également des livres de prières. Une dame qui passait devant nous, nous a dit : « *Vous savez, il y a des Allemands qui se cachent aux alentours* ». Les Allemands nous regardent passer, ils ne me disent rien, mais ils observent Joseph Lebout (il avait le type juif plus prononcé que moi!) Ils nous ont laissé passer. Alors, je lui ai dit : *« Est-ce que tu te rends compte qu'ils ont laissé passer un résistant et une juive? »*

Un interprète qui travaillait à la Kommandantur nous informait des rafles à venir. Dès qu'on savait qu'une rafle allait avoir lieu, on allait se cacher dans un autre village. Joseph Lebout savait toujours quand il y aurait un parachutage d'armes, il était d'ailleurs en contact avec plusieurs curés des villages. En réalité, à cette époque, je ne savais pas que je faisais partie d'un réseau de résistance et que Joseph Lebout en était un responsable. Ce n'est que plus tard que j'ai appris que c'était un réseau de résistance de « l'Armée Secrète ».

Pendant les longues journées où nous étions cachés dans le village, il nous lisait l'histoire de la littérature juive, de Shalom Aleichem, de Mendele Mocher Sfarim, de Shalom Ash, l'histoire Juive par Gretz. Il a également préparé mon frère pour sa Bar Mitzvah, et le jour de la Bar Mitzvah, mon frère a reçu des cadeaux de tous les Juifs qui étaient cachés dans les villages : des chaussettes, des livres, etc. Cela se passait en 1943, à Durbuy sur Ourthe, dans la villa que la sœur du notaire avait mise à notre disposition. Heureusement que la population était d'une grande gentillesse car ils savaient que nous étions juifs et que nous étions très protégés.

Le 10 septembre, nous avons été libérés par les Américains. Nous étions fous de joie, c'était fantastique. Il y avait, parmi les officiers américains, de nombreux Juifs.

Au mois de décembre a commencé l'offensive Von Rundstedt (l'offensive des Ardennes), et on a entendu que les Allemands allaient revenir. Mes parents et mes deux frères ont quitté les fermes, et Joseph et moi nous sommes partis en bicyclette. Nous sommes arrivés à Bruxelles, où nous avons été accueillis au centre d'accueil de la Croix-Rouge. Moi, je suis allée travailler à la « Military Police Headquarters » (Quartier Général de la Police Militaire). Je me souviens que mon chef de bureau était un professeur d'université, de sociologie et d'anthropologie qui s'appelait : Robert Roberts. Pour moi, c'était une époque très exaltante car j'avais le sentiment d'être utile.

La Médaille de Juste parmi les Nations a été transmise à la nièce de Joseph Lebout en reconnaissance de tout ce qu'il avait fait pour sauver des Juifs.

Je pense que dans une guerre, il y a le meilleur et le pire. On a pu voir des gens merveilleux, mais aussi des gens atroces et j'espère que cela ne se reproduira plus jamais.

J'ai essayé d'inculquer à mes enfants l'esprit de solidarité et la lutte contre l'injustice. Si on assiste à une injustice et on reste indifférent, on devient complice! Je pense que ce message est bien passé.

Un de mes fils a servi dans l'armée en Israël et a fait deux guerres. Mon second fils habite dans un kibboutz et est professeur en sociologie. C'est un humaniste. Je suis très fière de mes deux fils.

Knokke (Belgique), juillet 2002.

❖

1943

**Deutscher Samuel
& Sara Brandstatter /**
P.A.

DEUTSCHER SAMUEL

P.A. (Partisans Armés) [5]
Nom de Guerre : Prosper

Né le 21 mai 1913 à Kalvarya en Pologne.

Marié avec Sara Brandstatter, sœur d'Israël Brandstatter.

Ingénieur chimiste, responsable de l'armement et de la fabrication d'explosifs pour le Réseau de Résistance, Partisans Armés.

Déporté en 1944 à Auschwitz. D'après le témoignage de Horowitz Anna, fait à Bruxelles le 25 septembre 1951 [6], il survit à « La Marche de la Mort », et est interné au camp de concentration de Mauthausen, où il meurt le 14 avril 1945.

Sara son épouse et leurs deux enfants, Emile et Raymond ont été déportés à Auschwitz, ils ne sont jamais revenus.

(Témoignage de mon oncle, Jacques Brandstatter.)

Informations issues des fiches originales allemandes établies par la Sipo-SD

DEUTSCHER Samson
Né le 21/05/1913 à Kalvarya
Fils de Moses DEUTSCHER et de Dora ANISFELD
Épouse : BRANDSTÄTER Sara Léa - Déportée par le convoi XV, n°452, le 24/10/42
Enfants : Raymond et Emil Abraham
Arrivé en Belgique en 1921 venant de Kalvarya
Profession : assistant-chimiste

---

5   Voir : « Partisans Armés Juifs, 38 Témoignages », édité par "les Enfants des Partisans juifs de Belgique". Bruxelles, 1991.

6   Sources : **Sylvie Vander Elst,** Responsable documentaliste bibliothécaire et **Alexandra Matagne,** Attachée archiviste**.**

Dernière adresse connue pendant la 2ème guerre mondiale : Memlingstraat, 17 Antwerpen (au 4/10/41)
Déporté de la caserne Dossin à Malines par le convoi XXV, n°294, le 19/05/1944
Arrivé à Auschwitz le 21/05/1944 puis à Mauthausen le 25/01/1945.

Présumé décédé le 14/05/45 à Mauthausen.

SOURCES

SPF Sécurité Sociale
Service des Victimes de la Guerre

Service Archives et Documentation : Square de l'Aviation 31. Bruxelles.

Remerciements à Laurence Schram, historienne

Musée Juif de la Déportation et de la Résistance : Goswin de Stassartstraat 153B-Mechelen.

GRABINER CHARLES ET GRABINER DEBORA - BRANDSTATTER

Charles Grabiner est né le 24 avril 1913 à Anvers. Ses parents habitent Nottebohmstr. N° 2 Son père Leiba Schaievitch, né le 4/03/1878 et sa mère Chana Josselevna Isboutski ont émigré d'Ostrow (Pologne russe) en Belgique en 1905.

Charles Grabiner est de nationalité belge. Il est secrétaire d'avocat.

Ecoles fréquentées et diplômes:

- Ecole communale d'enseignements primaire et moyen n° 3, bd Léopold à Anvers.
- Institut israélite pour garçons Tachkemoni
- Diplômes à Saint-Gilles et à Anvers de langues anglaise et allemande, sténographie et dactylographie française et flamande et de correspondance commerciale en français.

Il épouse Deborah Brandstätter (ma mère, née le 30/10/1912) en 1938 à Anvers et ils habitent rue de Neufchâtel, 34 à Saint-Gilles. Elle est couturière et professeur d'hébreu.

> Je suis née le 13 août 1941 à Bruxelles et habite chez mes parents pendant un an et demi, rue de Neufchâtel, 34
>
> Charles et Deborah ont été arrêtés le 3/9/1943 par la Gestapo à 4 h du matin, à leur domicile. Ils ont été déportés au camp de concentration et d'extermination d'Auschwitz via le camp de concentration de Malines, le 20/09/1943 par le convoi n° XXII b. Dans les archives des transports, ma mère est signalée sous le numéro 425 et mon père 426.
>
> Selon un document trouvé dans les archives du Service des Victimes de la guerre du Service public fédéral, Mr. Jacob Wasser a déclaré qu'il a connu Charles en déportation, qu'ils ont été ensemble d'abord 8 jours à Birkenau, puis 3 jours à Auschwitz et ensuite transférés au travail de déblaiement du ghetto de Varsovie où Charles est mort du typhus après 3 mois de travaux. Selon un autre témoignage d'Arthur GUZE, document se trouvant également dans le dossier au Service des Victimes de la guerre, « (…) *je puis certifier*

que pendant le temps qu'il était à Varsovie il s'est comporté dignement et avec courage et autant qu'il était humainement possible soutenait le moral et aidait ses codétenus. Il n'a occupé aucun poste dans le camp, ne voulant commander aux autres prisonniers et par cela, devoir servir les Allemands. »

Pour Deborah, il n'y a aucun témoignage, ni trace, elle a été gazée.

Deux lettres des 19 et 20/9/43 jetées du train sont parvenues à destination.

Les photocopies ont été déposées au Museum van Deportatie en Verzet – Machelen en avril 1997 et référenciées sous les numéros A984 et A985.

Quelques mois avant leur arrestation en septembre 1943, j'ai été cachée chez la famille Willems habitant rue des Merisiers, n° 16 à Watermael-Boitsfort où je suis restée jusqu'à la fin de la guerre.

Travaux de résistance pendant la guerre

Charles et Deborah ont été recrutés par Abus WERBER, du Comité de Défense des Juifs (CDJ) (issu du Front de l'Indépendance et du P.C.) pour différentes tâches. En outre, Charles a travaillé au journal clandestin (1941-43) fondé par Poale-Sion «Unser Wort» Il dactylographiait les articles notamment. (fonds personnel de Michel Werber)

Le matériel et la machine à écrire ont été saisis lors de son arrestation.

Tous les deux ont travaillé également au sein du « Secours mutuel », instance du CDJ.

Les hobbys de Charles :

Il possédait une bibliothèque avec de très beaux livres dont je possède quelques exemplaires. Il collectionnait les cartes postales de gens illustres. Je possède 2 albums.

Anecdote

Charles aimait raconter des blagues et faire rire. Il pouvait parler le « bruxel-lois » avec l'accent marollien, avec une verve comparable à celle de Virgile dans la très populaire revue « Pourquoi Pas ? » de l'époque.

(Témoignage de sa belle-sœur, Malvine
Brandstätter-Löwenwirth, en vie)

Renée GRABINER
Bruxelles, le 16 septembre 2010

KATC NATHAN, NUSSEM

Résistant. Nathan est né à Kutno (Pologne) le 1/3/1906.

Son réseau opérait en Belgique. Je crois qu'il a terminé ses études au Gymnasium local. Il est arrivé en Belgique en 1930. Il exerçait le métier de tailleur. J'ignore s'il a fréquenté un mouvement de jeunesse mais il était sioniste.

Il a fait de la résistance, d'abord en Wallonie, dans la région de Soignies, où il « travaillait» avec un fermier, Gaston Deroeck, lequel cachait un prisonnier russe évadé.

Mon père avait dissimulé un poste émetteur clandestin dans la grange du fermier, au su de celui-ci et qui servait à 2 agents parachutés de Londres.

Ensuite, mon père a rejoint le groupe «Les Insoumis», dirigé par Jacques Delhaye, avec lequel il est resté très lié jusqu'à son décès.

Sa conduite pendant l'occupation lui a permis de recevoir rapidement la grande nationalité.

Voilà en résumé ce que je peux vous dire au sujet de mon père. Je n'ai pas de photo de lui durant cette période.

Titulaire de la Médaille de la Commémoration de la Guerre 194-1945. Médaille de la Résistance

Michel Katc, fils de Nathan.

Bruxelles le 4 décembre 2010.

❖

MANDELBAUM MAURICE, MOSHÉ

Résistant, «Partisans Armés».

Témoignage écrit par **ses** neveux, Pinchas et Mendel Mandelbaum.

Maurice (Moshé) Mandelbaum est né le 29 janvier 1924, à Lublin (Pologne), de Joseph et Hana (née Fajnzilber). En 1929, son père Joseph Mandelbaum immigre seul en Belgique. Il est rejoint deux ans plus tard par sa femme et ses deux fils, Nathan l'aîné (Mordehai, né en 1921) et Maurice son cadet.

La famille Mandelbaum s'installe au 25, rue Anneesens à Bruxelles et s'adaptera rapidement à son nouvel environnement. Employé tout d'abord comme machiniste dans les chemins de fer, Joseph Mandelbaum crée par la suite une entreprise de cartonnage qui comptera parmi ses clients, les nombreuses entreprises juives de maroquinerie de Bruxelles. Les enfants Nathan et Maurice entrent à l'école primaire et, très jeunes, participent aux travaux de l'entreprise familiale. En parallèle, ils seront affiliés au mouvement *Betar* de Bruxelles.

Quand la guerre éclate en mai 1940, la famille fuit Bruxelles et, ainsi que des milliers d'autres Juifs, se réfugie dans le sud de la France, d'abord à Cadillac près de Bordeaux et puis à Castelmaurou près de Toulouse C'est sans doute à cette époque que Maurice noue ses premières relations avec la Résistance en France. De retour en Belgique, il fait partie du FGSU et sera actif très tôt dans la lutte contre l'occupant ; en 1942, il intègre le groupe des Partisans Armés et participe à de nombreuses opérations. Sous le pseudonyme de " Dédé ", Maurice parvient à transmettre au Deuxième Bureau des indications précieuses sur les installations militaires dans la région bruxelloise. Il est dénoncé et arrêté à Bruxelles le 22 novembre 1942, en même temps que les membres du réseau TEGAL, Joseph De Greef, René Blum et Jean Druart. Accusé d'espionnage, il est incarcéré et torturé à la prison de Saint-Gilles. Il sera fusillé le 13 octobre 1943. Trois ans plus tard, le 16 novembre 1946, la ville de Bruxelles organise des funérailles nationales aux 15 héros de la Résistance. Parmi eux figure Maurice Mandelbaum.

Jérusalem, septembre 2009.

Nejszaten Abraham /

P.A (Partisans Armés), Belgique.
Commandant XIIIème Compagnie.

Photo: Partisans Juifs défilant devant les
tombes de 17 héros juifs fusilles au Tir
National de Bruxelles lors la Manifestation du 21 octobre 1944.

Archives: Musée Juif de Bruxelles

NEJSZATEN ABRAHAM

P.A (Partisans Armés), Belgique.
Commandant XIIIème Compagnie.
**Nom de guerre : Van Cauwenberg
Arthur.**

Je suis né en 1921 à Scierpe, en Pologne, à une centaine de kilomètres de Varsovie. Nous étions une famille de trois enfants, Szmul mon frère aîné de onze ans, Blima ma sœur aînée de neuf ans et moi. Mes parents tenaient une quincaillerie dans une maison qui avait appartenu à mon grand-père. La misère nous a poussés à émigrer.

Mon père est parti en Belgique pour chercher du travail et préparer notre arrivée. Pendant ce temps, ma mère s'est occupée seule du magasin et de notre éducation. Pour réunir la somme nécessaire au voyage, nous avons vendu tous nos biens, et en 1926, nous avons définitivement quitté la Pologne pour rejoindre Anvers. Mes parents espéraient atteindre la Palestine après un séjour dans cette ville, mais les événements en décidèrent autrement.

Nous nous sommes entassés tous les cinq dans une chambre mansardée et une nouvelle vie commença. Mon père, après quelques échecs, trouva du travail dans son milieu. Il devint représentant en matières grasses végétales qui servaient à la cuisine casher (rituelle) des Juifs religieux. Ma sœur Blima trouva une place d'apprentie couturière et mon frère Szmul, de son côté, travailla comme apprenti mécanicien dentiste.

Quant à moi, je fréquentais depuis 1927 l'école juive «Tachkemoni», subventionnée par la commune, appartenant à la communauté israélite non orthodoxe. Mais je n'avais pas assez d'argent pour acheter cahiers et livres scolaires. Je n'osais même pas en réclamer à mes parents si démunis. Que de fois, je fus puni et mis au coin par les professeurs pour cette raison! Je me souviens qu'en 1935, nous avons accueilli à l'école le grand poète de langue hébraïque, Haim Nachman Bialik.

Pour donner une image plus complète de ma pénible situation, il faut savoir que pendant mes études, au moment où les socialistes ont dirigé la commune, les cours en français furent obligatoirement remplacés par des cours en néerlandais. Imaginez ces jeunes à peine instruits en français qui essayaient de changer de langue! Pour tout embrouiller, l'orthographe du néerlandais fut modifiée peu après la fin de nos études. Ainsi, notre génération ne connaît bien ni le français ni le néerlandais. Mes parents étaient religieux, mon père était Cohen, et chaque semaine je montais devant la Torah car nous étions les seuls Cohanim dans cette région.

Mon frère et ma sœur étaient révoltés par leur vie misérable et militaient activement au sein d'organisations communistes. Mes parents ressentaient cette tendance politique comme une honte. À plusieurs reprises, des disputes éclatèrent entre eux. Et bientôt, la famille se déchira. Un 1er mai que Blima avait préparé avec beaucoup d'attention, mes parents cachèrent ses habits pour l'empêcher de se rendre à la manifestation. Mon frère vint la chercher. Mis au courant, il courut partout pour trouver des vêtements mais en vain. Blima, la rage au cœur s'en prit aux livres religieux de mon père et consomma la rupture. Elle fut chassée de la maison et la vie misérable reprit. Les esprits s'étant calmés, Blima réintégra le domicile avec son mari Michel. Ils aménagèrent tant bien que mal dans une mansarde et la vie reprit un cours plus normal.

J'ai fréquenté les organisations de jeunes des plus réactionnaires aux plus pieuses et jusqu'aux plus progressistes. Je m'orientais de plus en plus vers le communisme. Ma lutte intérieure la plus âpre fut menée contre la religion. Je pesais le pour et le contre. Je réfléchissais longuement à tout ce qui m'était enseigné. Le coup de grâce pour ma foi fut donné par les explications laborieuses concernant le Messie, qui oblige les Juifs pieux à tout subir sans broncher. Pourquoi ne pas accéder à une vie plus digne, plus humaine? Pourquoi ne pas lutter contre les injustices? Et ce deuxième monde dont on parle, le paradis, existe-t-il? Pourquoi attendre toujours? Il faut nous libérer nous-mêmes! La Bible elle-même est écrite par des humains et contient beaucoup d'erreurs!

Alors, en toute logique, j'ai adhéré à l'âge de 15 ans, en 1936, à une organisation de masse, le «Jask» (club sportif ouvrier juif), créée par Dov Lieberman et qui faisait partie de la fédération ouvrière sportive de tendance socialiste. Pour ne pas peiner mes parents, je feignais de fréquenter toujours les organisations juives pieuses. Je faisais parvenir à la maison des périodiques de ces organisations afin d'apporter une preuve de mon «honorabilité».

Le 10 mai 1940, j'ai passé, seul, deux jours, au troisième étage du «Jask», pour brûler toutes les archives afin qu'elles ne tombent pas dans les mains des Allemands. Lorsqu'il fallut prendre les armes contre l'occupant, nous, jeunes Juifs d'Anvers, nous manquions d'expérience et nous étions peu nombreux à nous lancer dans cette action extrême. Étant donné que nous étions étrangers, nous ne pouvions pas faire le service militaire, d'où notre manque de préparation militaire.

En Belgique, tous les illégaux ont été appelés à se rassembler à la gare centrale pour partir on ne savait où. Le parti communiste a donné ordre à tous ses adhérents de partir avec les illégaux, c'était pour moi quelque chose d'incroyable !

Notre volonté de vaincre l'ennemi fasciste était telle qu'en peu de temps nous lui avons infligé des coups sévères aux moyens de la guérilla urbaine. Deux des partisans armés qui étaient sous mon commandement, Josse Gooris et Léon Dhynes, furent condamnés à mort le 11 février 1944 par un conseil de guerre. Le motif suivant fut invoqué : « les exploits des prévenus mettaient en danger au plus haut point la paix intérieure du territoire, et avant tout également la collaboration dans le travail, dans un large domaine, de la population avec l'occupant ». L'aveu de notre efficacité par les Allemands eux-mêmes met bien en relief la force de combat des communistes sincères et des vrais patriotes.

Je regrette donc d'autant plus que des Juifs progressistes, dotés de grandes qualités, se soient effrayés devant la nécessité de passer à la lutte armée et le cachent encore aujourd'hui. Je regrette aussi que les organisations sionistes anversoises, si bien structurées, se soient dispersées aux quatre vents devant les nazis. Je garde pourtant à l'esprit les trois membres du « Misrahi » qui, dès le début, ont souhaité participer à la Résistance.

À mon avis, les Juifs n'étaient pas préparés à un tel combat, à cause de leurs traditions et de leurs mœurs. Au camp de Buchenwald, un millier de Juifs environ voulaient se venger d'un kapo (un chef) néerlandais qui les maltrai- tait, mais finalement, ils ont laissé à d'autres néerlandais le soin d'accomplir la besogne.

Ces quelques faits pris un peu au hasard soulignent mieux les mérites des Partisans Armés ; mais qu'on ne se méprenne pas, ma propre expérience a montré que des masses de plus en plus larges de gens de toutes les nationalités sont entrées petit à petit dans la lutte de Libération, tel ce chimiste qui, ayant perdu femme et enfants dans les rafles, brûlait du désir de se venger et refusait de baisser la tête. Par ailleurs, les Partisans Armés étaient fortement soutenus par la population qui reconnaissait en eux le fer de lance de la résistance.

Paradoxalement, c'est dans le camp de Buchenwald que la plus grande satisfaction me fut donnée. Des prisonniers allemands communistes et antifascistes sauvaient des vies humaines, sans se préoccuper de la nationalité, et en risquant leur propre vie. Ils me sauvèrent du poteau d'exécution, alors que j'étais un inconnu pour eux.

Nous discutions beaucoup de la situation de l'Allemagne. À une de nos réunions, un responsable nous harangua, nous appelant à être plus actifs. Que ferions-nous, demanda-t-il, si l'armée d'Hitler envahissait la Belgique, les Pays-Bas, toute l'Europe ? Maintenant, les antifascistes allemands trouvent encore refuge chez nous, mais nous, où irions-nous nous réfugier, si notre territoire était occupé ? À tout prix, la lutte contre l'Hitlérisme devait s'intensifier ! J'entends encore ces paroles, elles étaient justes mais comment faire ?

En août 1939, le pacte germano-soviétique fut signé. Il fut ressenti désagréablement dans le milieu juif. Nous expliquions les raisons de la conclusion de ce pacte, mais il n'était pas facile de les faire admettre par des gens vivant dans l'angoisse et espérant l'aide de l'Union soviétique. Nous comprenions la nécessité de ce pacte pour empêcher le front des grandes puissances capitalistes contre l'Union soviétique et pour jeter ainsi les fondements de la coalition antifasciste. Malgré tout, les gens restaient déçus.

Mes débuts dans la résistance armée.

Mes premières véritables actions antifascistes se limitaient à chauler (badigeonner des slogans à la chaux) des mots d'ordre sur les murs et à lancer des tracts là où il y avait des concentrations de gens. Et déjà, quelques aventures me préparèrent inconsciemment à des actions bien plus audacieuses. Un soir, j'ai badigeonné avec un seau percé qui laissait des traces blanches sur tout le parcours ! Un autre soir, j'ai attendu la fin d'un film pour lancer des tracts au milieu des gens qui sortaient de la salle de cinéma.

La répression des Juifs s'intensifiait. Une loi promulguée par les Allemands stipulait que tous les Juifs devaient se présenter à la maison communale pour recevoir un cachet sur leur carte d'identité. Le parti communiste, de nouveau surpris, nous conseilla de nous inscrire, de nous soumettre à la volonté des nazis. Même un de mes amis clandestins, Abraham Fischel, m'implora d'imprimer sur sa carte d'identité un sceau avec le mot « Jood » (Juif). Heureusement, l'inexpérience et l'inconscience n'allaient pas tarder à disparaître devant la brutalité nazie.

Progressivement, une tendance à passer à la lutte armée naissait dans divers milieux et prenait de la consistance. J'avais remarqué que mon frère, à Bruxelles, était de ceux qui encourageaient le parti à entrer dans cette voie. Il m'a rallié à son opinion, et dans mon entourage à Anvers, j'ai propagé l'idée que le temps était venu de lutter, les armes la main, aidé par d'autres camarades, et enfin les premiers pas furent franchis à Anvers.

Début 1942, Max Achain m'a désigné pour former le premier groupe des Partisans Armés anversois. J'ai choisi comme compagnons Adolphe Rosenberg (qui jusqu'alors avait été chargé, en collaboration avec un groupe d'antifascistes allemands, de l'agitation antinazie parmi les militaires allemands) et Isaac Glaz dont j'avais apprécié le courage auparavant. Notre inexpérience dans la lutte armée était un handicap, d'autant plus que notre pays, traditionnellement pacifique, ne se prêtait guère à l'instruction de la lutte armée, et enfin le danger nous guettait. Un jour, nous avons placé une bombe devant un café, place de Helmet à Schaerbeek (Bruxelles). Normalement, elle aurait dû exploser 20 minutes plus tard. Une demi-heure s'écoula, toujours rien. Quelque chose ne fonctionnait pas. J'étais inquiet et n'y tenant plus, je suis allé vérifier le mécanisme. J'étais arrivé à 10 mètres de la bombe, quand elle explosa soudainement. Une sorte de liquide me coula sur le visage. Nous avons quitté l'endroit et je me rendis chez un médecin pour me faire désinfecter. Rien de grave, plus de peur que de mal.

Le système des bombes à retardement et des explosifs ne convenait pas parce que toute la rue en subissait les conséquences. Les fenêtres éclataient de partout, des innocents étaient blessés, les dégâts matériels touchaient bien plus que la seule maison visée, etc. Or les résidents ne devaient pas souffrir de la lutte contre les fascistes. On trouva donc un moyen : on entourait la bombe de sacs de sable pour qu'elle atteigne uniquement son objectif.

Mais pour nous, d'autres tâches s'annonçaient. Fin 1942, notre détachement se spécialisa dans un nouveau domaine : l'exécution par balles. Comme nous n'étions pas issus d'un milieu de tueurs, tirer sur un homme à bout portant était une rude épreuve. Ma première exécution par balles est encore fraîche dans ma mémoire. C'était en 1942, le jour anniversaire de la révolution d'octobre 1917. Nous étions une dizaine à pénétrer dans la maison de la victime. À l'extérieur, de nombreux résistants assuraient la couverture ; je gardais la porte. Izy, Georges Livschitz, Bemci, qui était un ancien combattant d'Espagne, et un quatrième ont entouré le fasciste pour l'abattre. Celui-ci les suppliait de le laisser en vie, au moins pour ses enfants. Izy leva son arme et appuya sur la gâchette mais rien ne partit ; alors Bemci tira un coup de feu qui tua le fasciste et tout le monde vida rapidement les lieux. Toute la nuit, nous avons été préoccupés par cette exécution, mais nous avons pensé aux souffrances endurées par nos camarades tombés aux mains de la Gestapo, et nous avons surmonté le remords et durci notre caractère.

Le lendemain, lors de l'entraînement, chacun a avoué avoir passé une nuit pénible, mais on était tous prêts à poursuivre les exécutions. Nous étions convaincus que tuer des fascistes diminuait le fléau fasciste. Les exécutions par balle se sont succédées.

Vers mars 1943, un responsable, Adolphe Goldgewicht, m'a transmis un billet contenant des informations sur un certain Jacques (son adresse et son emploi du temps). J'ai repéré l'endroit, rue Vanderkinderen à Bruxelles, et j'ai contrôlé toutes les indications. Nous avions l'intention d'accomplir l'action le lendemain, mais nous manquions de vélos et donc, l'action fut reportée d'un jour. Pour éviter toute surprise, j'observais encore la rue pour m'assurer des entrées et sorties de Jacques. Quand il s'éloigna de chez lui, j'ai regardé autour de moi et j'ai aperçu Finkelstein d'Anvers. Par son intermédiaire, j'ai fait savoir au corps mobile que nous allions agir le lendemain et les priai de ne pas intervenir. C'était mal juger les camarades du corps mobile dont le désir de venger les Juifs dénoncés par Jacques était ardent. Ils nous avertirent qu'ils seraient au poste le lendemain pour abattre Jacques.

Pourquoi insistions-nous tellement pour être chargés de cette mission ? Nous étions habitués à exécuter des gens au revolver, tandis que le corps mobile était spécialisé dans des actions de sabotage. Nous doutions de ses capacités à tirer sur un homme. Aussi Sus, Izy et moi-même, nous nous sommes rendus sur les lieux pour parer à toute éventualité. Le corps mobile ne se désista pas, mais il laissa Jacques s'éloigner sans l'abattre avec évidemment une excuse pour se justifier. C'était partie remise.

L'arrestation de Jacob (Icek Gutfraynd), blessé au cours d'une action et placé sous surveillance à l'hôpital d'Etterbeek (Bruxelles), nous mit à rude épreuve. On avait décidé de le sauver le 28 avril. Toutefois, la veille, Michel, Sim Finkelstein et Albert Borm du corps mobile voulurent se venger sur Jacques. Michel avait emporté deux revolvers pour ne pas être pris au dépourvu. Seulement le second revolver, un colt américain, m'appartenait et je l'avais mis de côté parce que si le ressort était mal placé, il tirait deux coups et se bloquait. Sans doute Michel l'avait-il trouvé séduisant...

Jacques quitta son domicile à l'heure habituelle. Michel tira sur lui, mais le premier revolver s'enraya. Jacques tira à son tour et s'enfuit précipitamment. Il fut poursuivi par mon beau-frère qui utilisa le second revolver, qui comme on pouvait s'y attendre, se bloqua. Une fois de plus, Jacques s'était échappé. L'action contre Jacques témoignait bien de l'intrépidité, de l'audace des Partisans Armés, mais aussi de la nécessité d'avoir une organisation plus spécialisée et expérimentée.

Le lendemain, plusieurs détachements pénétrèrent dans l'hôpital d'Etterbeek pour atteindre la chambre de Jacob. Il fallait parcourir un couloir interminable. Ma tâche était de marcher sur les talons des deux détachements chargés d'immobiliser le policier, et de protéger leur sortie. Le premier détachement se pointa mais non le second. Je le suivis et voilà le second détachement derrière moi ! Tout s'est heureusement bien terminé. La police fut neutralisée, Jacob lui-même apparut en chemise et quitta l'hôpital tranquillement avec nous. À la sortie de l'hôpital, les infirmières, les infirmiers, les médecins, tout le personnel nous félicita : « *Bravo, la Résistance* ! ». À dire vrai, ils nous avaient beaucoup facilité le travail et ce sont eux qui auraient plutôt mérité nos louanges. Gooris me raconta qu'en entrant dans la salle des infirmières où était installée la centrale téléphonique, il avait bénéficié de l'aide de tous, dès qu'il eut annoncé son appartenance à la Résistance. Jacob était sauvé. Le brio de cette action avait peut-être moins de signification que le soutien spontané accordé par le personnel de l'hôpital.

Une autre mésaventure montre bien les complicités dont nous jouissions au sein de la population belge. Nous habitions toujours rue Victor Hugo à Schaerbeek (Bruxelles). Un matin, Izy se leva en ne se souvenant plus où il avait déposé un billet de 10.000 FB, véritable fortune que ses parents lui avaient léguée. Il fouilla partout, pas moyen de mettre la main sur l'argent. Quelque temps plus tard, nous avons lu dans le journal qu'un facteur avait trouvé un gros billet et l'avait déposé au commissariat. Il n'était pas question pour nous de prendre le risque d'aller à la police pour réclamer l'argent.

Le soir, Izy ne revint pas dormir. La nuit s'écoula, toujours pas de nouvelles. Le lendemain, je pris le tram pour inspecter les lieux de ses rendez-vous. Du tram même, j'ai constaté que la Gestapo ne tendait pas de pièges et qu'Yzi ne se présentait pas aux rendez-vous. J'en tirai la conclusion qu'Izy avait été arrêté et qu'il n'avait dénoncé personne.

Il ne me restait plus qu'à évacuer nos affaires à toute vitesse, parmi lesquelles une quinzaine d'armes. L'appartement fut vidé et je confiai à Gooris le dépôt provisoire des revolvers. Mais je me souvins avoir abandonné un barillet dans une cache de l'appartement, et comme nous veillions sur chaque arme comme sur la prunelle de nos yeux, je commis l'imprudence d'aller le récupérer le lendemain. En entrant dans la maison, je tombai sur Jacob, le frère d'Izy. Aussitôt, je commençai à le houspiller: «*Pourquoi viens-tu ici? Tu sais que c'est dangereux!*». Il me répondit: «Monte, *Izy est là*».

Que s'était-il passé? La boulangère à qui Izy avait parlé de la perte de son billet de 10.000 FB, avait lu aussi l'histoire du facteur et elle avait accosté mon ami pour l'accompagner en toute innocence au commissariat. Izy n'avait pas osé refuser l'aimable invitation. Au commissariat, ses papiers furent contrôlés et il fallut peu de temps pour remarquer qu'ils étaient faux. En plus, il avait sur lui des photos du journaliste De Becker, du journal Le Soir, et d'autres collaborateurs dont il devait assurer l'exécution. Toute la nuit, il resta au cachot. Le matin, il fut conduit au Palais de Justice, où il dut attendre la suite des péripéties, en compagnie de prisonniers de droit commun. Puis, un huissier entra et appela «*Isaac Gloz?*». "Oui", répondit-il. «*Voilà votre portefeuille et les 10.000 FB; tout y est. Partez.*». Il est probable que le commissaire s'était dégagé de toute responsabilité en confiant Izy à un procureur qui donna l'ordre de le libérer sur-le-champ. Après cette affaire, je réclamai les revolvers à Gooris qui me les remit, excepté un petit revolver qu'il nia avoir reçu.

Comme sa conduite devenait de plus en plus étrange, je lui demandai ce qui se passait, mais malgré mes exhortations, il hésitait à s'expliquer. Enfin, il m'avoua son désir de quitter les Partisans Armés et sa crainte de nous en informer parce que, selon les journaux, ceux qui quittaient le mouvement étaient exécutés. «*Comprends bien ceci, lui répondis-je, je préfère un homme qui dit la vérité, et dont on peut être sûr, qui sait pourquoi il lutte plutôt qu'un homme incertain. Nous ne sommes pas des assassins, nous sommes des volontaires qui combattons pour un noble idéal. La vérité est toujours bonne à dire.*». Et je lui rendis sa liberté.

Léon Dhynes fut arrêté le 31 mai 1943 dans des circonstances confuses, et Josse Gooris subit le même sort le 25 septembre 1943; ils furent tous deux jugés en même temps et condamnés à mort. Le journal «*Le Soir*» du 10 mars 1944 publia le communiqué de l'autorité militaire allemande annonçant leur condamnation à mort et qui rappelait par la même occasion les exploits de mon détachement:

Exécution de terroristes.

*« L'autorité militaire allemande communique: le conseil de guerre de l'Ober-
feldkommandatur de Bruxelles a condamné à mort les citoyens belges, Gooris
et Dhynes, de Bruxelles, pour actes de violence contre des membres de l'armée
allemande et des mouvements d'ordre nouveau et pour tentative grave de brigandage. Les condamnés appartenaient à un groupe terroriste communiste. Sur
ordre de leur chef de groupe, ils participèrent à une série d'assassinats perpétrés
par trois individus, et reçurent pour effectuer cette besogne, 1000 francs belges
par mois, des timbres de ravitaillement et certains autres avantages.*

*Tout particulièrement, Gooris a, dans le courant de l'été 1943, trempé dans
l'assassinat d'un sous-officier allemand et dans une tentative de meurtre perpétré
sur la personne d'un premier caporal. En outre, il a participé à l'assassinat du
radio technicien Lens et, de concert avec Dhynes, à l'assassinat du pharmacien
Smulders et du Rexiste Wynants de Bruxelles. Dans ces deux attentats, Gooris
a soit tiré lui-même les coups de feu qui ont provoqué la mort, soit facilité avec
Dhynes, et par intervention à main armée, l'exécution du crime. En outre, les
deux condamnés ont participé à main armée à la libération d'un membre de
leur bande se trouvant en traitement dans un hôpital et ont trempé dans une
tentative de brigandage dirigée contre un bureau de distribution des timbres
de ravitaillement à Bruxelles. En considération du caractère perfide et brutal
des crimes commis par Gooris, le jugement prononcé contre lui a été exécuté
par pendaison ».*

Mais ces malheurs n'ont pas fait faiblir l'élan de la Résistance. Un couple
de dénonciateurs qui habitaient près de la place Jourdan nous fut désigné
comme cible. Jacob Glaz et Fred étaient chargés de les exécuter. Avant l'action, Fred me fit la réflexion suivante: *« Tous les commandants sont juifs, et
en fait je lutte pour les Juifs »* Stupéfait d'entendre de pareilles inepties dans
la bouche d'un communiste, j'ai stoppé l'action sans me soucier de mes
revers» précédents. J'ai tenu à Fred des propos semblables à ceux que j'avais
tenus à Gooris avant son départ: *« Si tu veux rester chez nous, sache d'abord
pourquoi tu viens, lutte par conviction et non par obligation »*

Au Nouvel An, Rik Szyffer, évadé de la prison de Louvain fut à nouveau
arrêté. Son amie et Marianne nous détaillèrent son arrestation. Aussitôt, je
réclamai des voitures à mon supérieur, en affirmant que, coûte que coûte, il
fallait sauver Rik, un des derniers rescapés d'Anvers. Notre moral aurait été
atteint si nous l'avions laissé disparaître sans rien faire. En attendant, il était
blessé sur son lit d'hôpital à Alost et le 3 janvier nous étions prêts à le libérer.

Le lendemain, certains journaux ont publié qu'un bandit arrêté, grièvement blessé, avait été emmené par ses compagnons pour être achevé! Le journal «Volk en Staat» du 7 janvier 1944 a consacré un article important à cette évasion: *« Des partisans de l'armée de libération en pleine activité à Alost ont libéré un membre de leur bande d'un hôpital. Il est devenu totalement superflu d'acheter des romans de détectives américains. Dans les journaux, on peut lire des contes plus fantastiques et les faits se passaient dans notre propre pays. Et en plus, nous possédons des bandits qui sont convaincus de leur mission. La «Brigade Blanche» regroupe tous ceux qui veulent du bien à leur patrie belge. On assassine ou incendie, oh, rien de grave, c'est quand même la guerre! Alost (Belgique) a eu un de ces jours l'honneur de voir à l'œuvre une nouvelle formation c'est-à-dire les partisans de l'armée de libération. Voyez maintenant le plus grand exploit de ces partisans.*

« Le mardi soir, le 4 janvier, entre cinq et six heures, une voiture de luxe s'arrêta dans la cour d'hôpital où, depuis quelques jours, on hébergeait un individu d'allure suspecte, qui la veille du Nouvel An, avait été abattu par la police allemande. Car il s'agissait d'un élément très dangereux; il était jour et nuit sous la garde de policiers armés. À la porte, trois hommes sautèrent de la voiture, revolver au poing pour monter directement la garde. Deux autres se sont présentés au bureau et ont tenu le personnel en respect. Des visiteurs tardifs furent enfermés dans la même salle que le personnel et gardés par un des héros du revolver qui racontait en français à cœur ouvert à ses prisonniers qu'ils étaient venus pour libérer leur camarade. Les autres hommes ont maîtrisé le portier et l'ont obligé à indiquer la chambre de leur compagnon. L'agent de service fut désarmé en un clin d'œil, et à trois ils ont traîné le membre de la bande blessé à mort dans leur auto qui était tout près. Après la libération qui n'a pris 10 minutes, le personnel recevait l'interdiction de quitter la salle avant une heure. Maintenant que la fin approche, vous devez avoir du courage et nous aider, criaient les libérateurs en français élégant aux prisonniers accidentels. Ensuite les gaillards, qui étaient appelés les partisans de l'armée de libération quittèrent la ville».

J'attachais une grande importance à cette action menée tambour battant, car je voulais démontrer aux partisans que le maximum était mis en œuvre pour libérer nos camarades arrêtés. Déjà le sauvetage de Jacob avait été un tel encouragement que pour tout commandant, il était évident qu'organiser des évasions était une nécessité.

<u>L'après-guerre.</u>

L'internationalisme auquel je tiens profondément, s'évanouissait progressivement partout. La Pologne démocratique ne parvenait pas à intégrer les quelques milliers de Juifs rescapés (sur plusieurs millions avant la guerre), alors qu'un Israël nationaliste se formait avec des Juifs de différentes nationalités ! J'en vins à désespérer de tout. Je me suis replié sur mon travail professionnel et ma famille pendant de longues années.

Anvers, le 18 juillet 2004

N.B. en août 1943, Abraham Nejszaten est nommé Commandant de la XIIIème Compagnie, sous les ordres de Jakob Gutfraynd, Commandant de Bataillon.

❖

Prowizur Clara /

PROWIZUR CLARA

Résistante, groupe trotskyste.
Nom de guerre : Petitniot - Claire

Je suis née en 1923, à Altona Hambourg (Allemagne). Mes parents ont émigré vers la Belgique lorsque j'étais encore petite, vers 1925, probablement parce que la Belgique accueillait alors beaucoup d'immigrants. Mon père travaillait dans la fourrure. Il avait une très bonne situation financière. Nous avons grandi dans le luxe, il faisait bon vivre, j'apprenais le piano ainsi que ma sœur. Nous habitions rue du Brabant, 110, à Bruxelles.

Et puis la roue a tourné. Mon père s'étant porté garant pour une personne qui n'a pas respecté ses engagements, il s'est vu retirer son droit de travailler en Belgique. Ont commencé alors sept années difficiles.

Je n'ai pas ressenti à cette époque de l'antisémitisme. Au contraire, comme j'étais une très bonne élève, mon institutrice me citait souvent en exemple devant les élèves en disant : « Regardez, une étrangère a plus de mérite que vous, qui êtes belges. » J'aimais beaucoup l'école, où je suis restée jusqu'à l'âge de 14 ans. Mais Il a fallu que j'arrête les études, pour aider mes parents, suite aux ennuis financiers qu'a connus la famille.

Je fréquentais un mouvement de jeunesse du parti socialiste qui s'appelait « les faucons rouges ». Je pense que j'ai rejoint ce mouvement parce que j'étais pauvre et que je voulais lutter pour être comme les autres. Je me souviens de certaines situations à l'école qui montraient bien que j'étais pauvre. Par exemple, tous les lundis matin, les élèves apportaient une contribution pour la caisse d'épargne ; moi, je n'avais jamais ces malheureux francs pour y participer. Cependant, ma mère faisait tout son possible pour que je sois impeccablement habillée. Très jeune, j'ai pris conscience qu'il fallait lutter pour améliorer son sort. J'ai rejoint le mouvement de ma propre initiative, je n'ai subi aucune influence.

Et puis, vers l'âge de 15 ans, probablement influencée, j'ai rejoint le mouvement du « Bund » (mouvement socialiste juif). Je m'y trouvais très bien, et c'est là que j'ai commencé à m'instruire, à lire de nombreux ouvrages sur la place de l'homme dans la société. Mon passage dans le mouvement trotskyste m'a beaucoup enrichi et m'a permis de comprendre la situation politique du pays.

Mon mari m'a aussi aidé à analyser l'évolution de la situation. Je fréquentais les cours de l'université ouvrière de la «Maison du Peuple» à Bruxelles, qui ont contribué à consolider mes idées socialistes.

Vers les années 1938-1940, de nombreux Juifs ont émigré d'Allemagne. Ils nous racontaient les raisons pour lesquelles ils avaient fui, et parlaient du danger que représentait Hitler.

Nous avons compris très vite que nous étions en grand danger. Nous sommes entrés dans la clandestinité. Il y avait dans notre mouvement également des non-Juifs qui nous ont aidés à nous cacher. Nous avons immédiatement commencé notre action de résistance. Nous avons imprimé un journal que nous distribuions dans les boîtes aux lettres.

Un mouvement clandestin ou illégal est une pyramide où l'un ne connaît pas l'autre. C'est un ensemble de cellules, chacune étant composée de six personnes ; une personne représente la cellule. L'ensemble de ses représentants s'appelait «la coupole». J'avais un rôle assez important, puisqu'on m'a demandé de prendre des contacts pour sauver un de nos dirigeants, Ernest Mandel.

Une cellule trotskiste avait en charge de nous procurer tout ce dont nous avions besoin pour survivre ; elle a également caché mes parents, et les a aussi aidés à survivre. Notre mouvement clandestin n'avait aucune aide extérieure, et devait subvenir à ses besoins par ses propres moyens. Mon mari Philippe était permanent dans le réseau, ce qui lui valait un salaire.

Nous avons été dénoncés par un camarade stalinien, un nommé Finkelstein, qui a pu, grâce à cet acte, libérer sa fille internée à Malines (Belgique), lieu de rassemblement pour la déportation vers Auschwitz. Nous le savons avec certitude car nous avons entendu d'autres témoignages, et ce ne fut pas un acte isolé Il était devenu un agent de la Gestapo, avec laquelle il avait pro-bablement conclu un marché: dénonciation de Juifs en échange d'avoir la vie sauve. Après la guerre, il a disparu et nous ignorons ce qu'il est devenu. Après la dénonciation, Philippe et moi avons été internés à Malines. Nous faisions partie du 20ème convoi, train qui devait nous amener à Auschwitz. Pendant notre séjour à Malines, nous étions entrés en contact avec un réseau de résistance, qui avait décidé de sauter du train. Mon père, Philippe et moi avions également décidé de nous joindre à eux. Le menuisier qui travaillait à Malines était un Juif ; il nous a procuré des scies à bois : il savait que les fenêtres des wagons à bestiaux étaient en bois. Chacun a reçu également 50 FB (francs belges) du réseau de la résistance. Et lorsque le train s'est mis en marche, les

Allemands ont nommé un responsable par wagon en le menaçant de mort s'il manquait quelqu'un à l'arrivée. Pendant le voyage il nous a empêchés de sauter du train. Il a donc fallu le ligoter. Dans ces wagons, les conditions étaient épouvantables, mais lorsqu'on est jeune et que l'on a un idéal, l'enfer est éclairé et on lutte pour cet idéal. Nous savions pourquoi nous luttions. Il y a avait aussi des gitans dans notre wagon. Je ne voulais pas sauter car mon père était très malade. Alors, j'ai dit à Philippe : «*Non, je ne veux pas sauter, je veux rester auprès de mon père!*». C'est Philippe qui m'a convaincue, en me disant que, pour mon père, il n'y avait plus d'espoir. J'ai sauté, Philippe a sauté un peu plus loin.

Les soldats allemands nous tiraient dessus, mais nous avons eu de la chance. Nous nous sommes retrouvés dans la région de Liège, où nous avions un contact. Des membres de notre réseau sont venus nous chercher. Dans un premier temps, nous étions cachés chez une amie, Christiane van Acker, une Belge, où nous avons pu nous reposer. Puis, le mouvement nous a envoyés à Charleroi, où Philippe a travaillé dans la presse clandestine. Je ne savais même pas où était situé l'atelier, d'ailleurs je ne me posais même pas la question. Moi, je cachais maman à la maison, un de mes frères était en Suisse, un autre se cachait dans un couvent, papa est mort à Auschwitz.

Dans notre réseau de résistance, nous savions qu'à Auschwitz, on exterminait les Juifs.

Lorsque Philippe disait aux autres internés, que nous ne partions pas à Auschwitz pour y travailler mais pour y être exterminés, personne ne voulait le croire.

Comment avez-vous obtenu ces informations?

Nous avions un camarade trotskiste qui était revenu de la Haute Silésie, où il travaillait dans les mines de sel. Il n'était pas prisonnier, mais travailleur. C'est là qu'il a contacté d'autres personnes qui travaillaient près d'Auschwitz et qui lui ont raconté qu'à Auschwitz, on brûlait des Juifs. Nous avons fait parvenir ces informations à Londres.

Philippe continuait à travailler dans la presse clandestine, moi j'étais très active dans ma cellule trotskiste à Charleroi où, parmi les membres, il y avait de nombreux ouvriers et des mineurs. Je travaillais également dans la presse clandestine, je corrigeais les articles.

J'avais une fausse carte d'identité. Comme j'étais célibataire, j'ai été convoquée pour aller travailler en Allemagne mais une amie belge m'a introduite dans une firme. J'ai été engagée pour travailler dans le bureau de l'administration de la ville Charleroi dont le directeur était «rexiste», (parti politique de collaboration). J'y touchais un salaire, et ainsi j'ai pu rester à Charleroi. À la Libération, le directeur de ce bureau a été arrêté, il a été condamné, et il a perdu ses droits civiques pendant 10 ans. J'ai témoigné lors de son procès en sa faveur, en me disant que s'il ne m'avait pas engagée, j'aurais été forcée de partir en Allemagne.

Après la guerre nous avons recommencé à militer. Les trotskistes se sont réorganisés, mais Philippe et moi avions perdu notre enthousiasme. Peu à peu, nous nous sommes éloignés de nos copains, et nous sommes partis en Amérique du Sud. C'était pendant la guerre de Corée. Nous avons compris que cela aurait pu être une nouvelle guerre mondiale, alors nous avons dit : « Non, une fois c'est assez ! »

Puis nous nous sommes rapprochés du sionisme. Et nous avons décidé de partir en Israël avec nos enfants. Lorsque je pense à cette époque, il me vient à l'esprit ce fameux dicton :

« Qui n'est pas socialiste à vingt ans n'a pas de cœur ; qui est socialiste à quarante ans, n'a pas de tête. »

Nous sommes restés socialistes, Philippe et moi, c'est une vision du monde. Je lutte pour le socialisme en Israël, pour la paix, je participe à des manifestations. J'estime qu'il est très important pour un jeune de faire partie d'un mouvement de jeunesse, c'est un grand enrichissement.

D'après moi, les Belges ont été très humains. Lorsque l'on me parle des Belges, j'éprouve du respect à leur égard. Ils ont agi en prenant des risques. J'estime qu'à côté de notre héroïsme, il faut également rendre hommage à l'héroïsme des Belges.

Vous avez écrit un livre, dont le titre est : « Conte à rebours, une résistante juive sous l'occupation » qui retrace votre biographie. Quand avez-vous décidé d'écrire ce livre ?

J'ai écrit ce livre en Israël, suite aux nombreuses questions que me posaient les enfants, sur notre passage dans la Résistance. Je voulais pérenniser ce moment de mon histoire pour mes enfants et mes petits-enfants. Et puis également, j'ai ressenti la nécessité d'écrire pour moi-même. J'écrivais surtout pendant la nuit, lorsque le calme et la sérénité me permettaient de retrouver tout mon passé. Par la suite, j'ai pris goût à l'écriture et j'ai écrit un second livre, ainsi que des articles.

Tel-Aviv (Israël) le 26 mai 2005.

❖

Je suis né en Pologne en 1916. Mon père était parti vers la Belgique pour des raisons économiques, et nous l'avons suivi en 1931. Mes parents étaient religieux. Très jeune, j'ai suivi un enseignement religieux. À l'âge de 13 ans, j'ai commencé à travailler afin de pouvoir aider mes parents ; j'étais aussi dans un mouvement de jeunesse qui s'appelait le « Haloutz » (le pionnier).

Vers l'âge de 15 ans, j'ai commencé à travailler en Belgique comme tailleur. En Belgique, j'allais dans un mouvement jeunesse qui s'appelait : « Hashomer Hatzair », la jeune garde, mouvement sioniste-socialiste. Plus tard, j'ai milité dans le mouvement du « Bund » (mouvement socialiste juif), où je faisais partie des dirigeants. C'est là que j'ai fait la connaissance de Claire, ma future épouse. Vers 1933, j'ai commencé à militer dans le mouvement trotskyste. Le reste du parcours jusqu'à aujourd'hui, nous l'avons fait ensemble.

Tel-Aviv (Israël), le 26 mai 2005.

Un parcours exceptionnel

Parcours exceptionnel pour Claire et Philippe : ensemble, ils ont milité dans les mouvements de jeunesse avant la guerre, ensemble dans la résistance trotskyste, l'internement à Malines, ensemble, ils ont sauté du train qui devait les déporter vers Auschwitz et aujourd'hui ils sont sionistes en Israël.

❖

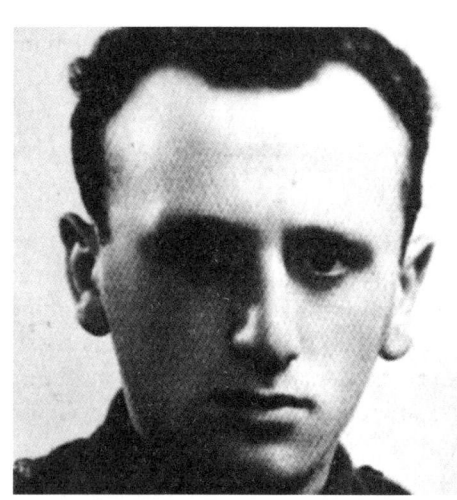

Springer Jacques /
P.A.

SPRINGER JACQUES

P.A. «Partisans Armés.»
Nom de guerre : Tino

Je suis né à Anvers le 8 novembre 1917. Mes parents s'étaient mariés à Anvers en 1909, ma mère venait de Pologne, et mon père d'Autriche. Mon frère est né le 23 juillet 1912.

Mon père était courtier dans la branche diamantaire ; il est décédé en 1925 de la tuberculose. Je l'ai très peu connu, car il était souvent hospitalisé dans les sanatoriums.

Ma mère avait un hôtel à Anvers, l'hôtel Jaffa, et le dimanche, elle prenait un carrosse ou un taxi, (il y avait à cette époque deux ou trois taxis!), et nous allions ainsi voir mon père. Mais pour des raisons de contagion, nous ne pouvions rester que quelques minutes près de lui. Il est mort à l'âge de 39 ans.

J'ai fait huit ans d'école, et puis je suis entré dans une école professionnelle pour apprendre le métier de lapidaire (tailleur en diamants) pendant deux ans. À l'école, à cette époque, je n'ai pas ressenti de l'antisémitisme. Dans ma classe, il y avait une dizaine de Juifs sur 25 élèves. A 10 ans, je suis entré dans le «Hashomer Hatzair», mouvement de jeunesse sioniste de gauche. C'est aux environs de 1937 qu'on a commencé à percevoir des signes d'antisémitisme.

Mon frère a été mobilisé en 1932, il est devenu capitaine de cavalerie à la caserne Dossin. Quant à moi, j'ai été mobilisé en 1937, j'ai effectué 16 mois de service militaire et puis je suis rentré chez moi. J'ai recommencé à travailler dans mon métier de tailleur de diamants. En 1939, j'ai été réincorporé dans l'armée. Au bout de cinq à six mois, la guerre a été déclarée.

Plus tard, après la capitulation, je rencontre mon ancien commandant de régiment dans un café, le "Victoria" où il y avait de très bonnes pâtisseries, et où j'avais souvent rendez-vous avec des amis juifs. J'entends quelqu'un qui appelle : *«Springer! Springer!»* (À cette époque, il fallait déjà porter l'étoile juive). Je me retourne et je reconnais mon ancien commandant en uniforme noir du V.N.V (mouvement flamand d'extrême droite, collaborateur avec l'occupant). Il m'invite à le rejoindre à sa table et je vois qu'il était assis près d'un officier allemand. Il dit à l'officier : *«Regardez, c'est le seul Juif que je connaisse qui ait fait son service militaire dans mon régiment et je suis fier de l'avoir eu dans ma compagnie, car il a eu une conduite exemplaire»*. Sur ce, l'officier allemand me demande: «*Si vous êtes juif, pourquoi ne portez-vous pas l'étoile?»* Et je lui réponds: «J'ai *oublié de la mettre»*. Alors, il regarde sa montre et me dit en allemand: «*Je vous donne trois minutes...»*. Le reste, je ne l'ai pas entendu car j'ai pris mes jambes à mon cou et je me suis enfui, tellement j'avais peur. (Après la guerre, ce commandant flamand a été condamné à mort pour des faits de collaboration, mais il a fait appel, et je ne sais pourquoi, il a cité mon nom en disant qu'il m'avait sauvé la vie!).

Pendant la guerre, j'ai décidé de partir en Angleterre pour rejoindre l'armée belge et combattre les Allemands. J'ai traversé la France occupée, et de là je me suis dirigé vers la zone libre. Arrivé à la gendarmerie nationale, on m'a demandé: «*Qui êtes-vous?»* «*Je suis belge, je me suis enfui de la Belgique occupée.»* «*Et que venez-vous faire ici?»* «Alors j'ai répondu: «*Je voudrais avoir un sauf-conduit pour aller me battre en Angleterre.»* La réponse a été la suivante: «*Vous êtes le premier imbécile venu aujourd'hui!»*. Et ils m'ont placé en cellule. Deux heures plus tard, j'ai été transféré en prison. Là, le directeur m'a demandé: «*Pour quelle raison êtes-vous arrêté?»* J'ai répondu que j'avais passé la frontière sans papiers, et que je n'avais plus de papiers.

J'ai sollicité auprès du directeur de la prison la possibilité d'avoir un avocat, car j'avais de l'argent. L'avocat est venu, et lorsque je suis passé devant le tribunal, j'ai été condamné à trois mois de prison, à l'internement jusqu'après l'exode! Autrement dit, comme l'avocat me l'a précisé, jusqu'à la fin de la guerre! Il n'y avait rien à faire, j'ai effectué trois mois en prison, et ils m'ont envoyé au camp du «Vernet». De là, j'ai réussi à m'enfuir et puis on m'a placé dans le camp de Gurs. J'ai demandé l'autorisation de téléphoner à mon avocat. L'avocat est venu et je lui ai donné une adresse d'un contact, et c'est ainsi que j'ai pu avoir une fiche de démobilisation comme étant sujet français, sous le nom de Jacques Joseph Simonet. À partir de novembre 1942, les Allemands ont occupé également la zone libre. Alors j'ai décidé de partir et je suis retourné en Belgique.

Je suis retourné d'abord à Bruxelles, et ensuite je suis parti à Liège. C'est par l'intermédiaire de ma fiancée que j'ai pris contact avec les «Partisans Armés» du «Front de l'Indépendance». Elle était à l'école avec la femme du commandant des partisans. Là, j'ai appris à faire du sabotage, à faire dérailler des trains. Plus tard, j'ai été nommé adjoint au commandant. J'étais responsable de trois groupes. J'étais le seul Juif et mon nom de guerre était: «Tino» (j'ai choisi ce nom, car avant la guerre j'ai souvent chanté dans les « radio-crochet »). Le commandant était le seul à savoir que j'étais juif.

Un jour, pendant un voyage en tram, un groupe de soldats allemands ainsi qu'un groupe de la SS nous encerclent, nous font descendre et nous amènent au ministère de la justice, au bureau de la Gestapo pour vérification des cartes d'identité. Et là, on m'a retenu jusqu'au soir. Lorsqu'arrive mon tour, le colonel de la Gestapo regarde ma carte d'identité et me dit : « *Vous habitez Anvers, que faites-vous à Liège ?* » Je lui réponds : » *Je suis venu chercher ma fiancée* ». A ce moment, je ne savais pas que mon frère avait été condamné à mort et fusillé. Mais à la Gestapo, on le savait déjà. Alors, ils m'ont demandé : » *Avez-vous un frère ?* » Et j'ai dit « oui ». « *Et où est-il ?* ». « En France ». « *Et où ?* ». J'avouai que je ne savais pas. Après la guerre, j'ai su que mon frère avait été arrêté le 19 décembre 1942, et fusillé le 25 décembre 1942. Son épouse est morte au camp de Ravensbrück.

J'ai été déporté à Auschwitz.[7]

Le 17 janvier 1945, la région était déjà encerclée par l'armée russe et on entendait les bombardements. Nous avons été évacués du camp, nous étions un petit groupe de cinq, nous avons parcouru des kilomètres, il y avait de nombreux morts. J'ai marché pendant cinq jours avec un Roumain de nationalité française ; nous dormions dans les fermes. Le cinquième jour, nous avons pu apercevoir de loin des soldats. J'ai dit à mon compagnon : « *Ce sont probablement les Italiens.* » C'étaient des soldats russes. Le soldat s'est approché de moi et m'a demandé : « *Stoy ?* » *(*D'où viens-tu ?) Comme je parlais le russe, je lui ai répondu que je venais de l'autre côté (du camp d'Auschwitz). Il a pris son téléphone de campagne et a appelé. Quelques instants plus tard arrive une jeep avec, à bord, une traductrice qui parlait un très bon français. Nous lui avons raconté qui nous étions.

Nous avons été évacués vers la ville d'Odessa (port d'Ukraine sur la côte nord de la mer Noire, ex U.R.S.S). La ville avait été presque entièrement détruite par les Allemands. J'étais tellement affaibli que l'on m'a hospitalisé pendant six semaines. Mon camarade a été rapatrié vers Marseille, moi j'ai été rapatrié en bateau d'Odessa vers Naples. Le bateau ne naviguait que de jour car la mer était remplie de mines.

---

7   Informations obtenues aux Archive à propos de l'arrestation et de la déportation de Jacques Springer

Là aussi, je suis resté hospitalisé de cinq à six semaines. J'ai demandé si je pouvais entrer en contact avec le consulat belge. La mère supérieure m'a dit : *« Demain vous aurez la visite du consulat belge »*. Et effectivement, le lendemain je reçois la visite du consulat belge. Je lui demande s'il veut bien contacter ma famille à Anvers pour leur dire que je suis vivant. Ma famille a reçu la nouvelle vingt-quatre heures après. De Naples, j'ai été rapatrié par avion et suis arrivé à l'aéroport de Melsbroek à Bruxelles. J'étais en uniforme, c'était tout ce que je possédais. De là, j'ai été transféré à l'hôpital militaire d'Anvers, et lorsque mon épouse et ma mère sont venues me voir, j'ai entendu ma mère qui demandait à ma femme : *« Penses-tu que c'est mon Jacques ? Je ne le reconnais pas »*. Et comme ma mère savait que j'aimais beaucoup les pommes frites, je lui ai demandé *« Maman, as-tu emmené avec toi les pommes frites ? »* Alors elle s'est exclamée : *« Oui, je le reconnais, c'est bien mon Jacques ! »* J'avais été arrêté un 13 juin, et je suis revenu le 13 juin 1945.

En ce qui concerne mon frère, j'ai appris plus tard qu'il était dans la Résistance en Belgique, dans ce qu'on a appelé « l'Orchestre Rouge ». Son nom de guerre était « Sabor » et il était le bras droit de Léopold Trepper. C'est lors d'une cérémonie à la prison de Breendonk en 1952, que j'ai rencontré pour la première fois Léopold Trepper. Il s'est approché de moi et m'a dit : *« Toi, je te reconnais, tu es le frère de Sabor »*. En 1957, après de nombreuses recherches, on a retrouvé le lieu de sépulture de mon frère en France. Je suis parti pour la France, seul, afin de ramener en Belgique sa dépouille. Il a fallu que, moi-même, je déterre son cercueil, car les fossoyeurs étaient en grève !

Arrivé en Belgique, je me suis adressé à la communauté juive d'Anvers afin de procéder à l'inhumation de mon frère au cimetière de la communauté « Shomre Hadas ». J'ai dû faire face à d'innombrables tracasseries dont je garde jusqu'à aujourd'hui, un souvenir amer et une profonde blessure. Des années plus tard, le nouveau Grand Rabbin de la communauté d'Anvers, le Rav Medalie m'a dit : *« Si j'avais été le rabbin d'Anvers à cette époque, j'aurais rendu tous les honneurs à votre frère ! «*

Actuellement, je fais de nombreux témoignages dans les écoles sur cette période de la guerre.

Antwerpen, mai 2002.

«Arrêté à Liège déporté via la Prison de St-Léonard à Liège dans un convoi spécial, détenu politique à Buna-Monowitz Auschwitz : arrivée le 25/02/1944 avec un Sammeltransport de 94 hommes»[8]

❖

---

8   Remerciements à : Laurence Schram, Historica.

Wizel Joseph /
Résistant A.S et MACHAL

WIZEL JOSEPH

Résistant A.S. (Armée Secrète)
et MACHAL (Volontaires pour Israël, 1948)

Je suis né à Bruxelles en 1925. Entre 1935 et 1939, nous avons habité à Liège. J'allais à l'école et je faisais partie du mouvement de jeunesse sioniste, le «Betar».

A la déclaration de la guerre en 1940, nous nous sommes réfugiés en France, à Castres. Quelques mois plus tard, nous sommes revenus en Belgique, et nous avons rouvert notre commerce de bonneterie. Mon père et moi figurions sur une liste pour aller travailler sur la côte française dans les fortifications allemandes. On ne nous y obligeait pas, mais ceux qui n'y allaient pas risquaient la déportation! Cette liste avait été dressée par un comité juif, lui-même mis sur pied par les autorités allemandes. La liste de Liège comportait 147 noms, dont mon père et moi.

Nous croyions aller dans un camp de travail. Dans les trains, il n'y avait pas un seul soldat allemand, ce qui, en apparence, était plutôt rassurant. Nous avons été informés que notre travail dans le camp durerait trois mois. Nous pensions qu'après ces trois mois, nous rentrerions chez nous, c'est du moins ce qui a nous avait été promis. Nous sommes arrivés à Dancamier, entre le Touquet et Boulogne, à 15 kilomètres de Boulogne. A notre descente du train, les SS étaient là pour nous «accueillir» et nous conduire vers le prétendu «camp de travail». Ce camp s'est avéré être un véritable camp de concentration avec trois rangées de fils barbelés, et à l'entrée du camp, l'inscription: «Arbeit macht frei», (le travail rend libre).

Dès que nous sommes entrés dans ce camp, nous sommes devenu des «concentrationnaires» avec tout ce que cela signifiait: nous devions nous déshabiller, nous présenter chez le coiffeur qui nous a tondus, ils ont pris tout ce que nous possédions, et nous ont assignés une baraque, destinée uniquement aux Juifs de Liège. Et là, nous sommes devenus des bêtes comme tous ceux qui étaient déjà dans le camp. Il y avait aussi des Juifs de Bruxelles et d'Anvers.

Nous travaillions dans des conditions épouvantables, on nous battait régulièrement pour n'importe quoi, et puis il y a eu le débarquement britannique à Dieppe. On nous a tous emmenés dans une prairie avec deux mitrailleuses pointées sur nous. De là, on pouvait facilement entendre les bruits de la bataille qui se déroulait à Dieppe. Il était certain que si jamais les Anglais approchaient de nous, nous serions tous mitraillés! Les Anglais n'ont pas réussi leur débarquement, ce qui nous a permis de continuer à vivre trois mois supplémentaires dans ce camp, dans les mêmes conditions. Puis, ils nous ont annoncé que nous allions partir dans un camp de travail en Pologne, où les conditions seraient meilleures. Nous devions nous inscrire pour le travail qui nous intéressait. Les gens étaient tellement naïfs qu'ils s'inscrivaient pour n'importe quel métier.

Nous étions heureux de quitter les baraquements qui n'auraient pas tenu le coup en hiver. Dans l'après-midi du départ, comme personne ne venait nous chercher, nous nous sommes assis à l'entrée, c'était une des rares fois où nous avons pu s'asseoir. Nous attendions les gardes qui devaient venir nous chercher. C'est alors qu'une escouade de feld-gendarmes est arrivée. Le major allemand est entré, il nous a regardés et il a dit: *« Juifs, disparaissez, on va vous brûler!»* (j'étais à l'école à Eupen dans un collège catholique et je parle couramment allemand, ce qui m' permis de le comprendre). Bien entendu, à ce moment-là, nous ne comprenions pas encore ce que cela pourrait signifier plus tard. Puis il y a eu un événement très bizarre. A un moment donné, une section de la Gestapo est arrivée et a prié le major de la suivre et l'a emmené derrière les baraquements. Et puis nous avons entendu des coups de feu, ils avaient abattu le major! (Des mouchards avaient sans doute rapporté à la Gestapo ce que le major avait dit à propos de faire brûler les Juifs). Ce major dirigeait l'escouade de gendarmes allemands, qui conduisait les convois jusqu'à Auschwitz! Donc, ces gendarmes revenaient d'Auschwitz, mais nous n'en savions rien, et nous ne l'avions pas compris.

On nous a amenés à la gare, et pendant que nous attendions le train qui devait nous emmener en Pologne, j'ai entendu une conversation entre un gendarme allemand et un SS. Le gendarme a dit: *« Mais c'est un train régulier. »* Le SS lui a répondu: *« Oui, et c'est parce que nous n'avons pas pu trouver de train à bestiaux!»*!

Je sentais que quelque chose d'anormal était en train de se préparer. On nous a placés dans le train, les Juifs de Bruxelles, d'Anvers et de Liège tous ensemble, et le gendarme allemand est venu nous dire que pour chaque personne qui essaierait de s'évader, ils en abattraient 20! Nous devions donc nous surveiller les uns les autres, pour ne pas risquer d'être pendus. Nous savions très bien que les Allemands ne plaisantaient pas. Nous sommes arrivés à la gare de Malines (Belgique) en pleine nuit. Sur les quais de la gare, il y avait à nouveau un attroupement de SS. Une représentante de la Croix-Rouge est montée dans le train et a distribué à chacun un morceau de pain, et puis nous avons aperçu que d'autres wagons étaient reliés au train. J'ai demandé à la représentante de la Croix-Rouge si elle savait où nous allions, elle m'a répondu : « *Vous allez en Allemagne* ». Et puis le train est reparti.

Nous étions tous assis par terre, il y avait une quarantaine de personnes dans le même wagon. J'ai dit à mon père : « *Il faut se sauver.* » Il ne voulait pas en entendre parler. Je me suis rapproché de la fenêtre et je l'ai tout doucement abaissée. Il n'y eut aucune réaction, je suis parvenu à me glisser hors du train qui roulait. Je suis tombé sur les voies, j'ai été légèrement blessé, je suis resté couché sans bouger sur les voies et le train s'est arrêté. J'ai cru que c'était pour venir me chercher, mais il est reparti. Quelques minutes plus tard, je me suis mis en route. En chemin, par un pur hasard, j'ai rencontré mon meilleur ami, qui se trouvait dans le même convoi, avec son père qui avait, lui aussi, sauté du train. Cela se passait dans la nuit du 31 octobre 1942.

Après de nombreuses difficultés, nous avons rejoint Liège à pied. Mon ami a demandé à son amie qui n'était pas juive si elle pouvait nous héberger. Comme nous étions des évadés, nous ne voulions pas rentrer à la maison et mettre nos mères en danger.

Et c'est en arrivant chez nous, que nous avons appris que les Allemands avaient raflé tous les Juifs de Liège. Ma sœur, elle, a réussi à s'échapper et après de nombreuses difficultés, j'ai pu la rejoindre. Je suis resté dans une famille de cultivateurs près de Liège, et par la suite, j'ai pu rentrer dans le collège de Saint-Adelin à Visé, comme pensionnaire. J'y suis resté jusqu'à la fin de 1943.

J'avais décidé de rejoindre la Résistance. On entendait souvent parler des actions de résistants, et c'est par l'intermédiaire du préfet du collège et du proviseur que j'ai pu entrer en contact avec le mouvement de résistance « l'Armée Secrète ». J'ai dû, pour cela, rejoindre un curé qui s'appelait Robert. Il habitait dans un village, et c'est lui qui a prévenu la Résistance que je me tenais à sa disposition. Après plusieurs jours, deux émissaires de la Résistance sont venus me chercher et m'ont conduit chez le commandant qui s'appelait Arthur Deroi. Au début, il n'a pas voulu me recruter car il estimait que j'étais trop jeune : j'avais 17 ans (j'étais parti du collège avec un de mes professeurs, monsieur Dubois, qui était en réalité Bob Halter d'Anvers. Cela je ne l'ai appris que plus tard. Nous étions deux à rejoindre la Résistance, nous sommes devenus des amis et avons participé à toutes sortes d'actions jusqu'au moment de son arrestation.)

Je me trouvais dans une section punitive de la Résistance, appelée « Zorro ».

Notre rôle était de nous débarrasser des collaborateurs et de mener des actions de sabotages et de parachutages. Je dirigeais toute une section, je devais rejoindre les environs de la gare de Landen qui était une gare importante dans le réseau ferroviaire belge, mon action consistant à effectuer des sabotages des voies ferrées et des signalisations.

Le commandant était le seul à savoir que j'étais juif et il m'a demandé de ne pas le divulguer. Bob Halter et un de mes supérieurs, Paul Fremder, étaient aussi juifs. Il a été blessé dans une embuscade, et on l'a emmené à la clinique de Waremme. Comme c'était un personnage important dans la Résistance, la direction avait décidé de le libérer, ou de l'abattre. Nous avons décidé de le libérer, mais en arrivant au deuxième étage de la clinique devant sa chambre, nous avons entendu des tirs de mitraillette. Les Allemands qui le gardaient l'avaient pratiquement décapité.

C'est ainsi que nous avons perdu un chef et le seul ami juif parmi nous et personne n'a jamais su qu'il l'était, car nous parlions tous très bien le français.

Toutes les actions étaient difficiles et dangereuses et nous prenions de grands risques. Un des moments les plus durs a eu lieu quelques jours avant la Libération. Nous étions dans une grande prairie et nous attendions les ordres. Entre-temps, des hommes de notre groupe se sont fait harceler, ils ont été pris à partie dans une ferme à quelques kilomètres de là. Ils ont abattu quelques SS et ont pu récupérer trois grosses jeeps allemandes et ont fait quatre prisonniers SS. Mon commandant, Arthur, m'a demandé d'aller voir ce qui se passait. Je suis arrivé sur place et j'ai vu de nombreux SS morts. Parmi les prisonniers, il y avait également un officier. Alexandre, qui dirigeait le groupe de résistants, m'a demandé de l'interroger. Cet officier m'a proposé de nous constituer prisonniers, en promettant qu'il ne nous arriverait rien. Il faisait partie de la Division «Das Reich», et m'a dit que la Division était en route et qu'elle allait nous anéantir. Alors je lui ai demandé : « As- tu quelque chose de spécial à dire ? » Et il m'a répondu : « La guerre va être terminée et on pourra jouer de nouveau comme avant au football » Alors, je lui ai répondu en allemand : « Ecoutez-moi, je suis juif, et je ne crois pas que les Juifs vont encore jouer au football avec les Allemands ! » Et j'ai ajouté » : « Bientôt, notre chef va venir. C'est lui qui va décider de ton sort, ce que je peux te dire c'est que tu n'en as pas pour longtemps à vivre » !

Il y a eu encore de nombreux combats les deux jours suivants, et puis ce fut la Libération. Les Allemands ont abandonné le combat, et une heure après les soldats américains sont arrivés.

Après la Libération, je suis allé à la recherche de mes parents dans les centres d'accueil. En entendant ce que racontaient les premiers rescapés des camps de concentration, j'ai dû me rendre à l'évidence. J'ai compris que je ne reverrais plus mes parents.

Quelque temps plus tard, j'ai été contacté par un groupe sioniste. Un représentant m'a demandé de me rendre à Bruxelles pour une mission importante. Je m'y suis rendu avec le délégué, et là on m'a demandé si je voulais aider les « D.P » (Personnes Déplacées). Il s'agissait de prendre en charge des rescapés des camps de concentration parce que les autorités alliées ne voulaient pas les libérer sans savoir où les envoyer. Les Juifs polonais ne voulaient plus retourner en Pologne. J'ai aidé ainsi à envoyer des rescapés vers la Belgique.

Sur la demande des autorités sionistes, j'ai fait mon service militaire belge dans un corps d'élite, parce que, me disait-on, cela pourrait servir un jour. On était en 1946. Après de nombreux tests très difficiles, j'ai été admis au « Régiment Parachutistes ». J'ai suivi un entraînement très intense et j'ai même acquis le brevet de SAS, un des meilleurs grades dans les armées anglaises.

Lorsque j'ai terminé mon service militaire, je suis allé rejoindre ma sœur aux Etats-Unis. Et c'est durant mon séjour là-bas qu'a été proclamé l'État d'Israël. Il y eut un appel pour recruter des volontaires pour défendre le nouvel État. J'ai été mis en contact avec une organisation qui s'appelait « Land and Labor for Palestine ». C'était en fait un bureau de recrutement. J'ai été recruté avec des officiers américains, et nous avons fait partie d'un convoi par bateau pour Israël. L'embargo américain sur les armes était encore en vigueur, alors nous avons dû partir la nuit sur un petit cargo suédois. Cela devait se passer au mois de juillet 1948. Arrivé en Israël, tout notre groupe a été incorporé dans le 89ème Commando, qui était également une unité d'élite « De Ridder ».

Nous avons combattu contre les forces égyptiennes, dans la région de Gvoulot, située dans le Néguev, jusqu'à un premier cessez-le-feu. L'ONU a ordonné de cesser les combats. Au cours d'un de ces combats j'ai été blessé. La jeep dans laquelle je me trouvais a sauté sur une mine, j'ai été transporté à l'hôpital de Beersheba, qui venait à peine d'être libéré. J'ai été soigné dans cet hôpital pendant quelques jours, puis transporté à l'hôpital de Teletvinsky, près de Tel-Aviv. Après de nombreux soins, un oncle m'a hébergé pendant ma convalescence. Puis j'ai été démobilisé.

Peu de temps après, j'ai été contacté par un certain Krispin, qui dirigeait un nouveau département qui regroupait les démobilisés. Il m'a proposé de diriger un groupe d'une centaine de Juifs d'origine française pour les installer dans une «Hityashvout», un lieu important pour la défense. J'ai dirigé ce groupe, dont la plupart des membres venaient d'Afrique du Nord. J'ai commencé d'abord avec un groupe de huit hommes dans un lieu nommé Juljilya, à 2 km de Kalkilya.

Entre-temps, j'ai été mis en contact avec un Service de Renseignements Israélien qui débutait. Ils m'ont demandé si je voulais bien accueillir dans mon retranchement quelques Arabes qui travaillaient pour nous. Et c'est ainsi que mon poste de défense est devenu un point d'appui pour les Services de Renseignements Israéliens, car c'était dans mon retranchement que les officiers israéliens rencontraient le Arabes qui travaillaient pour le compte des Israéliens. Ils recevaient leur ordre de mission à effectuer, et ils retournaient en Jordanie. J'ai également effectué une mission à Kalkilya. Il s'agissait d'aller chercher un officier anglais qui était un responsable dans la Légion Arabe de Glubb Pacha.

Je suis ensuite retourné en Belgique avec ma femme.

Aujourd'hui, je me dis: *« Si tout cela était à refaire, je le referais immédiatement! »*.

Bruxelles, avril 2002.

ZIMETBAUM MALA OU CYMETBAUM

Orchestre Rouge - « Partisans Armés »

Photo: Archives Musée Juif de Bruxelles

(Témoignage de Sarah Goldberg, Anvers le 5 novembre 1998).

Née en janvier 1918 à Brzesko, en Pologne, Mala a 24 ans lorsque, près de la gare d'Anvers, elle est prise dans une rafle, puis envoyée à la caserne Dossin, à Malines en Belgique, où sont rassemblés tous les Juifs, avant leur déportation vers l'Est. Le 15 septembre 1942, elle quitte la caserne par le 10ème convoi et arrive à Auschwitz le 17 septembre 1942. Au départ, ils étaient 1048 personnes, hommes, femmes et enfants. Ne reviendront que 15 hommes et 2 femmes.

Mala est tatouée à son arrivée, comme les autres déportés, et porte sur l'avant-bras gauche le numéro 19880 Elle a la chance d'être choisie par le commandant Rudolf Hoss pour être « Dolmetscheri »[9] et « Lauferin »[10].

Elle est belle, intelligentes et parle couramment le français, le néerlandais, l'allemand et de polonais. Petit à petit, elle gagne la confiance des dirigeants et bientôt Auschwitz n'a plus de secrets pour elle. Grâce au poste privilégié qu'elle occupe, elle peut se dévouer corps et âme pour ses campagnes. Elle sauve d'une mort certaine des femmes de Belgique et de France, en leur procurant des vêtements, parfois des médicaments, un meilleur travail ou tout simplement en les encourageant à vivre. Elle va jusqu'à risquer sa vie en sauvant des femmes déjà sélectionnées pour être gazées. Elle efface de la liste des condamnées le numéro de celle qui vit, pour la remplacer par le numéro d'une morte. Presque toutes celles qui sont rentrées en Belgique lui doivent la vie, (grâce à son intervention, les femmes du 24ème convoi n'auront pas la tête rasée).

Quant à Edek, il arrive à Auschwitz en 1940, à l'âge de 16 ans, avec le premier convoi de prisonniers politiques polonais. Il porte le numéro 531.

---

9   Traductrice
10   Estafette

En tant que mécanicien, il effectue souvent des travaux d'installation dans le camp des femmes à Birkenau. C'est ainsi qu'il fait la connaissance de Mala. Ils deviennent amis et se voient souvent. Tous deux font partie de la «Résistance» au sein du camp. Edek a souvent des contacts avec des civils polonais qui effectuent des travaux à l'intérieur du camp. Cependant, les convois de Juifs de l'Europe entière arrivent jour et nuit. Les chambres à gaz et les fours crématoires fonctionnent sans arrêt. En mai 1944, 85 % des Juifs venus de Hongrie, sont gazés dès leur arrivée. Mala, de son bloc, peut entendre les cris des suppliciés, les hurlements des S.S., et les pleurs des enfants.

Non, ils ne peuvent plus endurer cela, il faut alerter le monde, faire connaître ces crimes et ces horreurs. Oui, ils vont risquer leur vie, oui, ils vont s'évader. Aidés par des amis sûrs et après bien des avatars, ils fuient le camp un samedi, à midi, le 24 juin 1944. Lui, habillé en officier S.S., conduit un «Haftling», hors du camp. Il s'agit de Mala, habillée en homme, le costume rayé, les cheveux serrés par une casquette, portant une grande bassine sur la tête pour cacher son visage. Auparavant, elle s'est procurée le fameux «passierschein», (permis de sortir) avec un prisonnier.

Ce jour-là, l'appel dure des heures. On cherche partout les fugitifs. L'alerte est donnée à des kilomètres à la ronde, toutes les polices, les gendarmeries et les gardes-frontières sont alertés.

Le 6 juillet 1944, ils sont arrêtés et ramenés au camp. On les jette dans le bunker du bloc 11, là où on achève les prisonniers devant un mur noir. Bien que maltraités, torturés, ils ne dénoncent aucun complice. Le S.S., Oberssharfuhrer Wilhelm Boger, surnommé «le diable d'Auschwitz», se charge de l'interrogatoire. Le 22 août 1944, Mala est ramenée à Birkenau. Un ordre retentit : « *Toutes les Juives doivent se rendre au camp BIB sur la place d'appel*». Mala est déjà là, méconnaissable, le visage pâle, presque gris.

La commandante du camp, Frau Mandel, commence à lire son discours. Personne ne l'écoute, nous avons toutes les yeux fixés sur Mala. Tout à coup, elle glisse sa main dans sa chevelure, retire une lame de rasoir et commence à se taillader le poignet gauche. Le S.S. Ritter lui tord le bras en criant : « *Tu veux être une héroïne, tu veux te tuer, nous sommes là pour ça, c'est notre travail*». Mala parvient à le gifler et à crier : « *Assassins, bientôt vous payerez pour nos souffrances, n'ayez pas peur, mes sœurs, la fin est proche.* » On la fait taire. Un coup de sifflet nous ordonne de retourner dans nos baraques. Deux prisonnières sont désignées pour apporter une brouette. On y jette Mala et on la conduit vers le four crématoire. Frau Mandel veut qu'on la brûle vivante !

Nous apprendrons plus tard, par un membre du « Sonderkommando » [11] qu'elle a été fusillée. Quant au jeune polonais Edek Galinski, il est pendu devant ses camarades. Debout devant le gibet, les mains attachées par du fil de fer, il passe lui-même la tête dans le nœud coulant, pousse le tabouret et crie : « *Vive la Pologne !* »

À la Libération, la ville d'Anvers a apposé une plaque commémorative sur la maison où habitaient Mala et sa famille, au numéro 7 de la Marinistraat, avec l'inscription :

« *À Mala Zimetbaum, symbole de la solidarité, assassinée par les nazis le 22 août 1944 à Auschwitz* »

Sarah Goldberg, discours prononcé lors de la commémoration de Mala Zimetbaum à la loge « Mala Zimetbaum » du B'nai B'rith, à Antwerpen (Belgique) le 5 novembre 1998.

(Sarah Goldberg, a fait partie de « l'Orchestre Rouge », réseau soviétique de renseignements installé en Belgique, ainsi que du réseau de Résistance Belge du Front de l'indépendance : (« Partisans Armés ».))

Antwerpen, le 6 novembre 1998

**Remerciements à mon fils Isi
pour son aide constante.**

Remerciements/

Mes remerciements vont d'abord aux anciens résistants, combattants, ainsi que les volontaires du Machal, qui m'ont accordé leur confiance en me livrant leurs témoignages, et je sais, combien il a été souvent douloureux pour eux d'évoquer cette époque, le temps de leur jeunesse, de leurs espoirs, et de leurs proches disparus, assassinés par les nazis.

Au professeur Jacques Fijalkow qui m'a encouragé dans mon travail, qu'il en soit remercié.

Cohen, Monique-Lise, directrice de la Bibliothèque Municipale de Toulouse - France.

Luban, Blanche, Givataim - Israël.

Nisand, Léon, ancien résistant, Metz - France,

Heral, Olivier, Castres - France.

Ingrid Strobel, historienne, Cologne - Allemagne

Braun, Ilan, Bretagne - France.

Dr Hershco, Tsilla, historienne, Modyin - Israël.

Perrin, Ruth, directrice, Moadon Ivri. Union pour la langue et la Culture Hébraïque - Paris.

Meunier, Sabine, La Louvière - Belgique.

Briquemanne, Thérèse - Archives de Bruxelles.

Arnhem, Louis-Philippe - Archives de Bruxelles

Olivier Hottois, conseiller et responsable scientifique de la Photothèque du Musée Juif de Bruxelles.

Ramet, Nathan, résident du Musée de la Déportation - Malines (Belgique)

Archives/

C.D.J.C, Paris France.

Yad Tabenkin, Tel-Aviv, Israël.

Haganah, Tel-Aviv, Israël.

Archives Jabotinsky Institute Tel-Aviv, Israël.

Service des Victimes de la Guerre, Bruxelles, Belgique

Musée Juif de Belgique.

Musée de la Résistance Nationale, Champigny-sur-Marne

Archives Départementales de la Haute – Garonne, Toulouse.

Centre d'Histoire de la Résistance et de la Déportation (C.H.R.D), Lyon.

Musée de la Résistance et de la Déportation, Besançon.

Museum of the Jewish Diaspora, Beth Hatefusoth, Tel-Aviv. Israël

Bibliographie 2e guerre mondiale/

Yehouda Ben-Moshe, Benetivei Habrigada, Gadish 1955. Tel-Aviv.

Anny Latour, La Résistance juive en France. Stock 1970. Paris.

René S. Kapel, Un rabbin dans la tourmente. Cdjc 1986. Paris.

Claire Prowizur-Szyper, Conte à rebours. Louis Musin 1979. Bruxelles.

Sylvain Brachfeld, Ils ont survécu. Racine 2001. Bruxelles.

.Lucien Lazare, La Résistance juive en France. Stock 1987. Paris.

Partisans Armés Juifs. Edité par «les enfants des Partisans juifs», Bruxelles 1991.

Bernard Klieger, Le Chemin que nous avons fait. Editions «Beka», Bruxelles 1946.

Klieger Bernard, Mais le ciel ne bougea pas, 1947.

Michel Goubet, Paul Debouges, Histoire de la Résistance, Haute-Garonne. Editions «Milan» 1986.

Ingrid Strobel, Arnold Lustiger. Im Kampf gegen besatsung und « Endlosung », widerstand der juden in Europa 1939-45. Herausgegeben von Georg Heuberger. April 1995.

Bruno Permezel, Résistants à Lyon Editions BGA 1995, Permezel.

Alex André Weith, La Russie en guerre. Editions Stock 1964.

Shirer William, Le troisième Reich.

Hugh Thomas, La guerre d'Espagne. Robert Laffont, 1961.

Revue d'histoire de la Shoah, Des voix sous la cendre. C.D.J.C janvier 2001.

Les Chemins de la Mémoire Contemporaine, Editeur, Didier Devilliers 2001.

David Knout, Contribution à l'histoire de la résistance juive en France (1940-1944), Paris, Editions Du Centre, 1947.

Léon Nisand, De l'étoile jaune à la Résistance armée. (1942 – 1944), Combat pour la dignité humaine. Editions Safed.

Pour la Mémoire. « L'Union de la Jeunesse Juive » et ses groupes de combat dans la lutte contre l'occupation nazie et le régime de Vichy. Région Lyon-Grenoble. Avril 1997.

Revue d'histoire de la Shoah. Le monde juif. Une passion sans fin. Entre Dreyfus et Vichy : aspects de l'antisémitisme français, n° 173 septembre –décembre 2001 C.D.J.C, Paris.

Michael R.Marrus. Robert O.Plaxton, Vichy et les Juifs, Calman-Levy, 1981.

Derogy J., Le cas Wallenberg, Editions Ramsay.

Sartre J-P, Réflexions sur la question juive. Editions Paul Morihier, Paris 1946.

Monique Lise Cohen, Valérie Ermosilla, Les juifs dans la Résistance. Bibliothèque Municipale, Toulouse, 1997.

Revue d'histoire de la Shoah, L'heure d'Haman. Il faut sauver le Judaïsme. 2002, C.D.J.C, Paris.

Levy Paul., Elie Bloch, Etre juif sous l'occupation. Geste Editions/Histoire 1999.

Bloch Jean, Epreuves et Combats 1940 – 45. Editeur, Didier Devilliers. Bruxelles 2002.

Levy Paul, Un camp de concentration français : Poitiers 1939-1945. Editions Sedes, 1995.

Revue d'histoire de la Shoah, Devant l'abime. Le Yishouv et l'état d'Israël face a la Shoah (1933-1961) C.D.J.C. janvier-juin 2005.

Jablonka Hana, Histoire de l'Organisation de Soldats et Partisans Invalides de la guerre contre les nazis. Editions de l'Organisation, Tel-Aviv 2000, en hébreu.

Références bibliographiques de Fijalkow /

Bailly, D., (2004), Traqués, cachés, vivants, des enfants juifs en France (1940-1945), Paris, L'Harmattan.

Bluglass, K. (2003), Hidden from the Holocaust: stories of resilient children who survived and thrived, Praeger/Greenwood, Connecticut, Oxford and London.

Cazals, R. (2003), Lettres de réfugiées, le réseau de Borie blanque ; des étrangères dans la France de Vichy, Paris, Ed. Tallandier.

Dallot, S. (2001), L'Indre sous l'occupation allemande, 1940-1944, Clermont-Ferrand, De Borée.

Dray-Bensousan, R. (2004), Les Juifs à Marseille, Paris, Les Belles Lettres.

Fijalkow, J. (sous la dir.) (2003), Vichy, les Juifs et les Justes, l'exemple du Tarn, Toulouse, Privat.

Fijalkow, J. (sous la dir.) (2004), Les femmes dans les années quarante, Juives et non-Juives, souffrances et résistance, Paris, Ed. de Paris.

Gutman, I. (2003), Dictionnaire des Justes de France, Yad Vashem, Jérusalem, Paris, Fayard.

Klarsfeld, S. (2001), La Shoah en France, Paris, Fayard.

Langlois C. et Reynaud M. (2003), Elles et eux de la Résistance ; pourquoi leur engagement ? Paris, Ed. Tirésias.

Les anciens de la résistance juive en France (2002), Organisation juive de combat ; Résistance / sauvetage, France 1940-1945, Paris, Ed. Autrement.

Marc, S. Les Juifs de Lacaune sous Vichy (1942-1944), assignation à résidence et persécution, Paris, L'Harmattan.

Martres, E. (2000), L'Auvergne dans la tourmente, 1939-1945, Clermont-Ferrand, De Borée.

Reviriego, B. (2003), Les Juifs en Dordogne, 1939-1944, Fanlac, Archives départementales.

Ristorcelli, F. (2004), Aulus-les-Bains-Auschwitz, Portet, Ed. Empreinte.

Vincenot, A. (2004), La France résistante, histoires de héros ordinaires, Paris, Ed. des Syrtes.

TABLE DES MATIÈRES

◈

RÉALISÉ EN BELGIQUE
IMPRIMÉ EN CE
DÉPOT LÉGAL : 2013